失敗から学ぶ設備工事

クレームゼロへの挑戦!

株式会社テクノ菱和 ——［編］

森北出版株式会社

● 本書のサポート情報を当社Webサイトに掲載する場合があります．下記のURLにアクセスし，サポートの案内をご覧ください．

https://www.morikita.co.jp/support/

● 本書の内容に関するご質問は，森北出版 出版部「(書名を明記)」係宛に書面にて，もしくは下記のe-mailアドレスまでお願いします．なお，電話でのご質問には応じかねますので，あらかじめご了承ください．

editor@morikita.co.jp

● 本書により得られた情報の使用から生じるいかなる損害についても，当社および本書の著者は責任を負わないものとします．

■ 本書に記載している製品名，商標および登録商標は，各権利者に帰属します．

■ 本書を無断で複写複製（電子化を含む）することは，著作権法上での例外を除き，禁じられています．複写される場合は，そのつど事前に(一社)出版者著作権管理機構（電話03-5244-5088，FAX03-5244-5089，e-mail：info@jcopy.or.jp）の許諾を得てください．また本書を代行業者等の第三者に依頼してスキャンやデジタル化することは，たとえ個人や家庭内での利用であっても一切認められておりません．

はじめに

　人間は，痛い思いをしないとなかなか身に付かないものです．「あたりまえ」と思っていることでも，往々にしてその技術経験は引き継がれずに同じ失敗を繰り返すことがあります．他人が起こした失敗事例を当事者の立場で理解し，先輩たちの教訓を自分の経験とすることが，同じ失敗を繰り返さない有効な手段です．

　本書は，社内技術情報誌「菱和技報」をベースにした前著，「設備工事の盲点95」(1980年)，「設備工事の盲点95＋1」(1994年)の改訂新版です．

　当初は，このような内容のため，改訂する必要がないことを祈っていたものです．しかし，残念ながら配管の漏れや結露の発生などのミスや失敗がなくなることはありませんでした．これらのうっかりミスや失敗は，本来ならば先輩たちの貴重な失敗体験を後輩たちに伝承し，情報の共有化がはかられていれば防げるものです．しかし，これから経験豊富な団塊世代が現業を離れてしまい，伝承がうまくいかなくなってしまう危惧があるため，あえて恥ずかしい失敗を再度公にすることにしました．

　近年では業務形態もかわり，産業の高度化により，些細な事柄（一次災害）が，以前では考えられなかった膨大な二次災害を引き起こすようになってきています．事故の内容も，腐食による水漏れなどが数多く報告されるようになっています．原因としては，たとえば，新素材を採用するときに，その特性をよく調べなかったことによる失敗などがあげられます．また，機器，器具，製品の経済性が求められ，解析技術の発達により極限設計が可能となった結果，仕様に余裕のない製品が製造され，仕様目的以外では無理のできない製品も多くなっています．

　本書では，実際に弊社が経験した失敗事例146項目を「状況」「原因」「対策」「教訓」の4項目にまとめ，同様な「状況」が起こったときにどのように解決し，再発防止につなげたかをわかりやすく解説しています．また，設備工事の作業項目ごとにまとめることにより，対象事象の項目を見つけやすくしました．

　なお「対策」に関しては，そのときの現場の状況での最善の対策を紹介していますので，本来あるべき理想の形にまで対策できなかった事例も一部あります．

　付録には，配管のトラブル・漏れに関して腐食による事故が多発していることから，異種金属との接合に関しての絶縁処理の必要の要否（付録1）を掲載し，そのほか要因要素を「給水配管関連（付録2）」「排水配管関連（付録3）」「蒸気配管関

はじめに

連(付録4)」としてまとめました．

　本書が，少しでもミスや事故の削減に貢献できれば幸いです．

2008年3月

株式会社　テクノ菱和
編集委員長

編 集 委 員

■編 集 委 員 長　　星 野 公 二

■編集・査読担当　　加 藤　　豊

■編集・査読協力　　荻 田 孝 司　　榊 原 勝 彦　　鈴 木 茂 芳
　　　　　　　　　　田 中 真 一　　塚 田　　明　　野 沢　　護
　　　　　　　　　　保 坂 正 明　　山 路 幸 郎　　山 本 利 昭
　　　　　　　　　　吉 田 利 夫　　若 村 恒 夫　　（五十音順）

■作 図 協 力　　　野 坂 華 代

目　　次

A. 設備計算

001. 潜熱を忘れていませんか？ ……………………………………………… 1
　　　―ついウッカリではすまされない基本的ミス―
002. 立上げだけで日が暮れる ………………………………………………… 2
　　　―蓄熱負荷も忘れるな―
003. 冷凍庫は開閉が嫌い！ …………………………………………………… 4
　　　―冷凍庫の設計は使用状況を考えて―
004. 建物違えば，条件も異なる ……………………………………………… 6
　　　―休憩時間に汚水が逆流―

B. 機器・空調機

005. 冷凍機種容量により相性がある ………………………………………… 8
　　　―負荷変動に対応できるシステムを―
006. 信じすぎるものは救われない …………………………………………… 10
　　　―冷水7℃の神話―
007. 水があふれた冷却塔…冷凍機を止める ………………………………… 12
　　　―丸型と角型の並列で水量バランスが崩れた―
008. 風量を勝手に絞ってはいけません ……………………………………… 13
　　　―パッケージ型空調機の風量ダウンは致命的―
009. 凍結に負けた温水ボイラ ………………………………………………… 14
　　　―膨張管の凍結でボイラに亀裂―
010. 太陽光がボイラを止める ………………………………………………… 16
　　　―火災検出器が太陽光線を感知―
011. 太った還水タンク！ ……………………………………………………… 17
　　　―多量の還水を排水できず，タンク内圧力が上昇―
012. 水没した蛇口 ……………………………………………………………… 18
　　　―発注前に吐水口空間の確認を―
013. 環境汚染を起こした冷却塔排水・解体工事排水 ……………………… 20
　　　―工場排水のpH値が急上昇！―

- 014. 機械室の周囲では何かが起こる……………………………… 22
  —機械室のまわりで起こったトラブルあれこれ—
- 015. 空調機は既製品ではありません……………………………… 24
  —設計条件にあった内容か，確認をしてから発注—
- 016. グリースをなくした犯人は？………………………………… 26
  —カバー付ベアリングを仕様に—
- 017. ついてりゃいいというものじゃない！……………………… 28
  —全熱交換器とファンの取付け位置に注意を—
- 018. 隙間があったら要注意………………………………………… 31
  —据付要領書の確認は忘れずに！—
- 019. 冷水コイルがパンクした！（その1）……………………… 32
  —冷たい外気の直撃で，冷水コイルが凍結—
- 020. 冷水コイルがパンクした！（その2）……………………… 34
  —名ばかりのミキシングボックス—
- 021. 冷水コイルがパンクした！（その3）……………………… 35
  —凍り付いた予熱コイル—
- 022. 温度むらに注意！……………………………………………… 36
  —寒冷地の外調機コイル凍結対策—
- 023. パンクの多い蒸気コイル……………………………………… 38
  —蒸気コイルの使用には細心の注意を—
- コラム　機能が満足してこそ美しい…………………………… 40
  —機能無視の意匠優先のつけは客先へ—

C. 送風機・ダクト

- 024. 発電機のケージングがメリメリ……………………………… 42
  —ファン型式による起動特性に注意を—
- 025. チリも積もれば能力落ちる…………………………………… 44
  —粉塵の排気にはプレートファンを—
- 026. 大型送風機のベルトがバタついて脱落……………………… 46
  —インバータにも目的により種類がある—
- 027. 楽な道を通りたい風！………………………………………… 48
  —無理のないダクト施工が基本—
- 028. 吹出口が粉塵の吸込口に？…………………………………… 50
  —ダクト風速が速い直付け吹出口の負圧に注意—

目次　v

029. グラスウールも踏んだり蹴ったり ……………………………………………… 52
　　　—圧力変動による材料疲労が原因に—
030. ハゼ折りダクトは漏れるもの …………………………………………………… 53
　　　—低湿度ダクト内に周囲の空気が吸い込まれたトラブル—
031. 排煙口の可動パネルの向きに注意 ……………………………………………… 54
　　　—排煙口が規定風量を満たさない—
032. 外気ガラリの雨仕舞，忘れていませんか？ …………………………………… 56
　　　—ガラリチャンバの水切り対策—
033. 「詰まり」は早めに手を打とう ………………………………………………… 58
　　　—換気ガラリの防虫網が目詰まり—
034. 装置停止時もシステムは生きている …………………………………………… 60
　　　—蒸発ガスの影響で，FRV製ダクトが破損—
035. グラスウールが飛び散る ………………………………………………………… 62
　　　—消音エルボ内貼のグラスウールが剥離—
036. 給気ガラリ目詰まりで水漏れ …………………………………………………… 63
　　　—自家発電機排気筒接続部から水漏れ—

D. ポンプ

037. 漏エネルギー冷水ポンプ ………………………………………………………… 64
　　　—ポンプ動力の大半は，バルブが食っていた—
038. 漏エネルギー温水ポンプ ………………………………………………………… 66
　　　—冷温水兼用2管式配管系での温水ポンプ—
039. 吸込み側抵抗嫌いなポンプ（その1） ………………………………………… 68
　　　—ポンプ起動時にキャビテーション—
040. 吸込み側抵抗嫌いなポンプ（その2） ………………………………………… 70
　　　—管内圧力分布とポンプ，補給水タンクの位置関係—
041. 吸込み側抵抗嫌いなポンプ（その3） ………………………………………… 72
　　　—温水蓄熱システムで，負圧続出で暖房がきかない—
042. 吸込み側抵抗嫌いなポンプ（その4） ………………………………………… 74
　　　—冷温水ポンプに異常騒音発生—
コラム　ポンプのお話し ……………………………………………………………… 76
　　　—ポンプの据付注意7選—

E. 配 管

043. ダウンしたフレキシブル継手 …………………………………… 78
　　　―配管支持は確実に―
044. いつまでも，もつと思うなゴムフレキ ………………………… 80
　　　―ゴムフレキの寿命は何年か？―
045. 安易な分岐がトラブルのもと …………………………………… 81
　　　―冷却水バイパス配管の分岐に注意―
046. 暖房が止まらない ………………………………………………… 82
　　　―並列コイルまわりの配管に落とし穴あり―
047. 冷却水配管のつもりが空気配管に ……………………………… 84
　　　―水張りができない冷却水配管―
048. ある日突然水浸し ………………………………………………… 85
　　　―溶接カスがストレーナを破損―
049. バンドもいろいろあるけれど …………………………………… 86
　　　―細すぎるバンドで切れたドレンホースから水漏れ―
050. おかしな蒸気配管 ………………………………………………… 87
　　　―蒸気制御弁まわりの配管方法―
051. どこへ行った？　毎月 30 t の蒸気ドレン …………………… 88
　　　―高圧蒸気還水が蒸発―
052. 操作用銅管がつぶれてトイレの水が出ず ……………………… 90
　　　―リモコンフラッシュバルブ式と赤外線センサ自動フラッシュバルブ式―
053. 蒸気加湿器が噴水に ……………………………………………… 91
　　　―管末トラップは管末に必要―
054. 水平大好き！ ……………………………………………………… 92
　　　―蒸気用 Y 型ストレーナの垂直取付けに注意―
055. 二重管のケーシングドレンで火傷 ……………………………… 93
　　　―試運転時には断熱材を乾燥させ，二重管内の水分を除去する―
056. ツヅミを打つ蒸気ヒータ ………………………………………… 94
　　　―パッケージ型空調機組み込み蒸気ヒータが，ハンマにより亀裂パンクした事例―
057. 真空給水ポンプが止まらない …………………………………… 96
　　　―あ！　加湿蒸気還水管のプラグがない！―
058. 大雨で，室内や電気部品がびしょ濡れ ………………………… 98
　　　―雨水，天井カセットパッケージ型空調機に逆流―

059.	コイル洗浄とドレン管清掃は一緒にしよう	99
	—落とした汚れがドレン管に詰まり水漏れ—	
060.	お医者さんもビックリ！　その理由は…	100
	—ドレンパンから水があふれて大騒動—	
061.	お日様が嫌いな塩ビ管	102
	—保管中の日光変質による塩ビ管破断事故—	
062.	塩ビ管は温度で伸び縮みします	104
	—塩ビ管の線膨張係数は鋼管の約6倍—	
063.	塩ビ管の支持・固定は確実にとろう！	106
	—中間部固定・伸縮継手を忘れずに—	
064.	熱にうなされるVP管による通気管	107
	—高温排水の蒸気でVP管が変形—	
065.	排水塩ビ管(VP管)は熱湯が嫌いです	108
	—厨房排水は熱湯が流入することもある—	
066.	継手が抜けて水浸し！	110
	—塩ビ管の差込不足による漏水—	
067.	冷媒回路の溶接の基本	112
	—冷媒用銅管の溶接には窒素ガスを忘れずに—	
068.	電動二方弁は漏れるもの．Oリングには寿命がある	114
	—ファンコイルユニット冷温水配管から漏水—	
069.	電動ボール弁は締切時でも漏れる	116
	—小部屋の自動制御に使用する場合は要注意—	
070.	水槽に水が張れない	118
	—防水層の貫通に問題あり—	
071.	玄関前で汚水が飛散	120
	—キャップのふたが疲労破壊—	
072.	給水蛇口からお湯が出た！	121
	—給湯ポンプの間違った使い方で，給水栓から湯が出た—	
073.	給湯蛇口から牛乳？　が出てきた！	122
	—急激な圧力降下が原因で，給湯栓から白水が出た—	
074.	あたりまえの話	123
	—立管の最下部には泥が詰まりやすい—	
075.	給湯膨張タンクから湯けむり	124
	—混合水栓から水が逆流して，天井からポタリ—	

076. 給湯蛇口から空気が噴出！ ……………………………………………… 126
　　　―給水管での圧力損失で，給湯栓から湯が出ない―

077. 給水配管から温水が！ …………………………………………………… 128
　　　―埋設給湯管で加熱されて，給水のはずが給湯に―

078. 休日の地下で何かが起こる!? …………………………………………… 130
　　　―安全装置は万全に―

079. 大きいからよいとはかぎらない ………………………………………… 132
　　　―過大流量は水漏れの原因―

080. 柔軟性にも限度があります ……………………………………………… 133
　　　―塩ビ配管にも伸縮処置を―

081. ブラインが腐った？ ……………………………………………………… 134
　　　―オーバーフロー配管の施工に注意―

コラム　「たかがドレン管」のお話し ………………………………………… 136
　　　―ドレン配管の失敗あれこれ―

F. 腐　食

082. ボイラ2年しかもたないの？ …………………………………………… 138
　　　―低温腐食で2年ごとにボイラが水漏れ―

083. 小さな短管の材質にも気を使ってね！ ………………………………… 140
　　　―圧力計取付用のSGP短管が腐食―

084. 絨毯を濡らしたのは誰だ！ ……………………………………………… 142
　　　―異種金属接続による配管腐食―

085. ステンレス配管溶接は管理が大事 ……………………………………… 144
　　　―残留酸素濃度は正しく管理―

086. きずつけられた銅管 ……………………………………………………… 145
　　　―きずつきやすいマンションの床下銅配管―

087. コンクリートのなかでステンレス配管が泣いている ………………… 146
　　　―ねじ込み配管用シール材の知識が不足―

088. 銅管の水速オーバーに注意！ …………………………………………… 148
　　　―給湯循環ポンプの選定は適切に―

089. 水が銅チューブを孔あけ ………………………………………………… 150
　　　―錆がエロージョンを引き起こしたトラブル―

090. 酸っぱいものはきらい!? ………………………………………………… 152
　　　―クリームの排水が洗浄排水管（白ガス管）を腐食！―

091. 基本が大切！……………………………………………… 153
　　　―パッケージ型空調機のドレンパンが腐食―
092. 3か月で孔のあいた蒸気還水管……………………………… 154
　　　―ボイラ給水処理なしの蒸気還水管の腐食―
093. コイルからトラップまでの配管もドレン配管ですよ………… 156
　　　―炭酸腐食による漏水―
094. ドレンは低いところに溜まります…………………………… 158
　　　―配管"谷"部で炭酸腐食―
095. 銅さん，鉄君をいじめないで！……………………………… 160
　　　―銅管比率が高いと，鉄はどんどん腐食する―
096. 蒸気配管の絶縁フランジに何を使うの？…………………… 162
　　　―ガスケット，ボルトも数々あれど―
097. 配管を腐食させた断熱材！…………………………………… 164
　　　―断熱材の塩素イオンが蒸気配管を腐食させた―
098. ステンレスだって腐食するよ！……………………………… 165
　　　―ステンレスも条件によっては腐食する―

G. 騒　音

099. コンサートホールで演奏中，天井から異音が…………… 166
　　　―吹出し温度が変わると異音―
100. 静けさにつつまれた高級マンション………………………… 168
　　　―暗騒音が小さければ許容騒音以下でもクレーム―
101. 頭かくして尻かくさず………………………………………… 170
　　　―思わぬところからの騒音に悩まされる―
102. 大は小をかねない……………………………………………… 172
　　　―送風機の過大設計で，吹出口・吸込口での騒音が問題となる―
103. 騒がしい外壁ガラリ…………………………………………… 174
　　　―チャンバの施工不良で，排気ガラリから騒音が発生―
104. 冷凍庫で震えるユニットクーラ……………………………… 176
　　　―ファンに付着した霜が原因―
105. 床置ファンコイルユニットからハンマ音！………………… 178
　　　―電動ボール弁の急閉によるトラブル―
106. 落水の警鐘を鳴らすのは誰だ？……………………………… 180
　　　―落水防止弁の作動時間に要注意―

x　目　次

H. 結　露

107. 換気ダクトも結露します！ …………………………………………… 182
　　　―室内が高温多湿のため，外気取り入れダクトが結露―
108. 排気ダクトも結露します！ …………………………………………… 184
　　　―真冬，天井内の全熱交換器排気ダクトが結露―
109. 保温材に雨水は天敵！ ………………………………………………… 186
　　　―外気取り入れダクトの保温は確実に―
110. ダクト内から満水警報！ ……………………………………………… 188
　　　―排気ダクトに湯気が溜まる―
111. ダクト内加湿で水漏れ ………………………………………………… 189
　　　―加湿も過ぎればダクトから水漏れ―
112. 加湿空気がダクト内で水滴に！ ……………………………………… 190
　　　―相対湿度80％でも結露する？―
113. 非冷房域の空調ダクトから水滴が… ………………………………… 192
　　　―非冷房域へのダクトには，気密処理と保温強化を―
114. 植物には休日がない！ ………………………………………………… 194
　　　―結露防止塗料は断熱材ではない―
115. 天井設置空調機がびしょびしょ！ …………………………………… 196
　　　―結露水がクリーンルーム内へ浸入―
116. 多湿排気は全熱交換器に入れないで！ ……………………………… 198
　　　―洗浄水を含んだ排気から水滴落下でファンモータ焼損―

I. メンテナンス

117. サービスマンは忍者ではない ………………………………………… 200
　　　―点検口は適切な位置に取付ける―
118. 先を見越した手だてを！ ……………………………………………… 202
　　　―機器まわり配管には，メンテナンス用フランジの取付けを―

J. 電気・自動制御

119. 全滅した水中ポンプ …………………………………………………… 206
　　　―排水槽内で電線を接続したため，水中ポンプが焼損―
120. 試運転とは疑うことなり ……………………………………………… 208
　　　―空冷室外機の間違い配線もチェックを―

121. 電線管が通気管に変身 ……………………………………………… 210
　　―腐食環境での電線管の管端部にはシールを―

122. 夜空に白煙モクモク！　火事ダー！ …………………………… 212
　　―アース配線なしで冷媒配管に孔あき―

123. 漏電で漏水発生!? ………………………………………………… 214
　　―ファンコイルユニット用電線の処理不良で漏電―

124. モータは湿気が嫌いです ………………………………………… 216
　　―防滴保護型は悪条件下には不向き―

125. 寒空で凍える冷凍機 ……………………………………………… 218
　　―抜き所が肝心…水抜きバルブは低位置から―

126. 排水ポンプが動かず汚水があふれる …………………………… 220
　　―グリーストラップの油除去は100％ではない―

127. 仮設といえども品質確保は大事 ………………………………… 222
　　―給水ポンプの発停は電極棒で―

128. 電極棒はきれい好き？ …………………………………………… 224
　　―排水の液面制御に電極棒は不適当―

129. きれいすぎる排水で困った話 …………………………………… 226
　　―純水中では，一般用電極棒レベルスイッチは作動しない―

130. サービスマンが眠れぬ丑満どき ………………………………… 228
　　―水槽はカラなのに満水警報―

131. 何を測っているの？ ……………………………………………… 230
　　―制御センサの取付け位置に注意―

132. VAVは省エネ手法の万能薬か？ ………………………………… 232
　　―冷暖房の同時の負荷には向かない―

133. 負荷はあるのに軽負荷停止 ……………………………………… 234
　　―還りヘッダーの接続に注意―

134. 誘惑に弱い湿度調節器 …………………………………………… 236
　　―誘導電流の影響で湿度調整ができない―

135. 似て非なるもの…差圧制御と風量制御 ………………………… 238
　　―給気系と排気系のまったく同じ静圧制御でのトラブル―

136. 頭熱足寒 …………………………………………………………… 240
　　―感温部の取付け位置に注意―

137. 困ったときは現象の基本にかえる ……………………………… 242
　　―電磁弁の作動原理を再確認―

138. 制御弁開度 0 ≠ 漏れ 0 ··· 244
　　　―制御弁の全閉は完全な密閉ではない―
139. クリーンルームに雨が降る ·· 246
　　　―熱交換器の熱源制御弁にはインターロックを―
140. 凍ってしまった導圧管 ··· 248
　　　―屋外の導圧管にも保温を―

K. クリーンルーム

141. 清浄度を上げると空調が効かない？ ···························· 250
　　　―送風機発熱は無視できない―
142. 湿気は力もち ··· 252
　　　―湿気でクリーンルームの木床が盛り上がった―
143. 万全のうえにも万全を！ ·· 254
　　　―静電気による火災の危険―
144. ダクト内風速が速いと室間差圧制御は難しい ················ 256
　　　―ダクト内風速でダクト内圧力は大きく変動する―
145. クリーンルームへは，きれいな空気を送りましょう ······· 258
　　　―白ガス管で"白い粉"噴出―
146. フィルタ破損！　ねずみの仕業か？ ···························· 260
　　　―外気調和機の中性能フィルタが破損―

付　録 ··· 263
さくいん ·· 270

A. 設備計算

001 潜熱（せんねつ）を忘れていませんか？
―ついウッカリではすまされない基本的ミス―

[状況]

ある化学工場の自動車用ワックス冷却装置でのこと．液状で缶に注ぎ込まれたワックスを冷却液に浸して凝固させる方式であるが（図参照），この冷却装置を通過してもワックスは完全に固まらず，不良商品となって出荷できなかった．

[原因]

熱負荷は「顕熱負荷*＋潜熱負荷*」である．

「そんな初歩的なことは十分わかっている」

しかし，ちょっと待って！　水⇄蒸気，水⇄氷のように日常

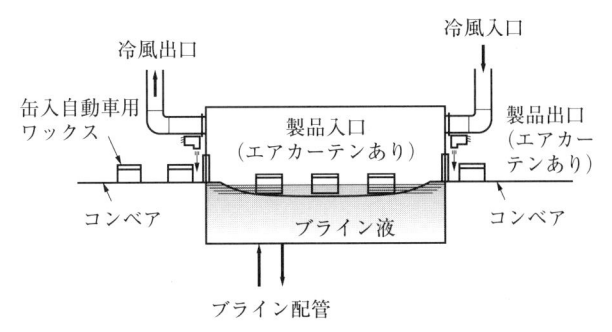

図　ある化学工場の自動車用ワックス冷却装置の例

見聞きしている状態変化にはすぐ気が付くが，この事例のように変化が視覚的に顕著でない場合，あるいは日常の経験量が少ない場合はつい見落としがちである．

ワックスが液体から固体に変わる凝固点は30℃近辺で，そのときに多量の潜熱の除去が必要である．負荷計算時にこの潜熱負荷を忘れたため，装置の冷却能力が不足していたのが原因であった．

[対策]

不足分熱量のブラインチラー*を増設した．

[教訓]

熱負荷計算をするときは，温度の変化（顕熱）ばかりに気をとられず，状態変化（潜熱）の有無をもう一度確かめること．

【用語解説】＊顕熱負荷：物質の状態変化をともなわない温度変化のある熱負荷．
　　　　　　＊潜熱負荷：融解，凝縮，昇華，凝固，蒸発のような温度変化をともなわない熱量変化の負荷．
　　　　　　＊ブラインチラー：5℃以下の冷水（不凍液：ブライン）を使用した冷凍機．

002 立上げだけで日が暮れる
—蓄熱負荷も忘れるな—

状況

あるゴム関連工場で，室内温度 DB90±2℃(年間)の加硫室を設計施工し，試運転をした．ところが，夏期(外気温 30℃)にもかかわらず，90℃まで上昇させるのに 8 時間もかかってしまった．系統は図(a)のとおりである．

床：コンクリート(150 t)
壁：コンクリートブロック(100 t) + 断熱材(50 t) + 鉄板(5 t)
天井：コンクリート(150 t) + 断熱材(50 t) + 鉄板(5 t)

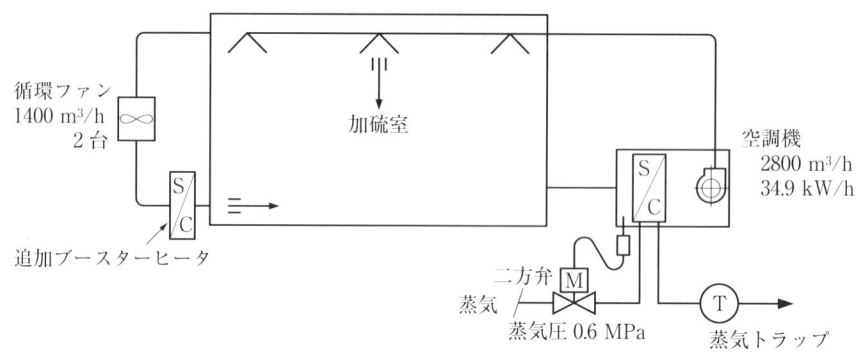

図(a) 系統図

原因

空調機(AHU：Air Handling Unit(エアハンドリングユニット))選定の際，定常負荷計算(約 11.63 kW／h)結果より余裕をもたせ，34.9 kW／h にしたにもかかわらず，立上がりに予想以上の時間を要した．理由は建物構造体の蓄熱負荷*であった(図(b)参照)．

さらに，冬期(外気 0℃)の立上がり時間を予想すると約 20 時間となり，改善を余儀なくされた．

対策

立上がり時間を短縮するため，下記の処置を施した．

① 建物断熱再施工(100 mm)にした．
② 蒸気圧力アップ(0.8 MPa)にした．

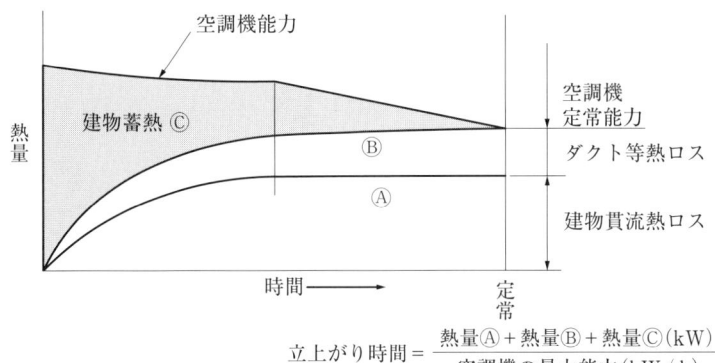

$$\text{立上がり時間} = \frac{\text{熱量Ⓐ} + \text{熱量Ⓑ} + \text{熱量Ⓒ}(\text{kW})}{\text{空調機の最大能力}(\text{kW}/\text{h})}$$

図(b) 蓄熱と定常状態

③ ブースターヒータ*を取付けた(循環ファン2台に各17.5 kW).

[教 訓]

一般空調ではあまり問題とならない蓄熱負荷も,このような高温室や冷凍庫では考慮し,機器能力や運転立上がり推定時間を事前に検討しておくことが,必要である.

【用語解説】＊蓄熱負荷：建築物構造体各部にいったん吸熱された熱が時間遅れをもって室内に放熱される熱量の熱負荷.
＊ブースターヒータ：再加熱装置.

003

冷凍庫は開閉が嫌い！
―冷凍庫の設計は使用状況を考えて―

状況

ある食品工場でクレームが発生．「保存用大型冷凍庫（−30℃）の庫内温度が，外気温度の上昇につれて上がり，−20℃近くになってしまう．そのため，製品出荷に影響が出て困る」というものであった．

原因

設計時の入庫量は65 t/日であったが，実際の使用状況は20〜25 t/日と半分以下であった．しかし，アイスクリームの品種は計画時の50品目から150品目と3倍に増加していた．このため，庫内ピッキング（仕分け取出し）作業および品物の搬出入の回数が多くなった．

また，搬出入の作業では前室（−5℃，−15℃），本室（−30℃）間の扉が常時開放されており，前室の機能が十分果たされていなかった．

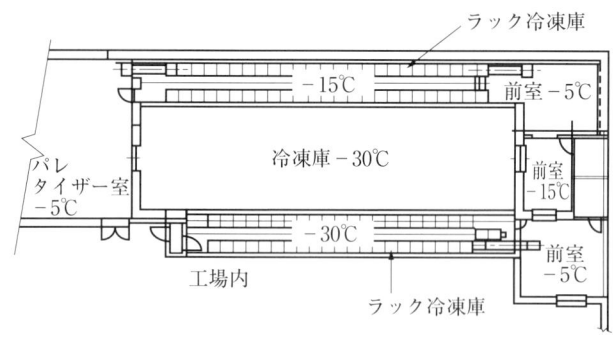

図(a) 平面図

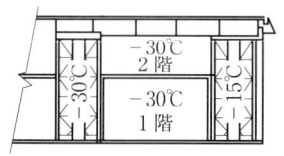

図(b) 断面図

このような使用状況が原因で，冷凍機は 19.8 kW×3 台あったが，容量不足をきたしてしまった．

冷凍庫，冷蔵庫の平面図と断面図を図(a), (b)に示す．

[対　策]
冷凍機の容量不足対策として，下記の処置を施した．
① ピッキング作業低減のため，別棟の中継倉庫（−30 ℃）への移管を多くし，製品の取り扱い種類を減らした．
② 1日の照明使用を，24 時間から 12 時間以下に短縮した．
③ 庫内出入口扉には，開閉による換気量を最小にする半開装置を取付けた．さらに除風にはビニールカーテンを設けた．
④ 冷凍機を1台増設し，19.8 kW×4 台とした．

[教　訓]
業務用冷凍庫には営業用と生産用の2種類がある．営業用は，単に品物をストックするだけであり，生産用は，品物のストックおよび仕分けの機能をもっている．したがって，客先と使い勝手を十分打ち合わせ，用途に合った設計対応を行い，機器容量を決定する．

004 建物違えば，条件も異なる
—休憩時間に汚水が逆流—

状況

ある学校で，「休憩時間中に1階職員トイレの水の流れが悪くなる．トイレが詰まっているかもしれないので，通管工事をしてほしい」との依頼があった．

原因

調査すると，原因は予想に反し，詰まりによるものではなかった．休憩時間中生徒がトイレで使用する水の量が多いため（生徒用トイレ2階～4階），汚水が職員トイレに逆流し，流れが悪くなっていた．

その原因としては，

① 同時使用率が極端に大きい，
　　大便器12×3階＝36個　休憩時間には瞬時に100%同時使用
② 配管径は，排水負荷単位算出表で再確認したがほとんど余裕がなかった．
③ 図(a)の汚水ます③のインバート*の形が悪く，流出側に対して，多量の水が直角に流入する形になっていた．

ことがあげられる．

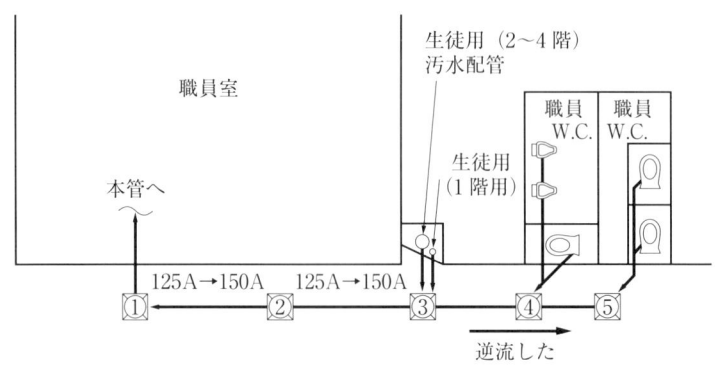

図(a)　平面図

[対　策]

汚水ますと配管の改修工事を行った．

① 汚水ますを変更し，図(a)の③～①の配管サイズを変更した（125A → 150A）．

② 汚水ます③を，図(b)のように変更した（インバートを切りなおした）．

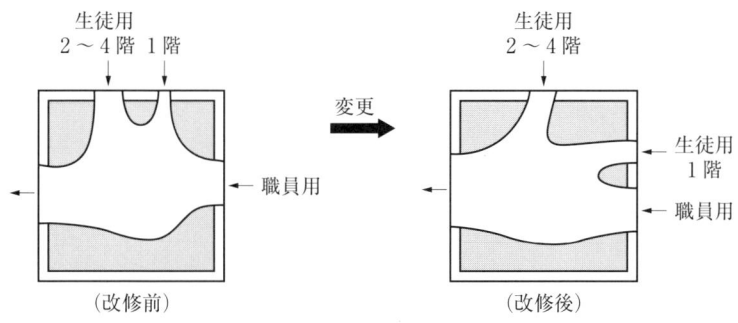

図(b)　汚水ます③のインバート形状

[教　訓]

学校であることを十分確認し，基準どおり設計されていたが，結果として改修工事となった．

念には念を入れ，トラブル発生を未然に防ぐ工夫と努力が必要である．

【用語解説】＊インバート：汚水ますなどに設ける半円形の排水溝（流路）．

B. 機器・空調機

005 冷凍機種容量により相性がある
―負荷変動に対応できるシステムを―

【状況】

ある現場のクリーンルームで，中間期に試運転中，ターボ冷凍機が油圧低下により異常停止した．

【原因】

今回異常が起こった熱源システムは，図(a)のとおりである．水冷チラー*をベース運転させていたため，低負荷(100〜200 USRT*)時ターボ冷凍機の発停が頻繁となり異常停止した(冷凍機油が戻るまえに停止してしまうので，油圧が上がらず異常停止となった)．

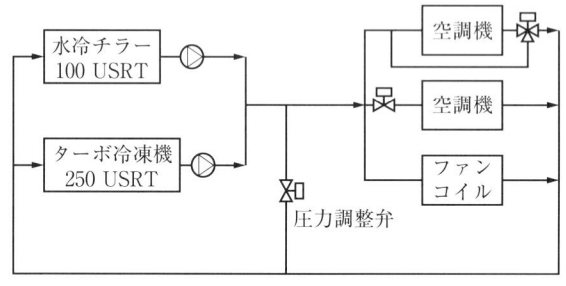

図(a) 熱源フロー図

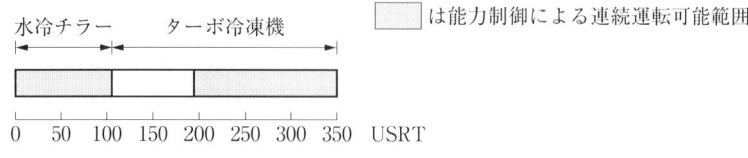

図(b) 冷凍機の運転範囲

なお，図(b)に示すように，ターボ冷凍機の能力制御範囲は30〜100%であるため，負荷が100〜200 USRTの範囲ではターボの発停が頻繁となるのである．

[対 策]

　冷凍機の運転方法を，負荷に応じてモード切替するシステムとして，負荷の少ない中間期はモード1，夏期はモード2で運転を行う．なお，モード切替は操作盤にて手動で行う（春・秋各1回）．

[教 訓]

　設計当初は水冷チラー（100 USRT）×4台の計画だったが，生産装置の見直しにより，今回の組合せになった．しかし，低負荷時の運転状態への配慮が不足していたため，問題が発生してしまった．熱源システムを設計する場合，冷凍機の能力制御特性および制御方式を考慮して，機種選定を行うべきである．

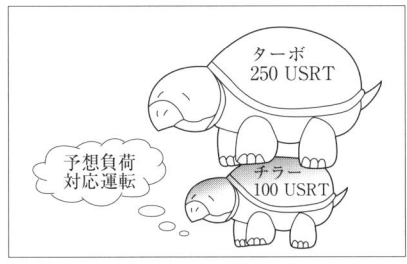

中間期
モード1

能力制御範囲
チラー：0～100%
ターボ：30～100%

予想負荷　○0～100 USRT　　水冷チラーを運転　　　　　　　　　能力制御範囲 0～100 USRT
予想負荷　○100～250 USRT　ターボ冷凍機運転（チラーは停止させる）能力制御範囲 75～250 USRT

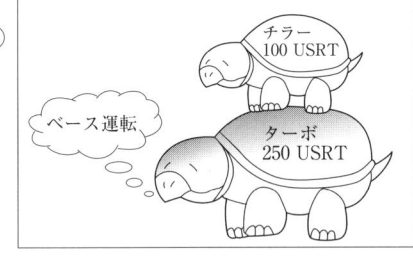

夏　期
モード2

・24 hr運転
・常時負荷100 USRT以上

予想負荷　○100～250 USRT　ターボ冷凍機ベース運転　　　　　　能力制御範囲 75～250 USRT
　　　　　　　　　　　　　　　＋
予想負荷　○250～350 USRT　水冷チラーを運転　　　　　　　　　能力制御範囲 75～350 USRT

冬　期
モード0　予想負荷（0～100 USRT）水冷チラー運転　　能力制御範囲 0～100 USRT

【用語解説】＊チラー：チリングユニットともいう．約100冷却トン程度以下の冷水製造冷凍機．
　　　　　＊USRT：米冷凍トン＝1 USRT＝3.52 kW/h＝3024 kcal/h．

006 信じすぎるものは救われない
― 冷水7℃の神話 ―

状 況
ある邸宅から「応接間のファンコイルユニットの効きが悪い」というクレームがあった．熱源のチラーは十分すぎるほど能力があるのに，なぜ冷えないのであろうか．

原 因
一般に，チラー出口冷水温度は7℃と思われているが，これは能力表示用定格運転時であって，常時7℃の冷水が供給されるわけではない．軽負荷時にはむしろ止まっている時間帯のほうが長く，温度変化は図のようになり，平均温度は高くなってしまう．

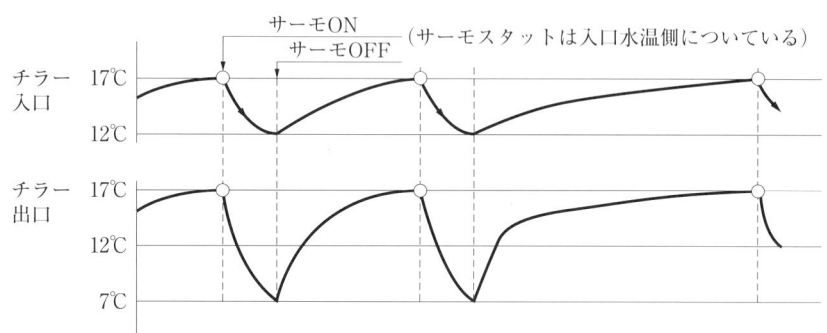

図 圧縮機1台のチラーの軽負荷時運転パターン

では，どのような場合に問題となりやすいのであろうか？

(1) 一部しか使用しない場合
同じ軽負荷といっても，中間期で部屋の負荷自身も小さければ問題は生じない．しかし，その部屋の負荷は大きいのに，ほかの部屋が使用されていないからチラーにとっては軽負荷という場合は，上記のような問題が生じる．ファンコイルユニットを冷水入口温度7℃で選定したのでは足りないケースがある．

(2) 圧縮機台数が少ない ON-OFF 機の場合

冷水出口温度は，圧縮機 1 台の場合は 17～7℃ となり，2 台の場合は 14～7℃，圧縮機（アンローダ機能付き）1 台では 11～6℃，2 台で 10～6℃ となる．普通，事務所ビルでは，一部の小部屋のみ使用することはまれで，圧縮機台数も多いので問題はないが，住宅や市民会館の小会議室などでは注意が必要である．

(3) 常時低温の冷水が必要な場合

除湿や恒温恒湿が目的の場合，注意が必要である（シビアな恒温恒湿の場合は水温もさることながら変動も問題なので，クッションタンク*などが必要になる）．

[対 策]

省エネ目的で，サーモスタットは入口取付けが標準であるが，出口側に変更すれば小型機でも 12～7℃ にすることができる．

[教 訓]

カタログに記載の数値は，ある条件時の値である．とくに低負荷時の運転状況を確認して機器を選定する．

【用語解説】＊クッションタンク：安定した熱量などを蓄えられる容量をもった水槽．

007 水があふれた冷却塔…冷凍機を止める
―丸型と角型の並列で水量バランスが崩れた―

状況
改造後4年の現場での事例．冷房シーズン中に数回，吸収式冷凍機の外部故障のランプが点灯し運転不能となった．

原因
調査すると，冷却塔は2台設置されており，図のように，既設丸型No.1 250 RTと新設角型No.2 150 RTを並列にして1台の冷却水ポンプで循環していた．これらの水量バランスはバルブで調整していた．一見問題なさそうであるが，実際は丸型（カウンターフロー方式）と角型（クロスフロー方式）とでは抵抗の特性が異なるため，水量バランスが崩れてしまう．その結果，一方の冷却塔からオーバーフローし，他方は減水して冷却水量不足となり，冷凍機が停止した．

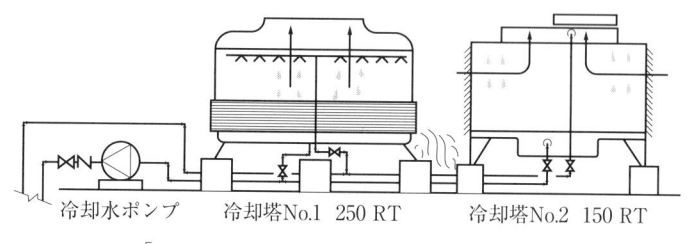

カウンターフロー方式	クロスフロー方式
水圧を利用して散水パイプを回転させているため，抵抗が大きく，水量とともに増大する．	上部水槽からの自然落下のため，冷却塔としての抵抗はない．

図　並列に設置した冷却塔

対策
連通管取付けでオーバーフローはなくなったが，バルブによる調整が難しく片流れは解決できず，冷却塔全体としての若干の能力の低下はさけられなかった．

教訓
流水抵抗の異なる丸型と角型の冷却塔を1台のポンプで使用することはさけるべきである．なお，同じ方式の冷却塔であれば，十分な管径の連通管取付けで並列運転は可能である．

008 風量を勝手に絞ってはいけません
―パッケージ型空調機の風量ダウンは致命的―

状況

ある工場の設計室の空冷ヒートポンプパッケージ型空調機 40 RT が，冷房運転開始約 10 分で，冷却コイル最下段蒸発器チューブに霜が付きはじめた．1 時間後，下部は着氷し，ドレンパンの境を越えて水が機外へ漏れ出した（図(a)，(b)参照）．

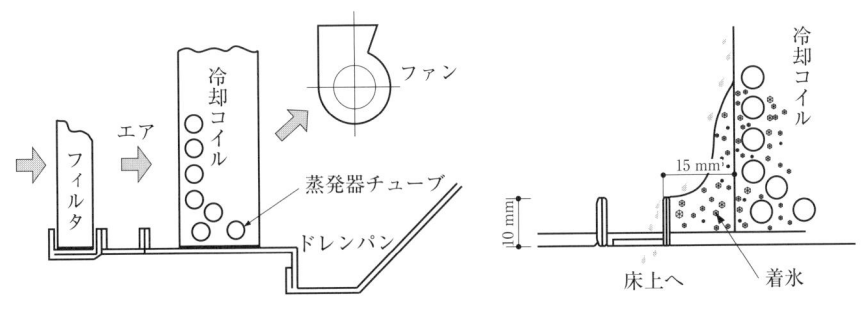

図(a) 冷却コイルまわり概略図　　図(b) 冷却コイル下部

原因

アネモ型吹出口からのドラフトが大きかったので，大部分の吹出口が絞られていた．そのため，空調機定格風量の約 60％ で運転していた．

その結果，空調機の蒸発器部分を通過する風量が低下し，熱交換器での温度差が大きくなって出口温度が低下するとともに，蒸発圧力（低圧圧力）が低くなり（低圧 0.25 MPa，蒸発温度 −10 ℃），蒸発器表面が着氷した．

対策

居住者へのドラフトを防止し，定格風量で運転するため，吹出口を増加して適切な配置とした．その後は夏・冬とも，正常運転している．

教訓

吹出口のサイズ・個数選定は適切にする．また，下限風量のチェックを忘れずに行い（とくに 60 Hz では標準風量＝下限風量の場合が多い），客先引渡し後も風量低下を招かないように注意する．

009 凍結に負けた温水ボイラ
―膨張管の凍結でボイラに亀裂―

状況

ある寒い冬の朝，客先の C ビルから「ボイラに亀裂が入り水漏れしている」とのクレームがあった．

事故のあったボイラは出力 70 kW の低圧温水ボイラで，安全弁は取付けられていなかった．膨張管は，屋外露出部分が約 15 m あるが，断熱が施工されておらず，担当者の話では後日施工の予定になっていたという．

ボイラを解体して調べたところ，燃焼室が大きくゆがみ，溶接部に亀裂が入っていた．系統図は次のとおりである．

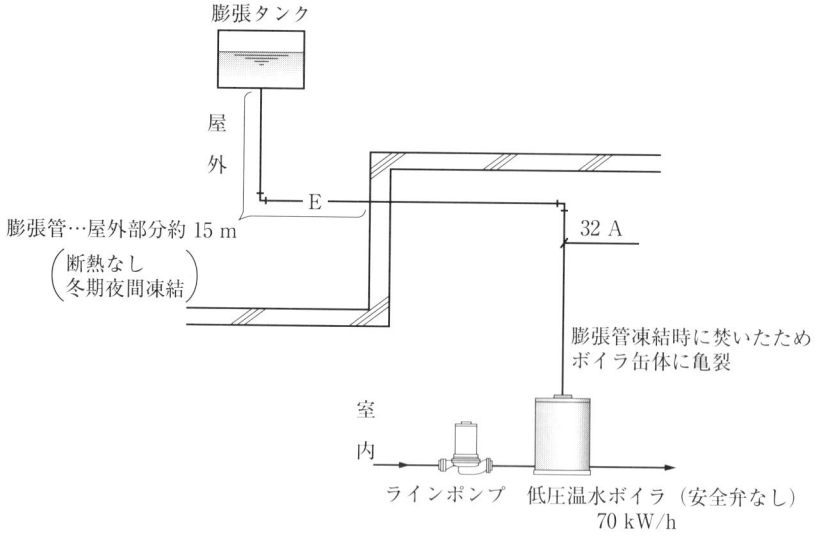

図　系統図

原因

ボイラになぜ亀裂が入ったか，その原因を推察してみると次のようになる．

① 膨張管が夜間の冷え込みで凍結し，ボイラおよび配管が密閉状態になった．

② 密閉状態のため，ボイラの運転にともない水温が上がり系内圧力が上昇し

た．

③ 圧力上昇によりボイラ燃焼室がゆがみ，溶接部に亀裂が入った．

[対策]

ボイラを交換し，膨張管を断熱した．その後5年近く経過するが，順調に運転されている．地域によっては膨張タンクの断熱も必要である．

[教訓]

膨張管の断熱工事が遅れたばかりに，ボイラを入れ換える羽目になった事例である．断熱を施工する目的には，大別して次の表の4種類があり，それぞれ仕様が異なる．

表　断熱施工の目的

目　的	例
結露防止	屋内給排水管，ドレン管，冷水管
放熱防止	冷温水管，蒸気管
凍結防止	屋外露出管
火傷・火災防止	煙導，蒸気管

少なくとも，「どのような目的で断熱を施工するのか」設備業者の常識として知っておかなければならない．

次に管内の圧力上昇について考えてみる．水は非圧縮性の液体のため，その体積が熱膨張によりわずかでも増加すると，系内の圧力は異常に上昇する．たとえば，系が密閉サイクルであれば，水温が40℃から50℃まで上昇しただけでも圧力は約10 MPaになる．これではボイラはひとたまりもない．

膨張管の重要さをあらためて認識した事例であった．

010 太陽光がボイラを止める
―火災検出器が太陽光線を感知―

状況

竣工後のある現場で，ボイラを運転しようとスイッチを ON にしても，あるときは正常運転(着火)し，またあるときは運転しない(不着火)という不思議なことが起こった．

原因

制御盤やスイッチ，配線などから油配管，バーナーまでいろいろ調べてみたが異常はみつからなかった．何度も繰り返し調べているうち，ついに太陽が犯人であることをつきとめた．

図のように，太陽光線がボイラ室の窓からバーナーのフレームアイ(火炎検出器)にあたり，バーナーが着火できない状態に保たれていたのである．

対策

フレームアイに直接太陽光線があたらないように窓にブラインドを取付け，注意書きを添えることにした．

フレームアイはプロテクトリレーと組み合わされ，ボイラメインバーナーの炎の有無を検出し，異常時にはただちに燃料用電磁弁を遮断するようにセットされている．

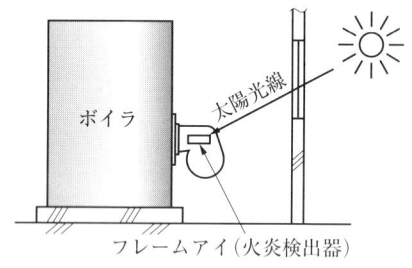

図　太陽光線の侵入

もし，バーナー停止中に炎の疑似信号が検出されるとしたら，これは運転中，万一消炎してしまった場合でも消炎を検出できず，燃料が遮断できないという危険につながる．

しかし，バーナー停止中に，なんらかの理由で，万一油電磁弁の閉止不良によりノズル先端からの油漏れがあった場合，油漏れ検出装置が作動してバーナーが起動しないよう安全遮断するようになっている．

教訓

機器類には，太陽の直射日光があたらないよう，窓の位置に注意する．

011 太った還水タンク！
―多量の還水を排水できず，タンク内圧力が上昇―

状況

竣工1年目の検査で，還水タンク(SUS304 3000 W×1500 L×2500 H)の側板(6 t)が30～130 mm外側に膨張していることが指摘された．最大負荷時(運転立上がり時)には，貫流ボイラ(0.8 MPa 2 t)は8基運転されていた．

原因

工場始動時，還水タンクの保有水がボイラに送られ，減少した分補給水が入り水位が上昇し，そこに多量の還水が戻ってくる．

上板から300 mm下の通気兼用オーバーフロー管(100 A)であったが，多量の還水により閉塞状態に近づき，そこに高圧ドレンの還水が戻り，フラッシュ蒸気*が発生．逃げ場を失ったフラッシュ蒸気と還水によって還水タンクの内圧が高くなり，側板が膨らんだ．

対策

計算上は100 Aでは内圧は極端に上がらないが，オーバーフロー管と通気管を単独配管とし，図(b)のように，タンク上板に150 Aのタッピンを取付けて通気管とし，通気兼用オーバーフロー管はオーバーフロー管専用管とした．タンク内側をSUSチャンネルおよびSUS棒で補強した．

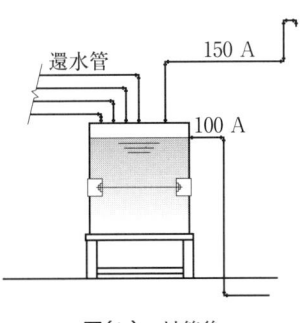

図(a) 対策前

図(b) 対策後

教訓

工場の始動時，還水が定常運転の数倍になることがあるのでオーバーフロー管などはそれに適した口径とし，高圧蒸気ドレンの再フラッシュ蒸気があるため，通気管は必ず単独配管とする．

【用語解説】＊フラッシュ蒸気：高圧の蒸気ドレンが大気(低圧下)に開放されたとき，再び蒸気になったもの．

012 水没した蛇口
―発注前に吐水口空間の確認を―

状況

竣工後約4年のある処理場で，受水槽の補給水ボールタップ(20 A)が故障し，大量の水がオーバーフローしていた．調べてみるとボールタップの故障とは別に重大な問題が発覚した．吐水口空間がとれておらず，ボールタップが水没していた．

原因

事故発生のタンクを含め，処理場内の消火水槽，膨張タンク，補給水槽を調査すると，補給水ボールタップに吐水口空間が十分確保されていなかった(図(a)参照)．

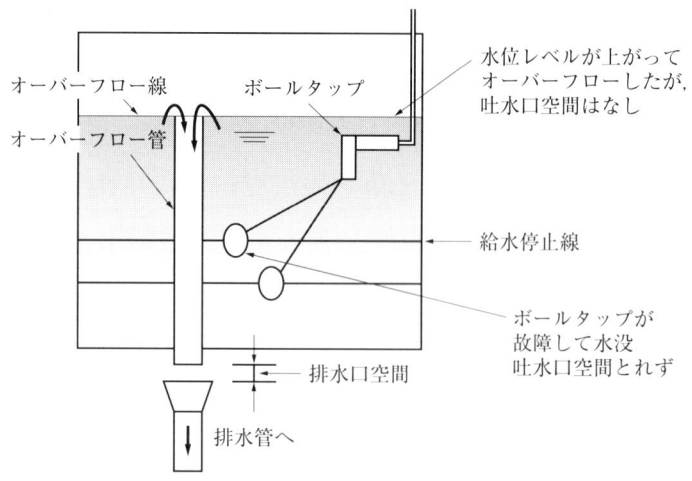

図(a) 事故発生

対策

タンク内の吐水口空間を確保のため，給水用短管を切り詰めて給水位置を上げ，オーバーフロー管を切り詰めて水位を調整した(図(b)参照)．

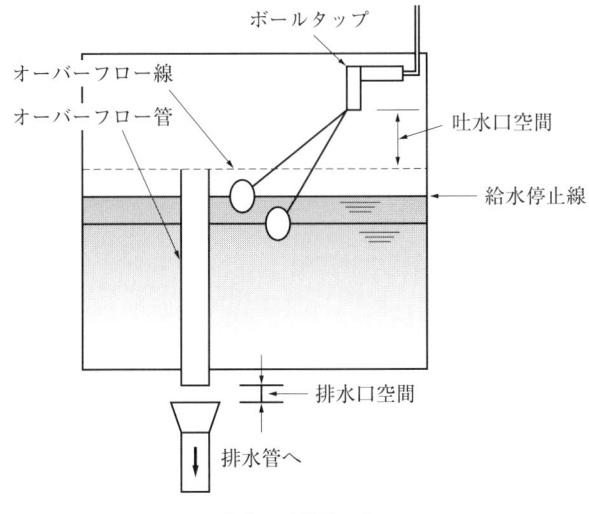

図(b) 対策後の状況

[教訓]

　タンク内の吐水口空間確保は施工上見落としがちである．有効水位を確保したうえで，吐水口空間が十分とれているか発注前にメーカーと打ち合わせ，合っているか確認する．

　ボールタップから水が逆流したら，給水が汚染され大変な問題になるところであった．

013 環境汚染を起こした冷却塔排水・解体工事排水
― 工場排水のpH値が急上昇！ ―

状況1 冷却塔により工業用水が濃縮

ある工場の排水処理施設で，夜間，pH値異常が連続して発生した．工場の排水放流基準値はpH5.8～8.6で，基準値を上まわるとの危機感から原因調査を行い，冷却塔排水が原因であることがわかった．

原因

補給水には，アルカリ成分を多く含む工業用水を使用していた．そのため，冷却塔の水分蒸発により，アルカリ成分が濃縮され，pH値が上昇した（図(a)に濃縮実験結果を示す）．

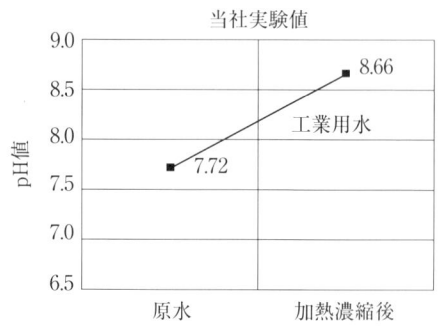

図(a) 加熱濃縮実験前後のpH値

昼間の工場稼動時は，冷却塔以外からの排水量が多いため希釈され，pH8.3を超えることはなかったが，夜間は他系統の排水量が少なく希釈されないため，pH値上昇となった．

対策

冷却塔排水を工場既設の排水処理施設につなぎ，処理を行うこととした．

薬液注入は冷却水$1\,m^3$に対し薬液$200\,ml$程度で，低濃度のため冷却水のpHにはほとんど影響しない．しかし，薬液の原液や高濃度溶液は成分上，産業廃棄物となるので，管理には十分注意を要する．

状況2 解体コンクリート塊からアルカリ成分が溶出

ある工場のコンクリート塊(ピット)撤去作業を行った．散水や降雨で溜まった水を水中ポンプで汲み上げたところ，工場排水が放流基準値 pH8.6 を超えてしまった．

汲み上げた水は pH11 以上，作業を行ったのが工場休日で，工場排水量が少ないため希釈されなかったことも pH 値上昇の要因と考えられる(図(b)参照)．

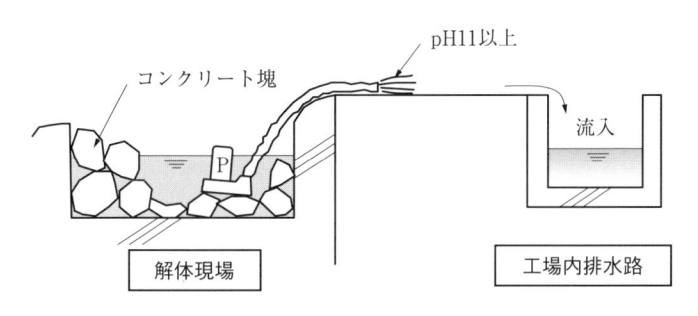

図(b) ポンプアップ状況図

原因

工場排水の成分ではなく，撤去中の破砕されたコンクリート塊に含有されているアルカリ成分が，溜まった水に溶け出したことが原因である．

対策

既存排水処理施設で処理を行うことにより，工場外への環境汚染を未然に防いだ．

教訓

排水の水質基準を決めて処理を行っている工場では，設備工事の排水も，ほかの排水時間帯との兼ね合い，排水量などを考慮し，状況に応じて排水処理施設を通すことも検討する必要がある．

① 公共飲料水道水以外を使う場合は，あらかじめ成分を調べる．
② 古いコンクリートでも破壊した新しい面は水をアルカリ化するので注意が必要である．
③ 現場で排水を出す際には，その影響の有無を考えながら行う．

014 機械室の周囲では何かが起こる
―機械室のまわりで起こったトラブルあれこれ―

機械室には，騒音・振動源，熱源，水源が集中されている．したがって，その周囲の室にはいろいろな防止策がなされていないとトラブルが発生する．その例をいくつかあげてみる．

状況1　A病院
夏期にボイラを焚くと薬局の室内温度が37℃にまでなってしまった．

原因
薬局の下にボイラが移設された．

対策
冷房増強と騒音対策として，ボイラ室躯体に断熱材の内貼りを施した．

状況2　Bホテル
機械室に隣接した客室に，機械音と振動が伝わり，とても使用に耐えない．

原因
機械室からの騒音，振動を考慮せずに客室を機械室の隣に計画した．

対策
客室から別の用途の部屋に変更した．

状況3　C会館
蓄熱槽の上に設置されたオイルサービスタンクがオーバーフローし，油が蓄熱槽へ流れ込んだ．

原因
オイルサービスタンクの油面計が故障し油がオーバーフローした．

対策
油面計の交換，防油堤の改修を行った．

状況 4　D市庁舎

蓄熱槽(冷水槽)の上に書類保管庫ができたが，湿気で書類がベットリと濡れてしまった．

[原因]
換気設備がなかった．

[対策]
換気設備を追加した．

状況 5　E事務所

蓄熱槽(温水槽)の上の電気室が加熱し，制御盤の誤作動が心配となった．

[原因]
換気設備能力が不足していた．

[対策]
換気設備を増強した．

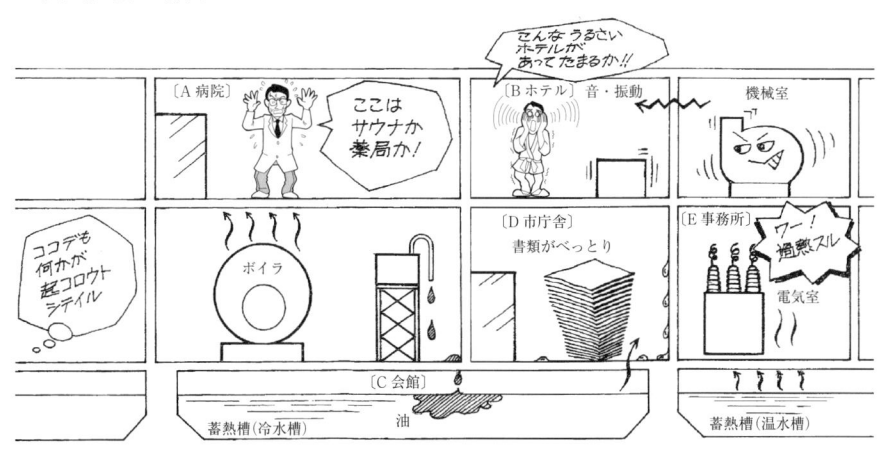

[教訓]
　機械室に隣接または近い部屋では，騒音，振動，加熱，冷却，漏れ，結露などについてトラブルが発生しやすい．あらかじめ入念なチェックが必要である．

015 空調機は既製品ではありません
―設計条件にあった内容か，確認をしてから発注―

状況

ある動物舎が竣工し，試運転を開始したところ，空調機ミキシングチャンバ内に多量の結露によるドレン滞留を発見した．

原因

動物舎の空調で排気をサイクロンによるワッシャにて脱臭．その後，省エネのため一部を循環空気として戻していた．

戻り空気が相対湿度100%近い状態で，冬期の0℃近辺の外気がミキシングしたため，混合点において飽和状態を超えた空気となり，ミキシングチャンバ内で結露を生じた(図(a)，(b)参照).

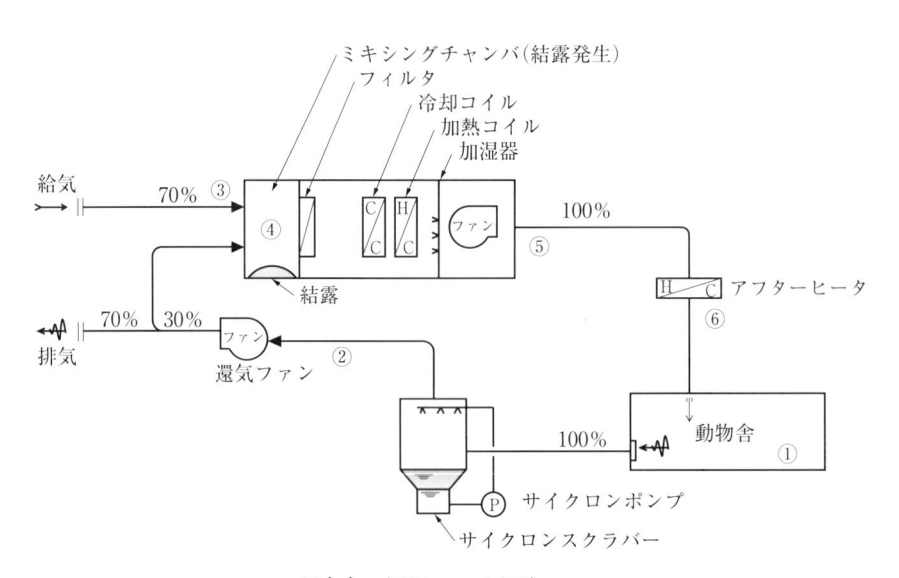

図(a) 空調システム概略フロー

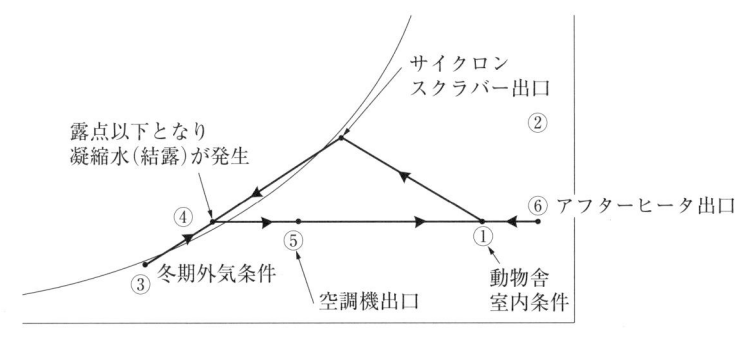

図(b) 冬期空気線図

[対策]
　本来の根本的な対策としては，外気導入部にプレヒータを取付ける方法であるが，省エネの観点からミキシングボックス内にドレンパンを取付けて対処した．

[教訓]
　空調機内部の空気線図上の確認を怠っていたため，理論上空調機のミキシングチャンバ内に結露が生じる状況を把握しきれなかった．
　メーカーの資料を鵜呑みにせず，理論的な確認をしてから，空調機の承諾図をメーカーに返却する．

016 グリースをなくした犯人は？
― カバー付ベアリングを仕様に ―

状況

ある現場で，竣工後1年も経たないうちに，「外調機の後側のファンから異状音がする」とのクレームがきた．調査すると，ファンのベアリングが腐食して「ガタガタ」と鳴っていた．よく見ると，グリースが失くなっていた．

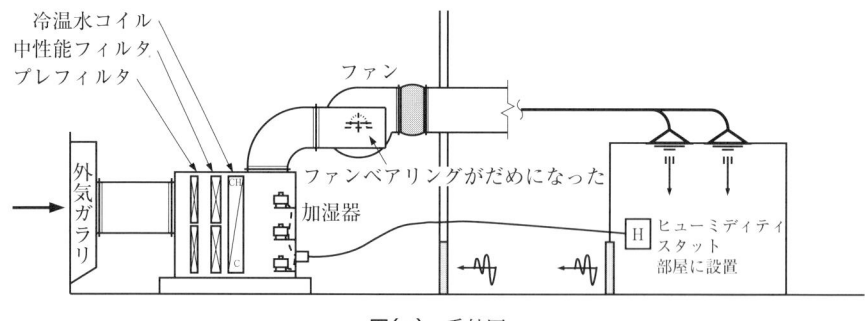

図(a) 系統図

原因

中性能フィルタの目詰まりも起こして風量が低下し，ファン吸込み空気が相対湿度100％近くなり，この水分でベアリングのグリースが変質劣化し，摩耗腐食した．

図(a)のように，加湿器のセンサ（ヒューミディスタット*）が部屋に設置してあるため，ダクト内相対湿度が100％近くになっても加湿要求していた（吹出口：部屋，吸込口：廊下）．

加湿器からの水の微粒子が風に乗り，ファンの部分まで到達した．

対策

外調機にエリミネータ*を取付け（設置位置：吹出ダクト接続部），ダクト内にリミット制御*のヒューミディスタットを取付けた．

ベアリングを一般タイプからカバー付タイプに交換し，ベアリングの給油管を外部まで出した．

フィルタを適宜交換するよう，メンテナンスを客先に依頼した．

以上により，その後，問題は起こっていない．

> [教　訓]

「オーバーハング型」のファンを採用すれば，ベアリングがダクト内空気や水分に接触しないので，このようなトラブルは発生しない．

とくにファンルーム内で蒸気加湿，超音波加湿や高圧スプレー加湿を行っているものは，ベアリング部分に防塵および防湿性のあるカバー付ベアリングを採用しトラブルを未然に防ぐ．一般型とカバー付ベアリングを図(b)に示す．

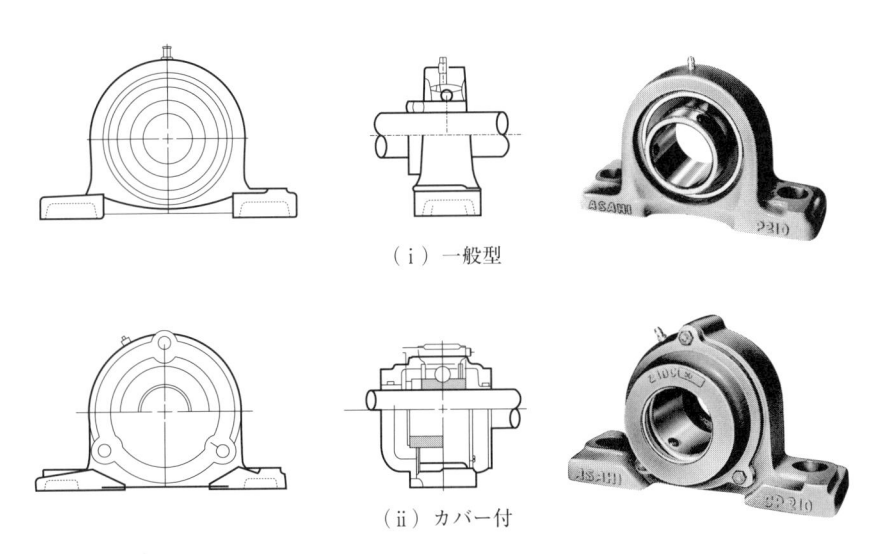

（ⅰ）一般型

（ⅱ）カバー付

図(b)　ベアリング（写真提供：旭精工株式会社）

【用語解説】＊ヒューミディティスタット：湿度調節器．
　　　　　＊エリミネータ：気流中に含まれた水滴を分離する装置．
　　　　　＊リミット制御：許容値を超えると作動するコントロール方式．

017 ついてりゃいいというものじゃない！
― 全熱交換器とファンの取付け位置に注意を ―

状況

竣工を2週間後に控えたある工場において，全熱交換器を使用する系統の試運転をしたところ，外気導入がまったくできないという事態になった．

原因

調査するまでもなく原因はすぐに判明した．給・排気ファンの取付位置が悪く，図(a)のように給気側と排気側との圧力差が約2000 Paもあり，外気がほとんどバイパスしていたのである．

```
                全熱交換器    給気ファン
                  +1500 Pa
        ◁────────●────────⊕────┤├──← 外気
                           ⊕────┤├──↯ 排気
                  -500 Pa
                          排気ファン
        全熱交換器での給気と排気の差圧  2000 Pa
```

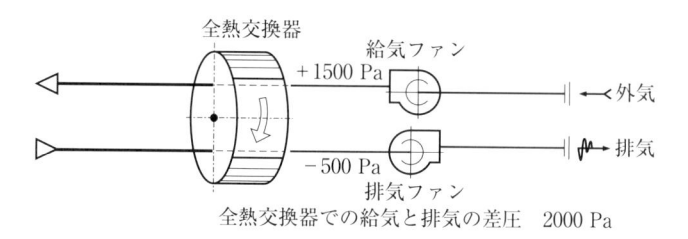

図(a) 外気がほとんどバイパスする配置

全熱交換器はシャフトを中心に回転しているので，給気と排気との間にはもともと完全密閉はありえないが，少しでも空気の漏れを防ぐためにエアシール材として弾力性のあるゴム系のシートを使っている．

しかし，このエアシール材は給・排気の差圧が約500 Pa以下のときは有効であるが，今回の例のように2000 Paも差圧があると，シールの役目をまったく果たさず大量にバイパスする結果となる．

そのうえ，排気側から給気側への戻り防止用のパージセクタ*(図(b)参照)からも差圧が大きいと多量の空気がバイパスする．

対策

その場しのぎの小手先の対策ではクレームの再発生と判断して，給気ファンを

【用語解説】＊パージセクタ：排気が給気側へ移行するのを防ぐ役目の装置．

図(b) パージセクタからのバイパス

$\Delta P = PS - PE$ が大であればバイパス量も大

図(c) 対策後の圧力分布図

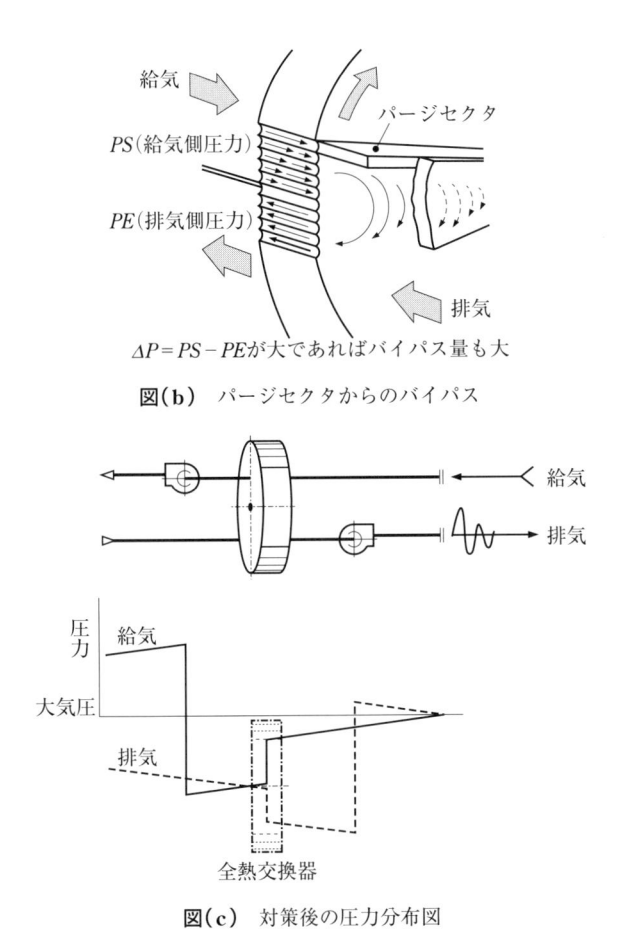

全熱交換器の下流側に付け替えた(図(c)参照).その結果,試運転は順調に終了した.

教訓

ダクト系の圧力分布は,いうまでもなく系全体のバランスを考慮して決定しなければならないが,いま,全熱交換器まわりだけを取り上げて検討すれば,次の給・排気4方式に集約できる(図(d)参照).

この4方式の組合せのなかから給・排気の差圧が500Pa以下の組合せを選択すればよい.ただし,排気側から給気側への戻りをきらう場合には,「給気側圧力>排気側圧力」でなければならない.

今回の問題も,たとえば図(d)のように図示してチェックすれば簡単に気が付き,トラブルを未然に防止できたはずである.

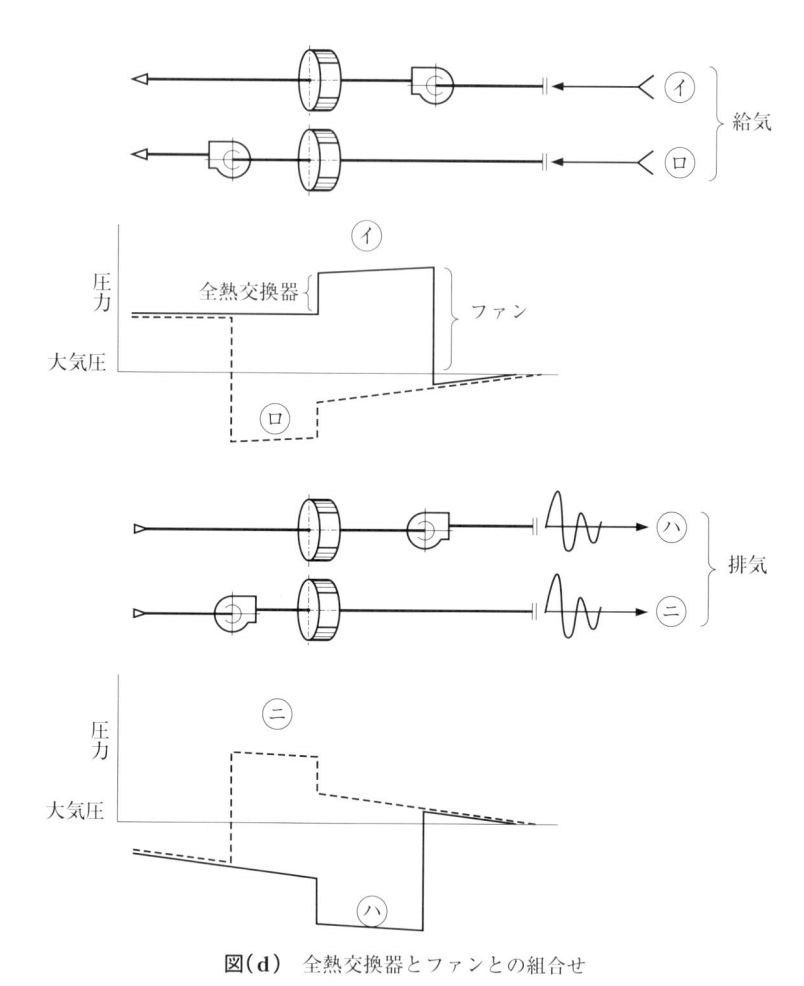

図(d) 全熱交換器とファンとの組合せ

(**注**) モデルを簡単にするため，給・排気ガラリなどの圧力損失は無視した．

018 隙間があったら要注意
―据付要領書の確認は忘れずに！―

状況

天井埋込カセット型パッケージ型空調機を据付けたある建物での出来事である．
「冷房のききが悪い！」というクレームがあり，調査して原因はすぐ判明したのだが，その場で解決できる問題ではなく，サービスマンとして頭の痛い状況だった．

原因

空調機を点検すると，天井パネルはきちんと収まっているが，ユニット本体とパネルの間に隙間ができた状態(ユニット本体が標準据付高さよりも高く吊り込んである)で据付けられていた(図(a)参照)．そのため，そこからエアが漏れてショートサーキットを起こしていた．その結果，冷房のききが悪い状態となった．

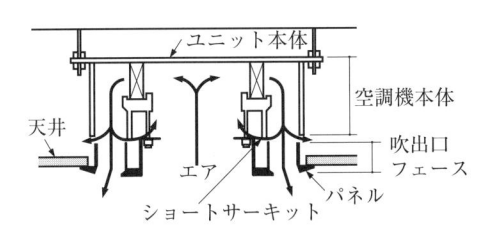

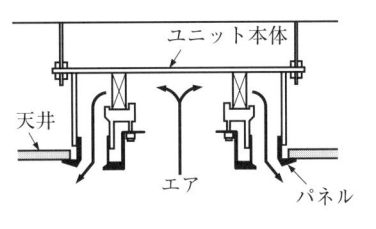

(a) 不具合事例の据付断面図　　　**(b)** 標準の据付断面図

図　天井埋込カセット型パッケージ型空調機

対策

図(a)の状態をなおすには，図(b)のようにユニット本体を下げればよい．しかし，ドレン配管の勾配，冷媒配管の吊り直しなどの関係で簡単に行える問題ではなく，費用もかさんだ．

教訓

今後，このようなことを起こさないためにも，据付要領書の確認(メーカー，年代によって微妙に据付方法が異なる)と，据付業者への作業要領の徹底を行い，勘と経験だけでなく，基本を忠実に守りたい

019 冷水コイルがパンクした！(その1)
―冷たい外気の直撃で，冷水コイルが凍結―

状況

6月に竣工したある現場の空調機内の冷水コイルが，翌年2月に凍結破損する事故が発生した．

この現場でのダクト系はかなり複雑なために，施工図での静圧計算より実際の静圧が過大となり，動力限界まで回転数をアップしても風量が不足ぎみであった．

そこで，全熱交換器能力を多少犠牲にして，バイパスダンパを全開にしてあった．

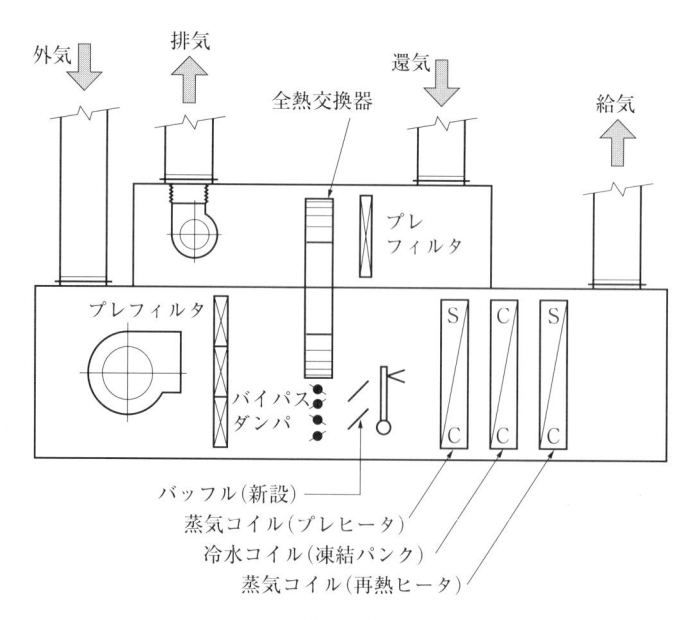

図　空調機

冷水コイルがパンクした！（その1）　33

[原　因]
　バイパスダンパを通過する風量はすべて外気である．これが全熱交換器通過空気と混合されず，直接コイルを通過していた．その状態で外気が冷え込んでしまったため，冷水コイル内に滞留している水が凍結してしまったのである．

[対　策]
　図に示すように，バイパスダンパを通過した冷たい外気と全熱交換器を通過した温かい空気とが混合するように，ダンパの後にバッフル*を設けた．
　さらに，空気を加熱し，凍結を防止するため，蒸気コイル（プレヒータ）の制御弁をつねに最小開度に保つように設定した．また，夜間・年末年始の停止時，コイルの水抜きを完全に行うため，圧縮空気または窒素ブロー用タッピングを設けた．

[教　訓]
　空調機で，コイル面通過空気流の偏流は，負荷が偏り全熱交換器の能力不足の原因となる．さらに外気導入の場合，冬期にコイル凍結の危険がある．
　また，フィルタ通過空気の偏流はフィルタ効果を減少させるとともに，高速部分で塵埃の再飛散が起こる．
　したがって，機器の製作図検討時に空気流分布をチェックし，風速・温度分布を均一に保つことが必要である．

【用語解説】＊バッフル：じゃま板．

020 冷水コイルがパンクした！(その2)
―名ばかりのミキシングボックス―

状況

あるフィルム工場が竣工してはじめての冬,「空調機のドレンパンから水があふれている」というクレームが発生. 早速現場に駆け付けて調べたところ, 24時間運転のクリーンルーム系統空調機の冷水コイルから水が漏れていた.

原因

この空調機のミキシングボックスには, 還気ダクトと外気ダクトとが図のように接続されていた.

しかし, ミキシングが十分行われず部分的に外気が直接冷水コイルにあたり, コイル内の水が凍結し, 冷水コイルがパンクしてしまった. このとき, 冷水制御弁は負荷がなかったため全閉であった.

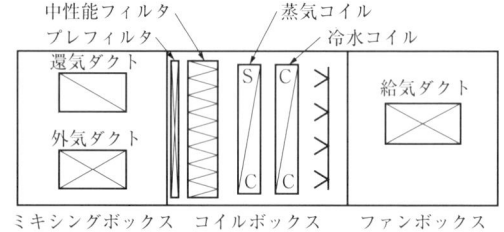

図　空調機

対策

空調機付属のミキシングボックス上部に, さらにミキシングボックスを設け, 外気と還気とを十分に混合させた.

さらに, 冬期は冷水コイルの水抜きを行うこととした. なお, 冷水コイルは全水水抜き型ではないため, 圧縮空気か窒素で強制ブローできるように, 冷水配管にタッピングを設けた.

教訓

今回は, 外気比率50%, 室内温度は25℃設定なので, 外気が－10℃でも, 空気線図上はミキシング空気は7.5℃となって, 凍結に至るとは考えられなかった.

しかし, ダクトの接続方法, ミキシングボックスの大きさによっては, 今回のようなことが起こりえる.

実際の状況をよく考慮して局所的な現象にも注意をはらうなど, 細かい気配りがここでも必要であった.

021 冷水コイルがパンクした(その3)！
― 凍り付いた予熱コイル ―

状況
ある工場では，外気処理空調機(外調機)に排熱を熱源とした凍結防止コイル*を設置し，外気を予熱している．竣工して最初の冬に，この凍結防止コイルも冷水コイルも凍結してしまった．

原因
生産装置が計画時の半分以下で稼動していたので，排熱が少なく，凍結防止コイルには，水が設計量の40％しか流れていなかった．そのため，コイルの一部が凍結して外気が温められなくなり，やがて冷水コイル(冬期はほとんど流れない)も凍結してしまった(図参照)．

対策
冷却排熱が少ないので，空調機2台のうち，1台だけ凍結防止コイルを使用することにした．使用しないコイルは水を抜き，圧縮空気か窒素で強制ブローできるようタッピングを設けた．

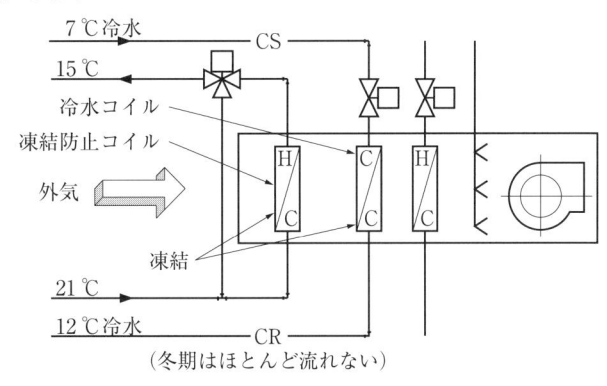

図 外気処理空調機

教訓
コイル水量が設計流量に対して40％でも凍結することがある．凍結しないための温度・流量条件はメーカーに計算依頼して確認する．

また竣工後は，客先の使用状況によって設計時と条件が異なることがある．

したがって，設計時に客先と使用方法の十分な打合せを行い，竣工時の取扱説明書では使用状況に応じた取り扱い手順を説明する．

【用語解説】＊凍結防止コイル：生産装置の冷却排熱(水温21℃)を利用して外気を予熱している．

022

温度むらに注意！
―寒冷地の外調機コイル凍結対策―

[状況]

11月に竣工したばかりの北海道の現場での事例．12月に入ってまもなく，外気処理空調機（外調機）の温水コイルが外気温度－6.3℃で凍結破損した．

[原因]

外調機システムは図(a)のようになっている．予熱コイルを蒸気コイル（縦型コイル）としたため，コイル出口温度が上下でばらつき，下部では氷点下となった（図(b)参照）．この空気がそのまま温水コイルまで達し，凍結破損に至った．

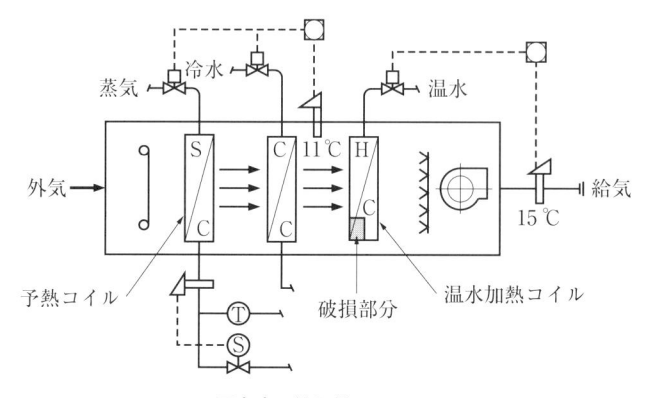

図(a) 外調機システム

※蒸気コイル設計条件：－20℃（凍結時負荷56%）
※蒸気ドレンは，温度10℃以下で電磁弁が開となるため凍結はしなかった．
※冷水コイルは水抜済

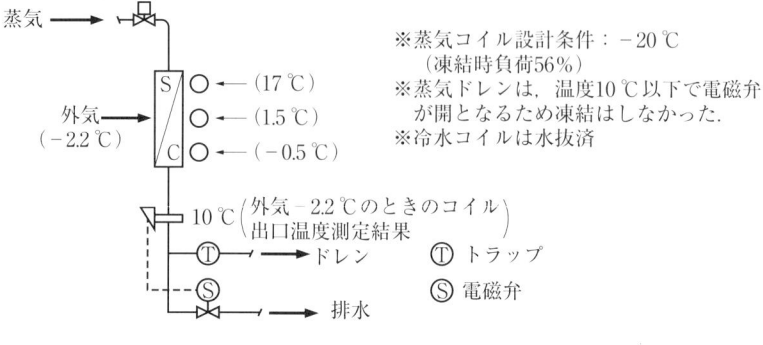

外気（－2.2℃）／ S：17℃，1.5℃，C：－0.5℃
10℃（外気－2.2℃のときのコイル出口温度測定結果）

Ⓣ トラップ
Ⓢ 電磁弁

図(b) 蒸気コイル

対　策

蒸気コイル出口温度のばらつきを緩和することは難しいため，温水配管にラインポンプと三方弁*を設置し，温水コイルへの流れを定流量変温式に変更した（図(c)参照．凍結防止上必要な水量を確保し，コイル内の滞留をなくした）．

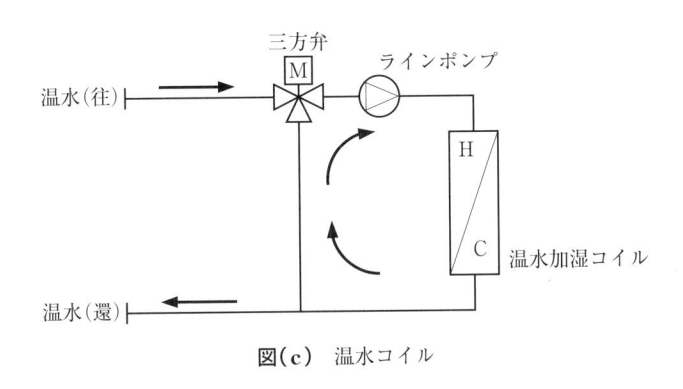

図(c)　温水コイル

教　訓

寒冷地の外調機の予熱コイルとして蒸気コイルを使用する場合は，温水コイルに比べ，出口空気温度のばらつきが大きい．

また，制御弁で絞るとスチーム入口側とドレン出口側とで空気の温度差は大きく，部分的には加熱されない空気が生じやすく，コイル内部は負圧となりドレンが滞留しやすい．

加熱されない空気が下流側のコイルを凍結させる可能性があるため，ドレン水温度を高く保つように，蒸気コイルは負荷に見合った能力とする（過大なコイルを選定しない）．

可能なら寒冷地の予熱コイルは温水（ブライン）ヒータ，また能力的に少ない場合は電気ヒータを使用する．

【用語解説】＊三方弁：流体を合流したり，分配したりするときに使用する配管が3方向に接続することができるバルブ．

023 パンクの多い蒸気コイル
―蒸気コイルの使用には細心の注意を―

状況

毎年，冬になるとパッケージ型空調機，空調機，ユニットヒータなどの蒸気コイルのパンク事故が報告される．

原因

種々の事故例を整理してみると，次のような原因があげられる．

(1) 蒸気コイル内のヘッダのドレン取出位置が高い（図(a)参照）

蒸気コイルによっては，ドレン取出位置の高いものがあるため注意を要する．凝縮水がコイル内に溜まると，蒸気ハンマ*の原因になるうえ，外気取入ダクトより侵入した冷たい空気により凍結することもありうる．

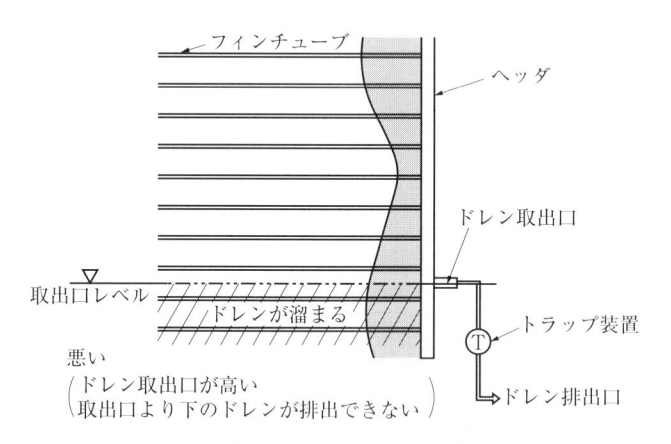

図(a) ドレン取出位置(改良前)

(2) トラップ容量の不足

一般に，トラップの容量については設計図面に記入のない場合が多く，現場で発生する際に正確な計算によらず概算と経験で決める場合がある．そして，なかには容量が十分とはいえない場合もあり，蒸気ハンマの原因となっている．

(3) 熱応力による破壊（図(b)参照）

装置休止後，蒸気を流すと冷えきった凝縮水にふれている部分と高温の蒸気に

図(b) 朝のスタート時の状態

図(c) ドレン取出位置(改良後)

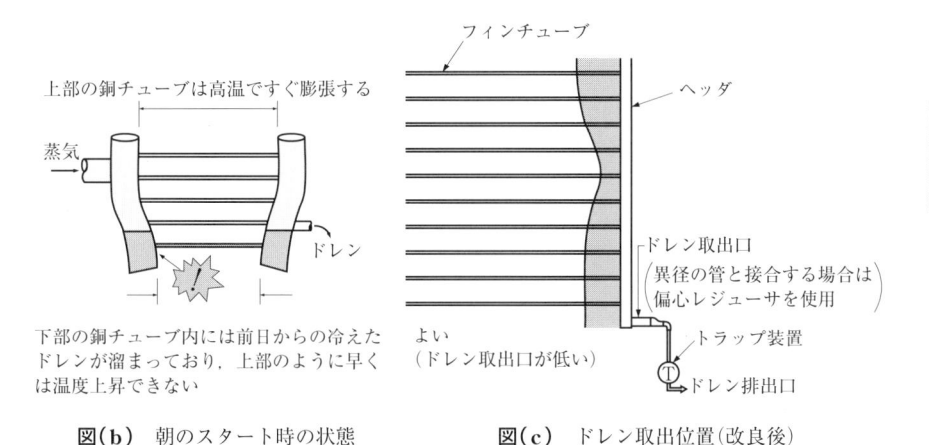

ふれた部分との熱膨張の差によるひずみで破壊が起こる.

対 策

蒸気コイル内にドレンが停滞しないように, 下記のような対策を行う.

① 蒸気コイルのドレン取出位置は十分低くし, 凝縮水がコイル内に溜まらないようにする(図(c)参照).
② 蒸気トラップの容量は凝縮水排水量の約3倍で選定する.
③ 蒸気トラップは型式(メカニカル式・熱動式・サーモダイナミック式など), 作動圧力などに関して長所・短所があるので使用状況を確認して選定する.
④ 蒸気コイルの材質決定時に, 蒸気圧力が 0.2 MPa 以上の場合は必ず銅管鋼フィンとする.

普通は, 蒸気圧力が 0.1 MPa 以上の場合は銅管鋼フィン, 0.1 MPa 未満は銅管アルミフィンを用いることが望ましい.

教 訓

蒸気コイル内にドレンが停滞しないようトラップの位置, 作動圧力を十分検討する.

【用語解説】＊蒸気ハンマ：蒸気の流動圧力によって生じる衝撃音や振動.

コラム

機能が満足してこそ美しい
― 機能無視の意匠優先のつけは客先へ ―

状況1　広告塔塔屋の中に置かれたヒートポンプチラー

　あるビルの 30 RT の空冷ヒートポンプチラーは，図(a)のように広告塔のなかに置かれている．出入口はタラップを上がった所にあり，人の入れるくらいの大きさしかない．おかげでサービスマンは重いボンベを担いで運ぶというはめになった．

　しかし，屋上は広々とあいているのである．「意匠上屋上には何も置かない」という理由であった．もう少し建築意匠担当者や客先と交渉できなかったのかと思う事例である．客先では，ちょっとした修理のときにもレッカー車代を負担しなければならないことになる．

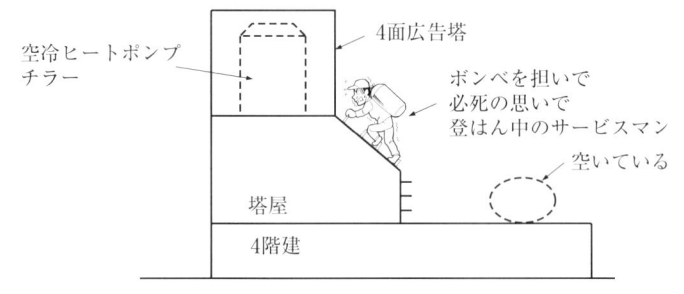

図(a)　塔屋の空冷ヒートポンプチラー

状況2　浴室排気ダクトに定石どおり結露

　ある学園の浴室排気でのこと．換気扇で直接排気したら問題なかったと思われるが，「意匠上みっともない」とのことで天井フトコロがない所を無理矢理ダクト引き方式にした．その結果，冬期脱衣室での結露となった(図(b)参照)．結局，防露もできず天井内にドレンパンも設置できないため，天井面にドレンパンを取付けるはめになった．このほうがよっぽどみっともないと思うのだが…．

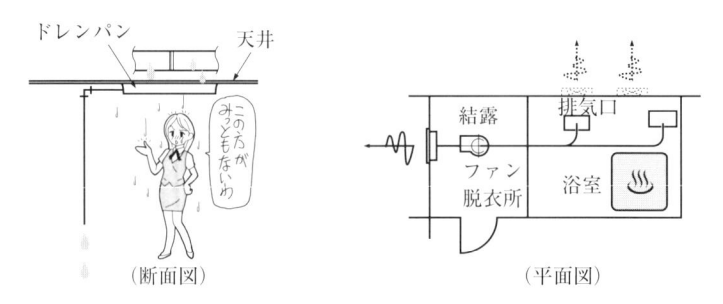

図(b)　浴室の排気ダクト

> [教訓]
>
> 「意匠上考慮して…」ということはよくあることである．機能しない設備を施工してもプロとして恥ずかしいことである．もちろん，できるかぎり意匠上の意見に沿う努力も必要であるが，機器の能力は十分に発揮できる構造なのか，またメンテナンスに支障はきたさないかなど，十分に検討したうえで結論を出すことが大切である．

> [まめ知識]
>
> 昨今，空調機メーカーはコスト削減を迫られ，厳しい仕様で製作されているため，承諾図のチェックも怠らないこと．
> ① 空気線図上理論的に合っているか．
> ② コイルおよびフィルタの通過面風速は，2.5〜3.0 m/s 以内か（5 m/s 程度を提出するメーカーもあるので要注意）．
> ③ コイル冷・温水流速は，2.0 m/s 以下となっているか，サーキット（シングル，ダブル）数および列数は計算値に合っているか．
> ④ フィルタの交換スペース，点検口の大きさは適正か（フィルタ取出し可能なスペースの確保）．
> ⑤ 気化式加湿器の通過風速は，2.5〜3.0 m/s 以内になっているか．
> ⑥ 加湿用のノズルの位置は気流に乗る適正な位置か．
> ⑦ ミキシングチャンバの大きさは適正か（変流が起こらないか）．
> ⑧ 点検口の開放方向は適正か（負圧部であれば外開き，正圧部であれば内開き）．
> ⑨ マリンランプおよび点検窓（二重ガラスなど結露の生じない構造）の取付け位置は適正か．
> ⑩ フィルタやミキシングチャンバの圧損は，空調機の機内静圧か，機外静圧でみているか．
> ⑪ 全熱交換器がある場合，給気側が排気側より正圧になっており臭気などの移行がないか．
> ⑫ 各材質は適正か（断熱，ドレンパン，内面仕上げ）．
> ⑬ 差圧測定口（ピトー管）をおのおののフィルタ前後に設け，差圧マノメータが装着されているか．
> ⑭ ベアリングは無給油タイプか，外部から点検給油ができるように注油口があるか．
> ⑮ Vベルトは長時間対応のレッドベルトかウェッジベルト・省エネベルトになっているか．

C. 送風機・ダクト

024 発電機のケージングがメリメリ
―ファン型式による起動特性に注意を―

状況

都内のある現場で起こった話である．換気ファンを運転した途端に，自家用発電機の防音用ケーシング*が「ギシギシ！ メリメリ！」とつぶれはじめた．
あわてて，ファンをすぐに止めて大事には至らなかったが，ケージングは変形してしまった．

原因

換気系統は図に示すとおりであるが，当社の施工範囲は給・排気ファン（シロッコファン No.11×75 kW×2台）と防音ケーシングのつなぎ込みまでのダクトで，防音のケーシング内の工事は他社の施工であった．

このケーシング内には図でみるように，エンジン冷却コイルの圧力損失を処理するために2台の軸流ファンが設置してある．

事故の原因は，シロッコファンと軸流ファンの起動特性の違いであった．同時に起動すると，軸流ファンのほうが早く定常回転となり，防音ケージング内が一時的に負圧（−500 Pa 程度）になってしまう．

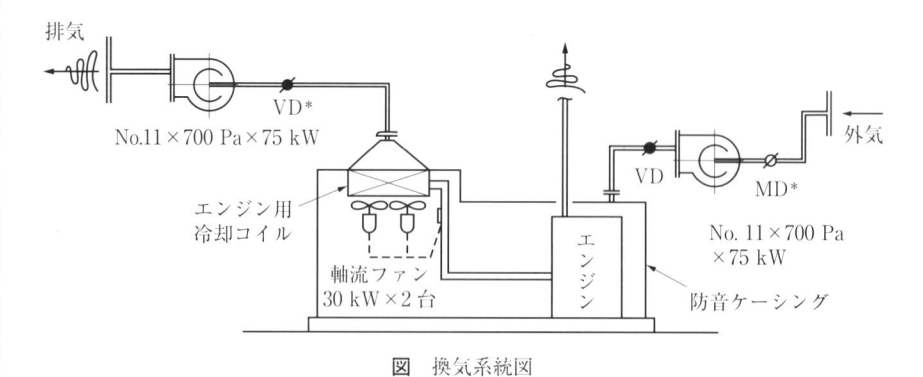

図 換気系統図

発電機のケージングがメリメリ　43

[対　策]
　解決策をいろいろ検討した結果，軸流ファンの発停はエンジン用冷却水の出口温度(適温70℃)により制御することにし，始動時間を別にした．
　軸流ファンを運転しなくても換気風量は約80％程度確保できるので，外気温の低い場合は軸流ファンが回らないこともあり，結果的には省エネルギー的な解決策となった．

[教　訓]
　型式・性能などの異なるファンを同じ系統内で(直列および並列に)使用するときは，その使用形態をよく把握してから運転することが大切である．
　また，定常運転以外の起動時，停止時などの過渡現象についても検討しておく必要がある．

送風機・ダクト

【用語解説】＊ケーシング：機器類の本体を形成する外板の総称．
　　　　　＊VD：風量調整ダンパ．
　　　　　＊MD：モータ駆動ダンパ．

025 チリも積もれば能力落ちる
―粉塵の排気にはプレートファンを―

状況

ある鋳物工程をもつ工場で，鋳物砂の排気施設の能力が徐々に低下し，ついにはまったく役に立たなくなってしまった．

原因

排気経路を調べると，ダクト内に数センチの粉塵が堆積し，さらに排気ファンとして使用したシロッコファンの羽にも，図のように粉塵が付着していた．

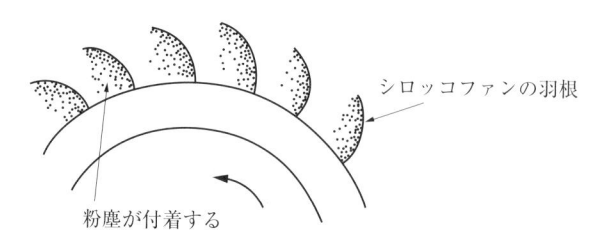

図 シロッコファンを粉塵の排気に使用すると能力が必ずダウンする．

工場における発生粉塵の処理は，労働衛生および公害の面でしばしば問題となる．

粉塵を発生箇所から周囲に飛散させずに捕捉する過程と，集めた粉塵をダクトにより集塵装置へ搬送し，排気を浄化する過程とに大きく分類できる．

一般に，捕捉装置であるフードや，排気浄化の集塵装置には注意をはらい設計，施工する．しかし，ファンの選定を安易に考えると失敗する場合がある．

粉塵の処理にもシロッコファンを排気ファンとして使用すると，上流側に集塵装置を設けても100％完全に集塵されるわけではないため，ある程度の粉塵が排気ファンに到達する．

そこで粉塵がシロッコファンの小さく湾曲した羽の内側に付着，堆積することとなる．

このようになると，シロッコファンとしての羽の形状が変わってしまうため，能力が低下し，排気量が極端に減少する．

そして，ダクト内の風速が低下し，ある風速以上でないと搬送できない重さの粉塵が落下し，ダクト内に堆積しはじめ，しだいにダクト内の圧力損失が大きくなる．

こうして悪循環が重なり，さらに風量が減少することになり，この事例のように装置全体が役に立たなくなってしまう．

[対　策]

排気ファンの上流側に集塵装置を設置して，粉塵の流入を極力少なくし，プレート型ファンに交換した．

[教　訓]

排気ファンには，排気中の粉塵が付着しにくいプレート型ファンとする．または，粉塵が付着しても簡単に掃除ができる羽根形状のものを使用し，点検口を設けたファンとする．

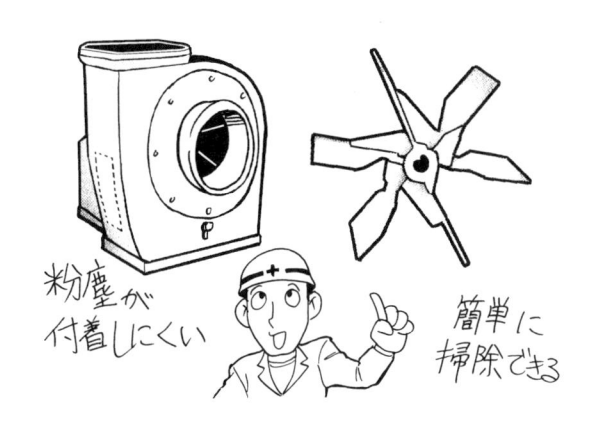

026 大型送風機のベルトがバタついて脱落
―インバータにも目的により種類がある―

状況

ある研究施設の排気用 #7 リミットロードファン(400 V×15 kW)で，納入5か月後ごろからファンベルトがバタツキはじめた．ほどなくしてベルトがよじれて脱落した．再度ベルトを取付けても同じ現象となり脱落が繰り返された．

原因

この排風機は，室圧信号によるインバータ駆動で 24 時間運転されていた．運転周波数はおおむね 48 Hz であった．

また，入力力率改善のために，図のように DC リアクトル*と AC リアクトル*が設置されていた．

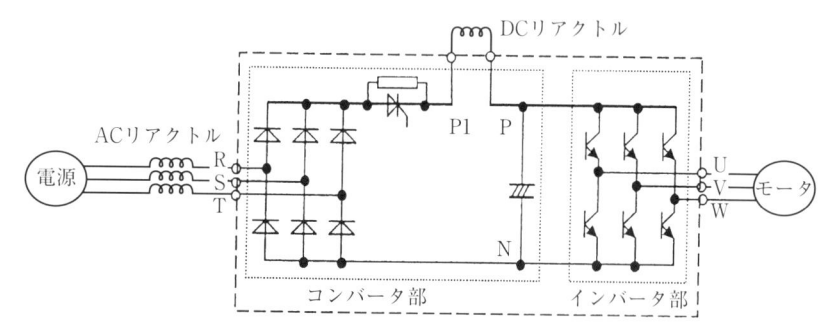

図 インバータ主回路概念図

今回の不具合は，以下の悪循環が重なり発生したと考えられる．

排風機の負荷変動(振動)によって，インバータ内部の電圧が変動 → インピーダンスの大きい AC リアクトルが障害になりインバータへの電力供給制御に遅れ → 電圧変動が制御できない → 電圧不安定増大 → バタツキが増大し排風機ベルトが脱落した．

対策

排風機をメーカー工場に持ち帰り，芯出し調整して各種テストを行った．
結論として，AC リアクトルを外したとき，最もバタツキが小さくなることが

わかった．

客先の了解を得て，24時間運転の空調システムを一時停止し，動力盤内のACリアクトルを外すこととした．

> [教　訓]
>
> 送風機・ポンプをインバータ制御する場合は，下記のような注意をはらう．
>
> ①　インバータの発注時には，駆動対象機器および用途，使用条件（手動か自動か，運転周波数予想範囲）などをメーカーにインプットして最適機種を選定する．
> ②　インバータ駆動のポンプ・送風機発注時には，使用目的をメーカーに確認して最適機種を選定する．
> ③　リアクトルは，DCタイプのみ装着を標準とする．ACタイプには，力率改善以外の効果（コンバータ部の保護など）もあるのでその必要性を検討する．
> ④　インバータ駆動の送風機については，試運転時に手動でインバータ周波数を変化させ，ベルトのバタツキあるいは送風機本体の異常振動が発生しないことを確認する．
> ⑤　室圧制御システムにおいては，インバータの周波数ジャンプ機能を使用することはできない．

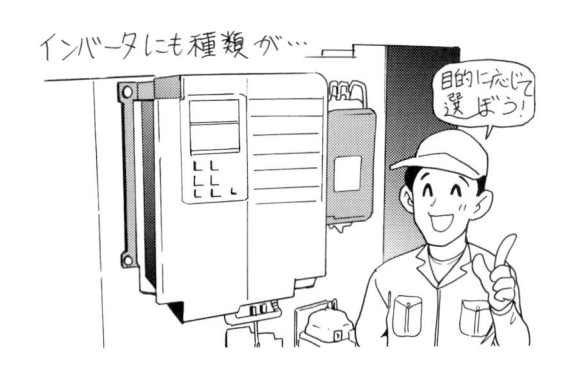

【用語解説】＊DCリアクトル：直流用力率改善装置．
　　　　　　＊ACリアクトル：交流用力率改善装置．

027 楽な道を通りたい風！
―無理のないダクト施工が基本―

状況

ある製薬工場から，「こんなにうるさくては，仕事もできない」というクレームがあった．調べてみると，確かに機械室内の集塵用プレートファンのまわりですごい騒音が発生していた．

原因

ファンのまわりを調べてみると，無理なダクト施工を施し，ファンの吸込み側の強引なダクト施工が原因でダクト内に変流が生じ，曲管部で騒音が生じていた（図(a)参照）．

風速　約28 m/s
風量　9900 m³/h
ダクトサイズ200×500

（単位：mm）

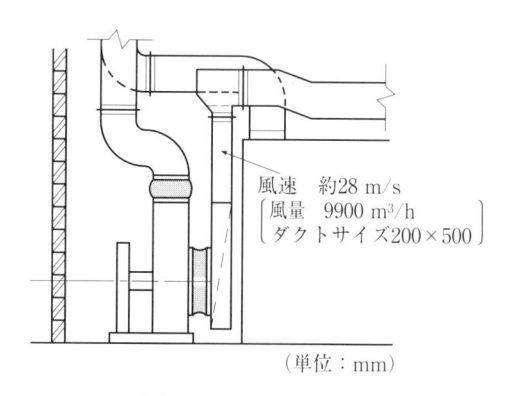

図(a) 機械室断面図(改造前)

対策

図(b)のようにダクトを改良し，プーリダウン*を行った．その結果は表に示すとおり，ダクト改良後の時点で，対策前に比べ，静圧が半分以下になり，風量は1.8倍になった．

さらに，プーリダウン後には風量は約1.4倍に増えたにもかかわらず，騒音は，24 dBも下がり，大きく改善され，しかも省エネルギー効果が得られた．

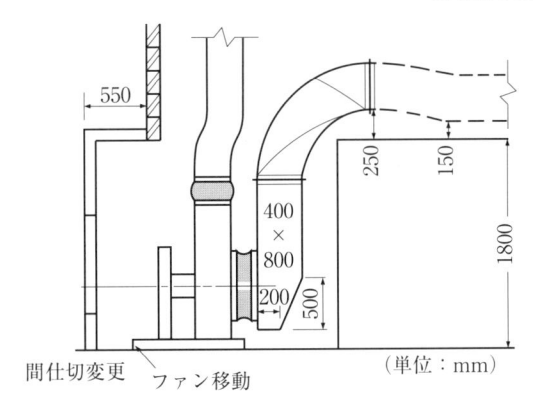

図(b) 機械室断面図(改造後)

表 運転状況

	騒音 dB(A)	風量 (m³/min)	静圧 (Pa)	回転数 (rpm)
設 計 値	—	220	2000	—
対 策 前	97	165	2500	1750
ダクト改良後	87	298	1100	1750
プーリダウン後	73	233	700	1260

【教訓】
　ファン吸込み側のダクト施工は，静圧，騒音の双方に影響する．図(c)のような施工法に従って，無理のないダクト施工を行いたい．

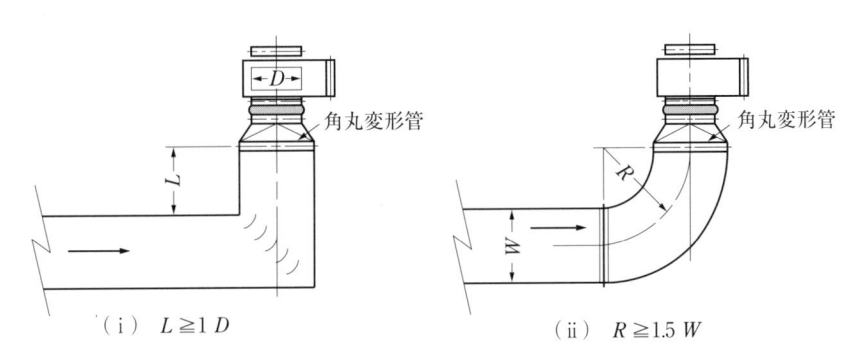

(ⅰ) $L \geqq 1\,D$　　　(ⅱ) $R \geqq 1.5\,W$

図(c) ファン吸込み側ダクト(一般的な場合)

【用語解説】＊プーリダウン：プーリの口径縮小変更．

028 吹出口が粉塵の吸込口に？
―ダクト風速が速い直付け吹出口の負圧に注意―

状況

吹出口が粉塵を吸込む？　こんなことがあるのだろうか．しかし，これは実際に生じた問題である．ある工場で生産機械を動かしたところ，付属排気フードによって除かれなかった粉塵が，吹出口方向に，一部の気流に乗って流れ込んでいることが確認された．

原因

吹出口の風速分布を測定すると一部が負圧になっていた(図(a)参照)．ダクト風速は 16 m/s と非常に速いうえに，直付け(通称：どん付け)という単純な方法を用いながら，整流のための配慮をしていないのが粉塵吸込みの原因となっていたのである．

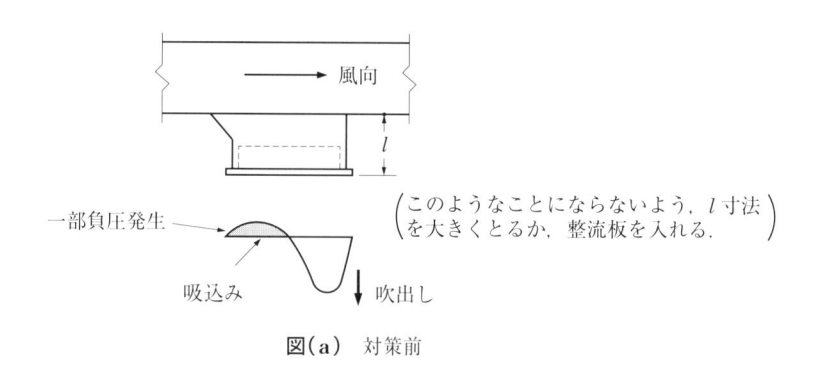

図(a)　対策前

対策

吹出口にパンチングプレート*を入れて抵抗を付け，風速分布の均一化をはかると，ある程度バランスがとれた(図(b)参照)．

さらに，バランスをよくするため，直付けダクトに整流板を 2～3 枚取付けたところ，気流分布は改善され，ほぼ満足できる結果となった(図(c)参照)．

【用語解説】＊パンチングプレート：孔あき板．じゃま板として使用．

吹出口が粉塵の吸込口に？　51

図(b)　対策①

図(c)　対策②

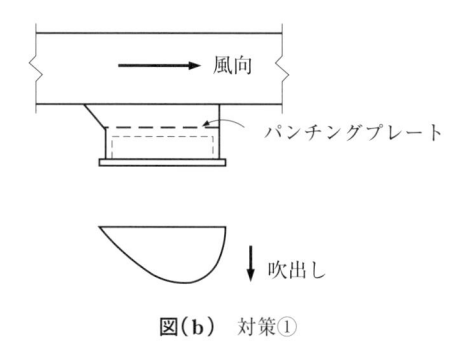

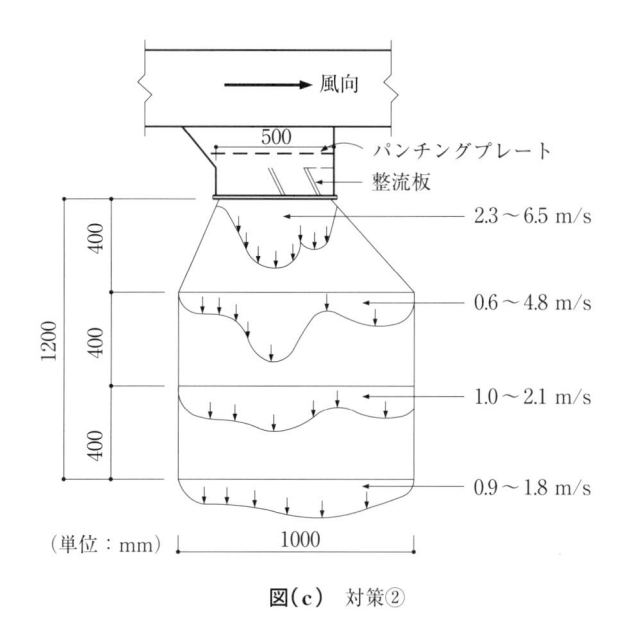

教訓

"初心に返る"ということは，ダクト施工にもいえることである．工場のダクト設備には，直付けという簡単な方法を用いるが，ダクトの風速が速い場合には注意を要する．

また，気流に留意する必要がある場合は，図(a)の l（一般には150～300 mm）を大きくとるか，整流板を入れる必要がある．

029 グラスウールも踏んだり蹴ったり
—圧力変動による材料疲労が原因に—

状況

ある研究所での出来事．竣工後5年で，天井内のダクトの一部が破損してしまった．材料はグラスウールである．許容静圧 500 Pa をオーバーする部分は鉄板ダクトで施工してあったにもかかわらず破損した．

原因

このダクト系統は，各部屋の温度制御に VAV 方式*を採用しているため，空調機のファンは自動可変翼軸流ファンであった．そのため，空調機の静圧はかなり変動する．

実際に静圧を測定すると，最大 530 Pa まで上昇し，その後，ある時間経過すると 380 Pa で安定した．

つまり，グラスウールの許容静圧 500 Pa を最大時には超えており，この圧力変動が運転のたびに繰り返されていたのである．このためグラスウールは疲労し，アルミ箔が剥離されて，ダクト破損の原因となったのである．

対策

破損した部分のグラスウールダクトの材質を強化した．もとの材質は，かさ比重 32 K (32 kg/m^3)，厚さ 25 mm であったが，それを 64 K (64 kg/m^3)，50 mm の材質に交換．さらに，600 mm ピッチの M バーで全面に補強を施した．

教訓

この改修には大変な労力と費用を要したばかりか，天井内での施工のため，作業が非常に困難であった．

グラスウールダクトの採用は静圧変動の有無，最大静圧を確認し，補強を入念に行う必要がある．

【用語解説】* VAV 方式：可変風量方式．CAV 方式：一定風量方式．

030 ハゼ折りダクトは漏れるもの
―低湿度ダクト内に周囲の空気が吸い込まれた
　　トラブル―

状況

ある研究所に設置した低温クリーンルームは，室内温湿度条件が乾球温度 $4\pm1.5℃$，湿度 75% 以下の高精度のシステムであった．この空調機では直膨コイルの蒸発温度を $-5℃$ としていた．除霜運転停止の防止のため，外気導入にハニカムロータ式除湿機（以下，除湿機という）を設置し，低湿度に押えてコイルへの霜付きを防止していた．ところが，雨天時に室温が $7℃$ まで上昇してしまう事態が起こった．図にこの除湿装置のフロー図を示す．

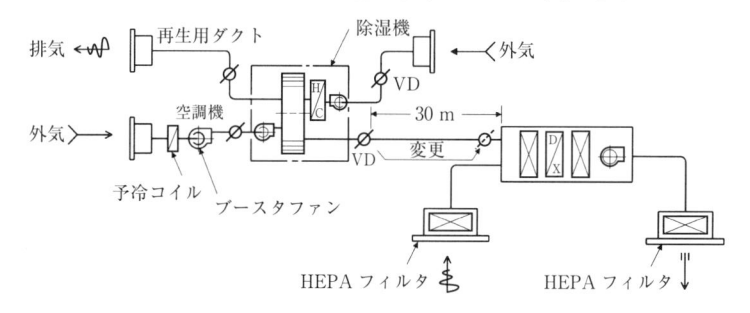

図　除湿装置のフロー図

原因

除湿機と空調機間に設けた VD（風量調整ダンパ）は，上流側すなわち除湿機の近くにあった．ダンパの下流側ではダクト内が陰圧となり，ダクト外から空気が吸い込まれていた．その結果，この空気に含まれている水分がコイル表面に霜をつくり，冷却効率が低下して温度上昇した．

対策

ダンパを空調機に近い位置へ変更し，除湿機から空調機までの外気導入ダクトの大部分を陽圧にした．

教訓

除湿機（乾式）を用いた場合は，ロータ内の再生後の高湿度空気が処理空気に流入しないように，処理側の圧力を高くする．したがって，除湿機で処理された低湿度の空気は，ユースポイントまで陽圧で搬送しなければ，周囲の空気を吸い込み，温度が高いうえに高湿度の空気となってしまうので注意が必要である．

031 排煙口の可動パネルの向きに注意
―排煙口が規定風量を満たさない―

状況
試運転調整に入って,排煙系統の風量測定をはじめた.すると,「おやっ?この排煙口は風量が足りないぞ!」.ある排煙口の風量が設計風量 18000 m³/h に対して,15000 m³/h と 83%程度となり規定風量を満足しなかった.

原因
問題の排煙口を調査すると,排煙ダクトの気流方向に対して,排煙口パネルが直角方向に取付けられていた(図(a)参照).そのため,可動パネルが開いたときに抵抗となって,風量が著しく低減していた.

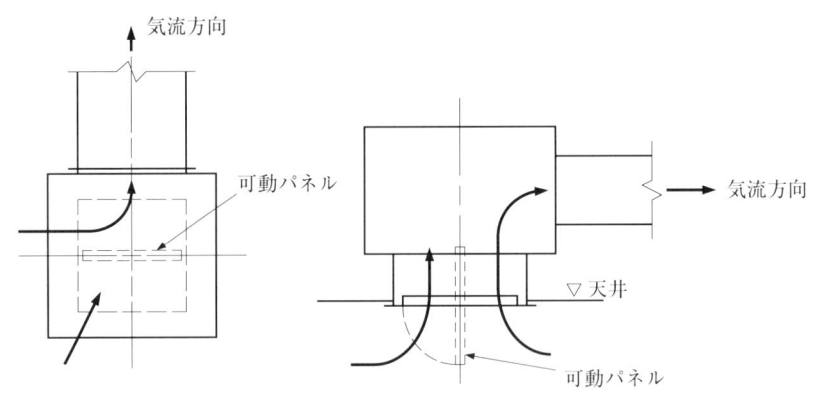

図(a) 対策前

対策
図(b)のとおり,排煙ダクトの気流方向に対して,排煙口パネルの回転軸が平行になるように取付けなおした.測定すると,結果は良好であった.

教訓
器具の取付け方向をあらためただけで,その風量には,大きな差が出てくる.
さらに,局部損失は風速の2乗に比例するので,風速の速い排煙の場合は,ちょっとしたことで抵抗がかなり大きくなる.

排煙口の可動パネルの向きに注意

このため，風の流れをよりスムーズにするような排煙口やダンパなどの取付けを心掛けなければならない．

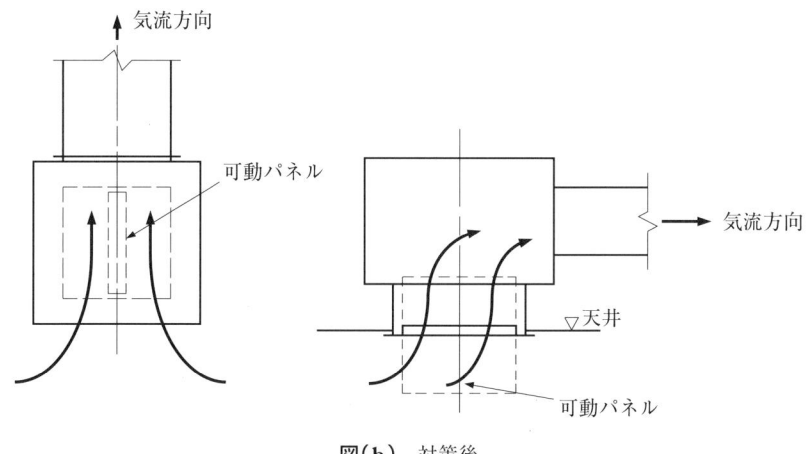

図(b)　対策後

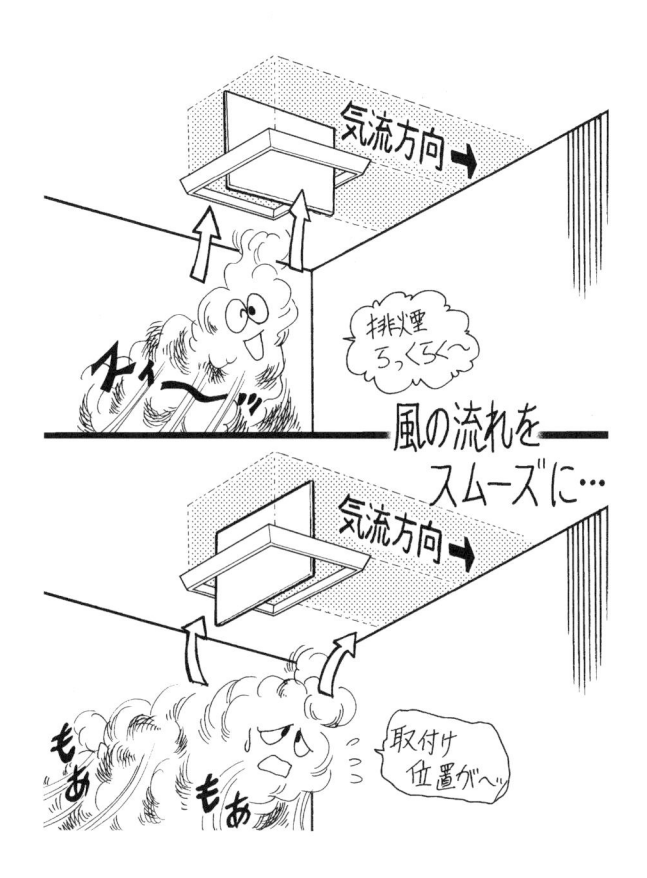

032 外気ガラリの雨仕舞，忘れていませんか？
―ガラリチャンバの水切り対策―

状況

からっ風で有名な地方のある建物でのトラブル．塔屋にある高圧受電盤，配電盤用電気室が，雨の日の翌日に水浸しとなっていた．雨漏りではない．換気用外気取り入れガラリから雨水が浸入し，ダクト接続部や吹出口から電気室内に浸水したものである（図(a)参照）．

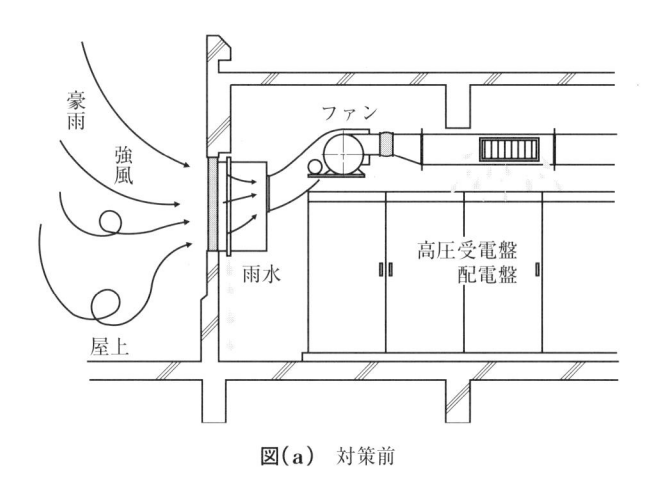

図(a) 対策前

原因

問題の外気ガラリを調査したところ，建築工事で一応水切り対策はなされていたが，豪雨と強風が重なることは想定外であった．電気室の高圧受電盤，配電盤の内部には雨水の浸水がなかったが，一歩間違えると大事故になっていたことはいうまでもない．

対策

対策として次のようなことが考えられる．
① 外気取入れチャンバにドレンパイプを取付ける（図(b)参照）．
② チャンバの底に傾き（テーパー）を付け，排水が外部に出るようにする（図(c)参照）．
③ エリミネータ*を取付ける（図(d)参照）．

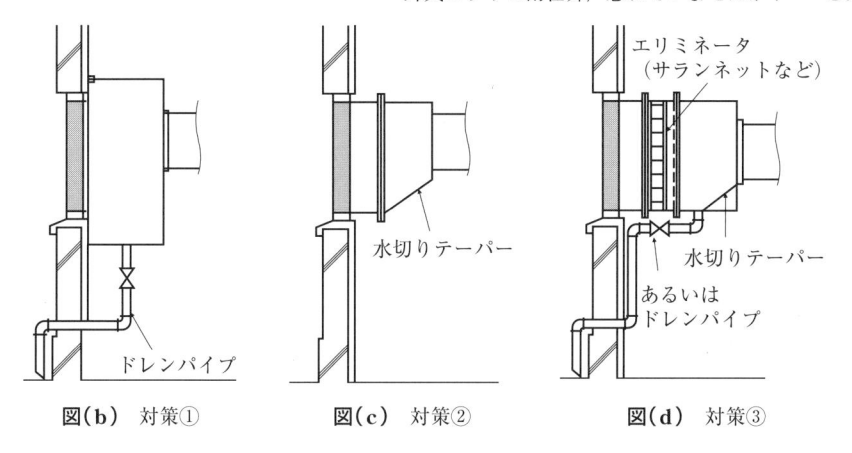

外気ガラリの雨仕舞，忘れていませんか？　57

| 図(b) 対策① | 図(c) 対策② | 図(d) 対策③ |

この電気室では，図(d)の対策をして，以降の雨水浸水を防いだ．

【教訓】

　換気や空調用の外気取り入れガラリは，雨水が入りやすい．施工の際には，浸入した雨水の排水対策を必ずとる．

　また，ガラリ面風速の速い場合などは，エリミネータなどによる，浸入防止も必要である．

【用語解説】＊エリミネータ：気流中に含まれた水滴を分離する装置．

033 「詰まり」は早めに手を打とう
―換気ガラリの防虫網が目詰まり―

状況

ポタリ，ぽたり．あるスポーツランドの体育棟で，冬に結露が発生した．発生場所はサウナ休憩室の天井内である．おまけに悪臭！　サウナ休憩室のトイレの排気が逆流していたのである．しかも，この施設は竣工後2年しか経過していない．

原因

結露の原因について調査したところ，図(a)のように，浴室系統の排気ガラリに取付けの防虫網が目詰まりを起こしたために，排気チャンバ内が異常に高圧になっていた．

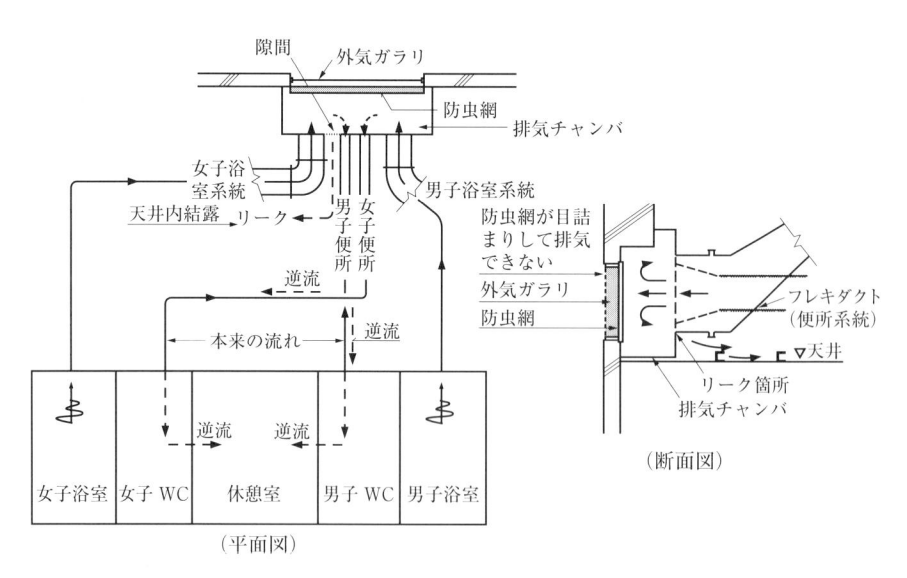

図(a)　対策前

このため，チャンバとダクトの接続部より一部エアが漏れて，天井内が高湿になり，結露したと推定される．

次にトイレ排気の逆流の原因であるが，チャンバ内の高圧があだとなっていた．つまり，同じチャンバに接続されている便所系統の排気圧力により浴室系統の排気圧力が上まわって，チャンバ経由でトイレに浴室排気が噴出してしまっていた．トイレに給気された浴室の排気が，臭いをのせて休憩室へと逆流していた．

[対 策]

換気ガラリのルーバを取り外し，外部にバードスクリーン*付のフードを取付けた．

また，逆流を防止するために便所系統ダクトの末端を外壁まで伸ばし，チャッキダンパ*を付けた（図（b）参照）．

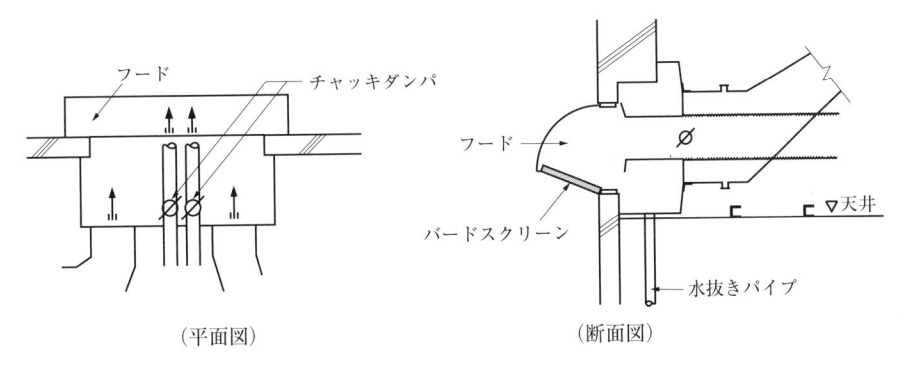

（平面図）　　　　　　　（断面図）

図（b）　対策後

[教 訓]

複数のダクトを接続するチャンバは，中間仕切りの取付けを原則とする．

また，防虫網はよく目詰まりを起こすので，清掃可能な構造とし，定期点検清掃を忘れずに行う．

【用語解説】＊バードスクリーン：鳥侵入防止用金網．
　　　　　＊チャッキダンパ：逆流防止ダンパ．

034 装置停止時もシステムは生きている
―蒸発ガスの影響で，FRV製ダクトが破損―

状 況

ある工場で，図のようなトリクレン槽換気装置を施工したところ，完了後約6か月で給気ダクトの一部が破損した．

トリクレン槽はトリクレン*を蒸気で加熱して蒸発させ，そのガスを機械部品の表面で結露させて洗浄する装置だが，トリクレンは人体に有害なので，労働安全衛生法で，その使用が規制されている．そのための換気装置であった．

この換気装置は，洗浄終了後，ファンを運転し，トリクレンガスの排出が終わったら停止するようになっている．モータダンパ(MD)はファンと連動し，ガスの流出を防ぐために取付けられている．

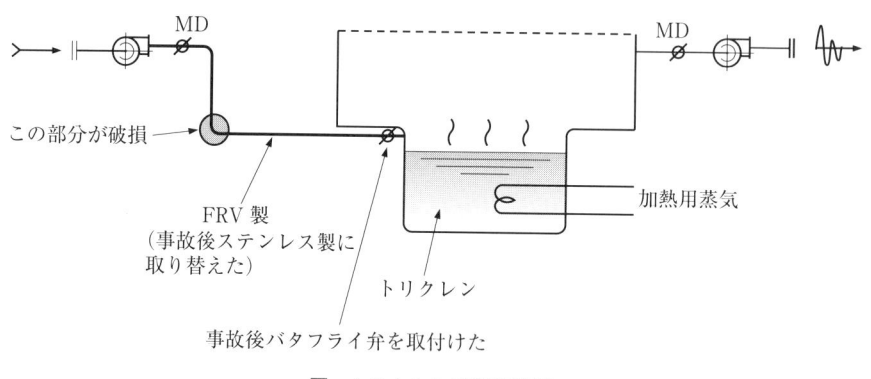

図 トリクレン槽排気装置

原 因

排気系のモータダンパの取付け位置が槽から離れていたため，ファンを停止することによってガスが逆流し，エルボ部分で凝縮が起こり，高温のトリクレン液によってFRV(ガラス繊維強化塩化ビニル)製のダクトがおかされたと推察される．

装置停止時もシステムは生きている　　61

[対　策]
　槽との接続部分に全閉時の空気漏れがないモータダンパ(リングを特殊材料に変更したバタフライ弁)を取付けファンと連動させ，ダクト材質をステンレス製に変更した．

[教　訓]
　この事例において最も大きなミスは，装置停止時でもシステムは生きており，ガスはどんどん流れていくということに気づかなかったという点にある．このほかにも，装置停止時に冷却水が凍結した例，換気ダクトが結露した例など多数の失敗例が報告されている．
　現在，あなたが担当している物件でも，装置が停止したらどんな現象が起こるか一度チェックしてみる必要があるのでは？　また，使用する洗浄剤にあった排気処理装置の検討も必要である．

【用語解説】＊トリクレン：トリクロロエチレン有機塩素化合物の一種で，洗浄剤として使用．

035 グラスウールが飛び散る
―消音エルボ内貼のグラスウールが剥離(はくり)―

[状 況]

竣工後3年半を経過したある製薬工場の実験室で，空調吹出口からグラスウールなどが飛散した．

[原 因]

グラスウールは，図（表）のように，空調機直近のサプライエア消音エルボ1箇所の内貼の剥離によるものだった．

[対 策]

消音エルボをガラスクロス押えのものからステンレス製パンチング押えのあるものに交換し，消音エルボ内面を点検できる点検口取付けとした．

[教 訓]

製薬工場の生産ラインや実験室・分析室など塵埃(じんあい)を嫌う部屋に対しては，騒音条件についてもよく打合せをして，消音エルボを使用すること自体を検討する．内貼施工をした場合は，その下流側に中性能または高性能フィルタを取付ける．内張り施工の際，内張り表面クロスにきずがないことを確認する．またガイドベーンを設け，風速が過大または過流のあるものは，さらにパンチング押えとし，消音エルボ内を点検できるようにする．

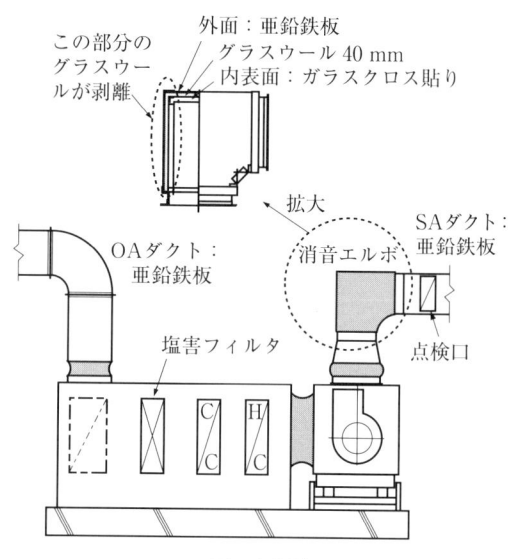

図　空調機

表　空調機の諸元

形　　式	中圧横形
風　　量	7430 m³/h（オールフレッシュ）
全 静 圧	980 Pa
	機外　431 Pa
回 転 数	1320 rpm
電 動 機	3φ×400 V×5.5 kW
加 湿 量	86 kg/h
フィルタ	塩害防止フィルタ
消音エルボ	850×350 mm 内貼厚　40 mm

036 給気ガラリ目詰まりで水漏れ
―自家発電機排気筒接続部から水漏れ―

状 況

竣工後2年を経過した丘陵地帯の競技施設で，自家発電機の排気筒接続部から水漏れが発生した．

原 因

排気筒は，ガス焚冷温水発生機350URST×3台と真空温水ヒータ2台が共有する煙突に接続されていた．

調べると，自家発電機室給気ファン外気ガラリの防虫網が目詰まりを起こし，設計給気量の60％程度で，室内は負圧となっていた．ガス焚冷温水発生機などの運転で発生する水蒸気が，停止中の自家発電機排気筒に逆流結露して溜まり，水漏れ原因になったと考えられる（図(a)参照）．

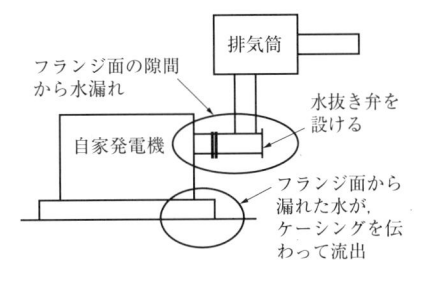

対 策

給気用外気ガラリの防虫網を取り外して清掃した．また，排気ガラリ用防虫網の清掃および給排気ファンVベルトの張り調整を実施した．

さらに，煙突内部に仕切り板を取付け，常時停止している自家発電機系統煙道への逆流を防止し，結露を発生しにくくした（図(b)参照）．

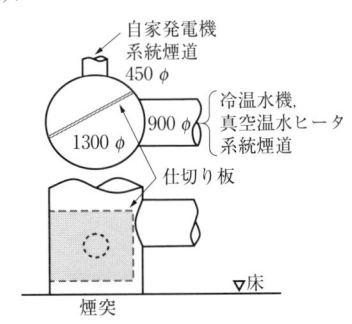

教 訓

定期的に防虫網を清掃するとともに，ファン電流をチェックして風量を確認する．試運転前に，煙道内の水抜きを行う．また，重要建物では，ガラリ防虫網の目詰まり警報を設置する．

D. ポンプ

037 漏エネルギー冷水ポンプ
―ポンプ動力の大半は，バルブが食っていた―

〔状 況〕

ある事務所ビルの現場でのこと，試運転をはじめた冷水系統(図(a)参照)で，設計流量値(5340 l/min)になるように調整弁(a)を調整したところ，ほとんど全閉に近い状態となって安定した．

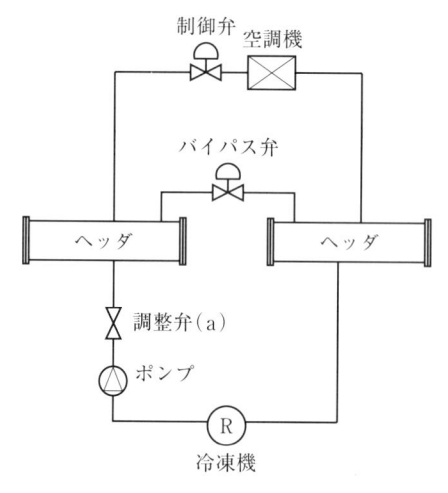

図(a) 系統図

〔原 因〕

このポンプの性能曲線と配管系の抵抗曲線は図(b)のようになり，設計時点の計画では，A点で運転することになっていたが，実際は抵抗値の少ないB点で運転されており，弁を全閉に近いところまで絞ってA点まで抵抗を高めて運転していることになる．結局設計時点で，配管系の抵抗計算に安全をみすぎていたためである．

〔対 策〕

その後の調査で，弁を絞った状態での各装置の抵抗値は表のようになることがわかった．

図(b)の H_v(弁の抵抗)はまったく無駄な抵抗となり，じつに半分近い動力が

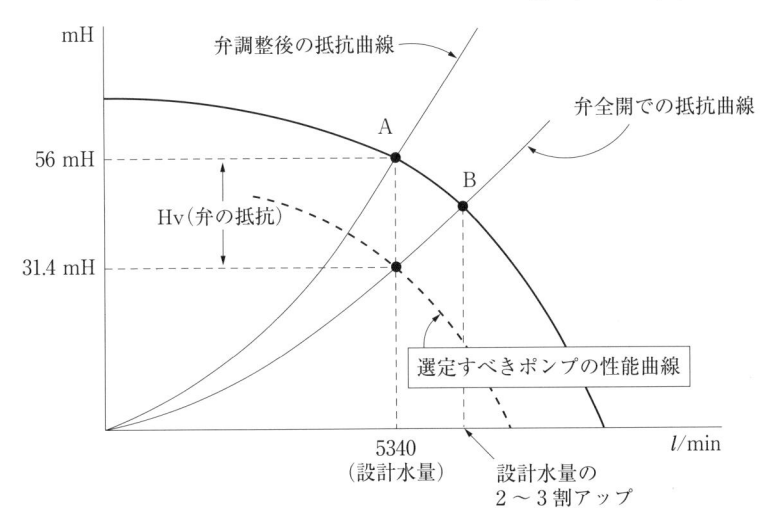

図(b) 抵抗曲線

表 弁を絞った場合の各装置の抵抗

装置名	抵抗(m)	消費電力(kW)
配　　管	3.4	4.5
蒸 発 器	15.0	19.9
弁　(Hv)	24.6	32.6 (44%)
負 荷 側	13.0	17.2
計	56.0	74.2

浪費されていることになる．このため，この現場では省エネルギー，経費節約のために，ポンプを取り替えた．

[教訓]

　安全をみすぎた過大設計は増エネルギーとなる．無駄をなくすこと，すなわち，省エネルギー方式の裏側で，初歩的な増エネルギー対策を行っていないか，また，一般に，配管やダクトの抵抗については，施工図の階段で再チェックを行う必要がある．

038 漏エネルギー温水ポンプ
―冷温水兼用2管式配管系での温水ポンプ―

状況

図(a)のような冷暖房回路は，よくあるパターンであるが，温水ポンプがオーバースペックで弁調整に苦労することがある．

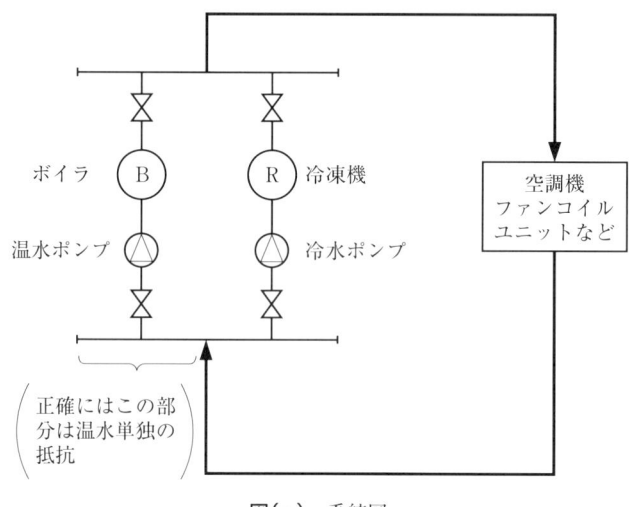

図(a) 系統図

（正確にはこの部分は温水単独の抵抗）

原因

冷暖房負荷がほぼ等しい場合に，冷水温度差は5℃差，温水温度差は10℃差で計画し，温水ポンプの揚程を冷水ポンプと同じにみたため，温水ポンプ能力が過大となった．

対策

冷房，暖房負荷が等しいと仮定すると，冷房時の冷水循環量を Q_C，安全率を加えた配管抵抗を H_C とすると，冷水ポンプは Q_C–H_C で選ぶ．

冷温水コイルは，冷房時の冷水温度差5℃に対して，暖房時は温水温度差10℃くらいは可能なので，温水循環量は $Q_H=1/2Q_C$ ですむ．

循環量が1/2ならば，配管抵抗は1/4，ポンプ動力は1/8ですむ．

図(b)を参照すると，冷水ポンプは，流量 Q_C，揚程 H_C で特性曲線a–bのポ

図(b) 抵抗曲線

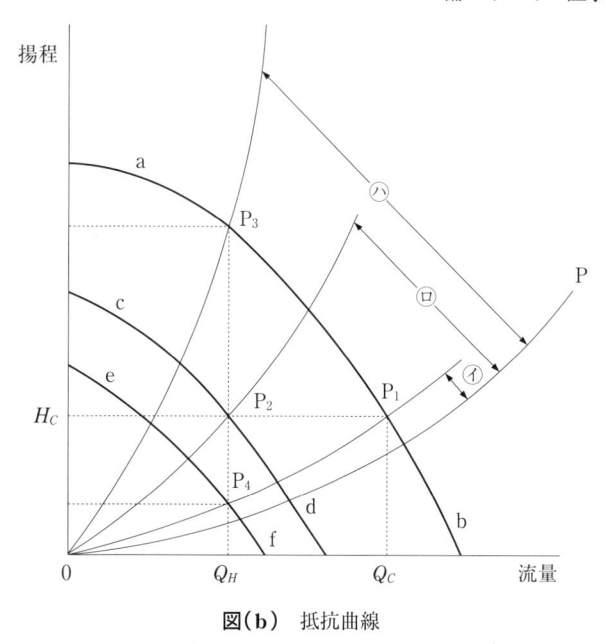

ンプを選び，配管系の正味抵抗が O–P なので，㋑の分の抵抗を弁調整で加えて P_1 点で運転する．

温水ポンプは，揚程を同じ H_C で選定すると，流量 $Q_H(=1/2Q_C)$，特性曲線 c–d のポンプとなり，㋺の分の抵抗を弁調整で加えて P_2 点で運転することになる．

また，冷温水兼用ポンプとすると，P_3 点で運転するので，㋩の分だけ弁調整を加えることになる．

よって，温水ポンプの容量を小さいものに交換した．

[教訓]

温水ポンプの揚程は H_C より小さくなり，実際には P_4 点で運転すればよいので，温水ポンプは e–f の性能で十分である．

あなたの現場では，7/8＝87.0%の電気エネルギーを棄てていませんか．

039 吸込み側抵抗嫌いなポンプ（その1）
―ポンプ起動時にキャビテーション―

状況

冷温水発生機を熱源として，図(a)のような2群のシステムで，負荷側の熱量演算による台数制御をしている．群の発停に連動してポンプ吸込み側バタフライ弁も開閉する．

ところが群のスタートにともない，制御弁が全開するまでのわずかな時間にポンプの吸込み側でキャビテーション(p.75参照)現象が起こり，かなりの騒音が発生していた．

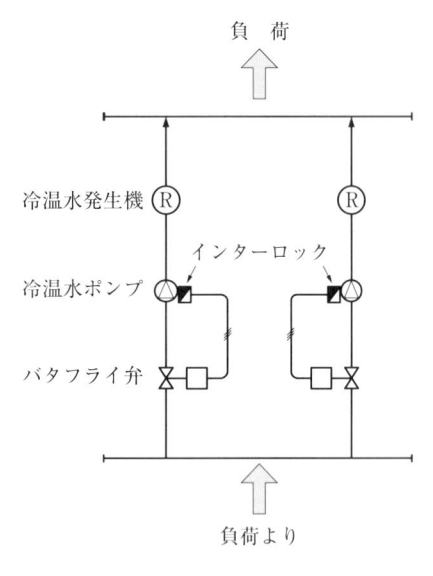

図(a) 対策前

原因

このキャビテーションの原因は，ポンプの吸込み側にある制御弁によるものであり，全閉からある程度開くまでの間，かなりの抵抗となっていることによる．

ラインスタートのポンプでは，通常2～3秒で定格状態に入る．これに対して，電動型制御弁は駆動部の機種にもよるが全開までに60秒以上（速いものでも30

秒程度)かかる．弁の特性がリニアでないことを考慮しても10秒以上は必要と推測できる．

よってポンプの起動時間との比較から，スタート時にはかなりの抵抗が発生していることになる．これがポンプの吸込み側であるなら当然キャビテーションの原因になる．

[対 策]

遅延回路を与えてポンプのスタートをずらせばよいが，基本的にはポンプの吸込み側には抵抗を加えないようにする．図(b)のようなシステムにすればこのようなトラブルは発生しなかった．

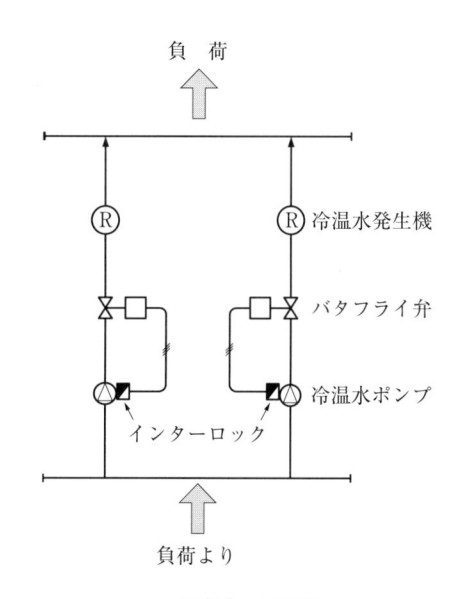

図(b) 対策後

[教 訓]

ポンプに限らずファンなどの流体機械は吸込み側の抵抗には弱い．これは機械の問題ではなく流体の特性に起因するものであり，吸込み側にはできるだけ抵抗を減らす工夫が必要である．

040

吸込み側抵抗嫌いなポンプ(その2)
―管内圧力分布とポンプ,補給水タンクの位置関係―

状 況

密閉式冷却塔1台に対し,3台のポンプ並列運転で熱回収型パッケージ型空調機に冷却水を供給するシステムの事例である.ポンプ2台の同時運転までは正常であったが,3台の同時運転は不可能で,往ヘッダから遠いポンプが正常運転できなかった.

原 因

配管系統は図(a)のようになっており,ポンプサクションの圧力を測定してみると-40 kPaとなっていた.あきらかに圧力不足である.

このため,ポンプのグランド部より空気を吸い込んでおり,また,キャビテーション(p.75参照)の危険もあったと推測される.

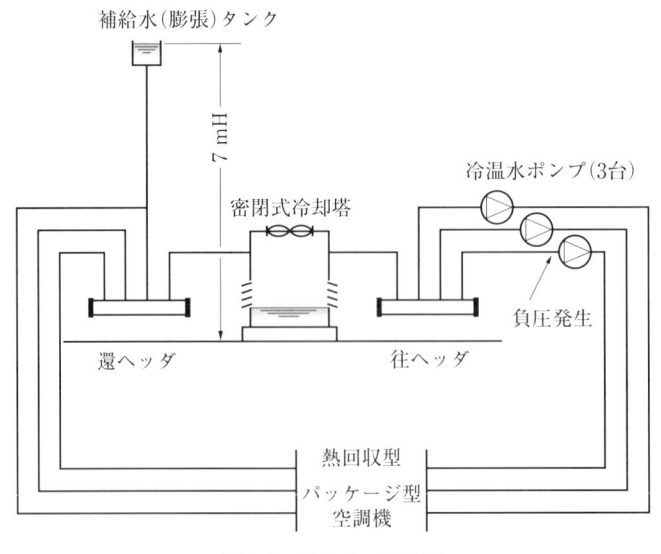

図(a) 改良前の系統図

対 策

　補給水タンクの位置を高くするか，給水位置を変更するかの2案で検討し，結局，図(b)のように給水位置を変更した．結果は良好である．

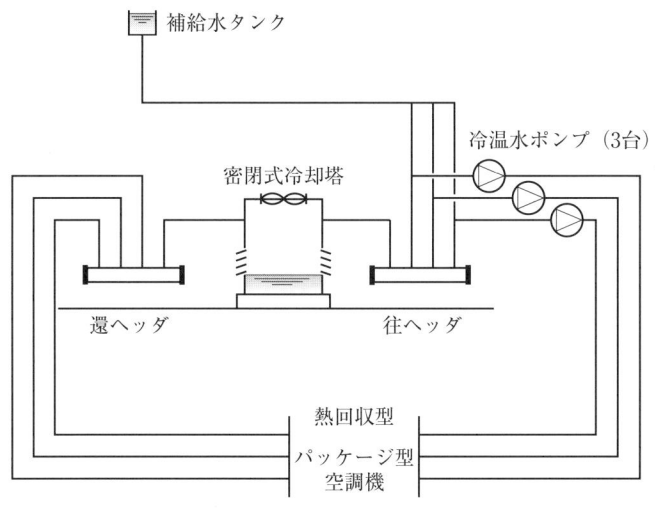

図(b) 改良後の系統図

教 訓

　系内に負圧部分が発生しないように給水位置(補給水管の接続位置)を決める．閉回路では静水頭成分を除けばポンプサクションが最も低圧である．ここを給水位置とし，系内の最高水位以上で加圧すればよい．

　また，ポンプのキャビテーションを防ぐには，ポンプ吸込口での有効吸込みヘッド(NPSH : Net Positive Suction Head，p.75 参照)を算出し，これをそのポンプの所要 NPSH 以上に保つ必要がある．

041 吸込み側抵抗嫌いなポンプ(その3)
―温水蓄熱システムで，負圧続出で暖房がきかない―

状況

夏の冷房，冬の暖房でともに蓄熱槽を利用したシステムの事例である．図(a)にその原設計の状態を示す．

配管距離が長く，まずA部にキャビテーション(p.75参照)が発生しやすくなり，ポンプの運転が困難な状態になった．とくに暖房運転で顕著である．B部においては落水のエネルギーが大きく負圧が発生し，温水の循環が十分ではなかった．また，エア抜き弁からのエア抜きができなかった．C部においては激しい振動と騒音が発生し，仕切弁での調整が不可能となった．

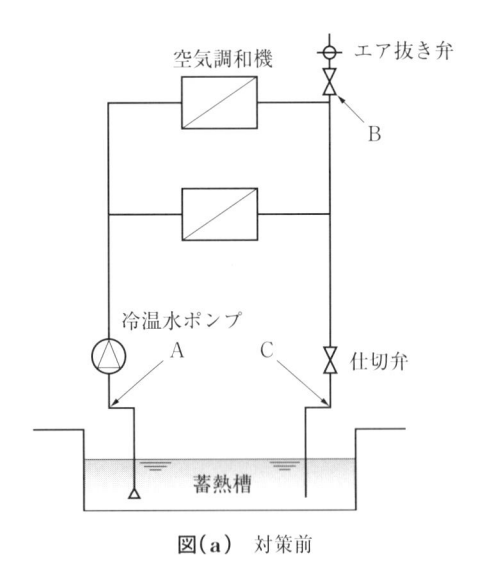

図(a) 対策前

原因

水の飽和蒸気圧力は温度が高くなるほど大気圧に近くなる．いいかえれば，温度が高くなるほどキャビテーションが起こりやすくなる．

まず，A部でのキャビテーションは冷水だけなら発生しなかったかもしれない．温水では当然その心配が大きくなり，したがって，ポンプの有効吸込みヘッド(NPSH, p.75参照)をチェックする必要がある．

B 部でも落水のエネルギーで圧力が低下し，やはり温水の飽和蒸気圧力が高いためにキャビテーションと同じような現象が生じる．C 部での振動は落水の運動が激しく阻害され，振動のエネルギーに転換されていることによる．

[対 策]

蓄熱槽を使う場合は，図(b)または図(c)のようなシステムにする．図(b)は還管に人為的に空気を混入させる方法であるが，空気の混入による配管内の錆の発生を考慮しなければならない．B 部での負圧発生を防止するが，これでも C 部での振動発生の危険は解消しない．最も安心できるシステムは図(c)によるものである．この場合は落水の心配はない．

A 部の抵抗を少なくするため，配管サイズを大きくした．

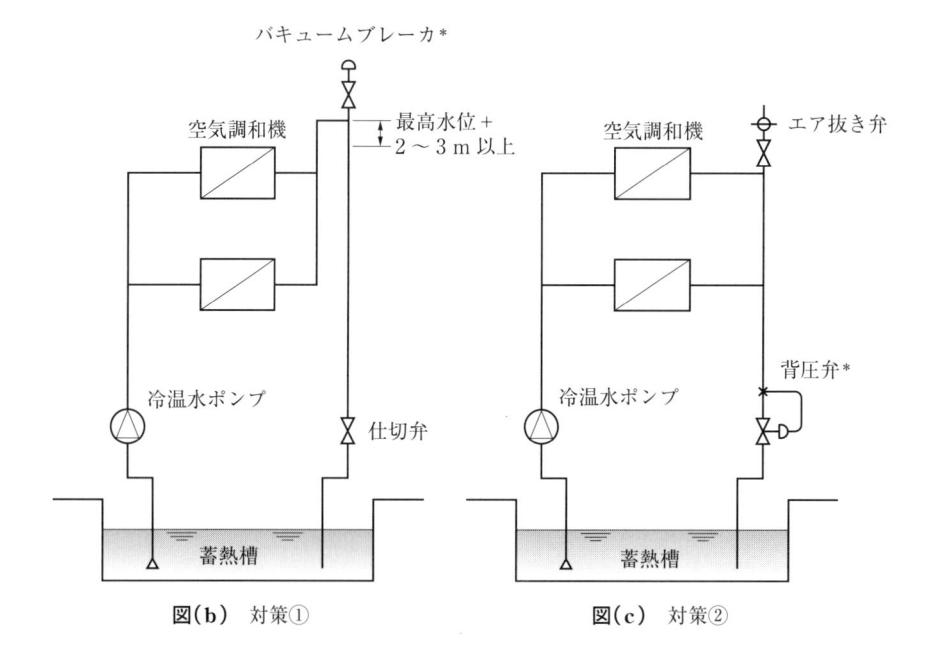

図(b) 対策①

図(c) 対策②

[教 訓]

開回路はもちろん，閉回路でもポンプの NPSH を調べること．とくに温水の場合は飽和蒸気圧力が高くなるため危険が大きい．

【用語解説】＊バキュームブレーカ：真空破壊弁．
　　　　　＊背圧弁：落水防止弁．サステン弁ともいう．

042 吸込み側抵抗嫌いなポンプ（その4）
―冷温水ポンプに異常騒音発生―

状況

ある現場で，「冷温水ポンプに異常騒音が発生した」との緊急コール．駆け付けてみると，あきらかにキャビテーションが起こっている．フローシートは図のようなものであり，【冷温水発生機＋ポンプ】がヘッダ間にもう一組【冷温水発生機＋ポンプ】に設置してあるという状況．

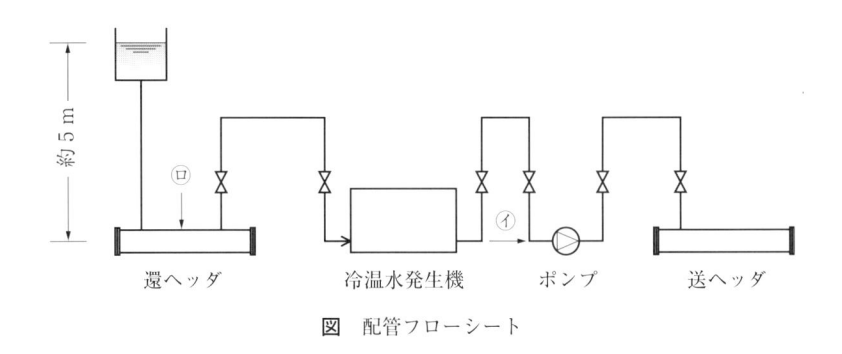

図　配管フローシート

原因

設計水量で抵抗計算をすると，ロ-イ間で 0.07 MPa の圧力降下があるが，ポンプ有効吸込みヘッド（NPSH）を満足する．

しかし，実際に圧力降下を測定してみると，0.12 MPa にも及んでいた．

そこで，圧力と電流測定から吐出し水量を測定すると，設計値の 130% 程度であった．流量が 1.3 倍なら抵抗は $1.3 \times 1.3 ≒ 1.7$ 倍になり，ロ-イ圧力降下は $0.07 \text{ MPa} \times 1.7 ≒ 0.12 \text{ MPa}$ と算出され，流量オーバーが圧力降下の増大，しいてはキャビテーションを起こすおもな原因であると判断した．

対策

とりあえず，吐出バルブを閉じて，設計水量に調整したら異常騒音もほとんどなくなった．

教訓

今回の異常騒音の原因として，

① 冷温水発生機とポンプの配列上，ポンプの吸込み側の抵抗が大きくなりすぎる．
② ポンプの余裕が大きすぎる．
③ 水量調整が十分ではない．

の三つがあげられ，これらの複合現象の結果と考えられる．また，正確な抵抗計算を行い，インペラカット（羽根車外径を小さくすること）で対処すると周速度が小さくなり，NPSH も改善できるため，既存設備での対策には有効である．

本来ならば，ポンプの位置を冷温水発生機に対して押込みとするべきである．

まめ知識

【キャビテーション（空洞現象）とは】

ポンプの設置において水源がポンプより低い位置にある場合，または密閉循環系においてもポンプ吸込み側の圧力が負圧になる場合に発生することがある．

キャビテーションはポンプ内部の圧力低下により発生する．

キャビテーションが発生すると，ポンプ性能が著しく低下し，振動や騒音を生じ，材料を侵食させることにもなるため，防止しなければならない．

一般には，ポンプの吸い揚げ高さが大きいほど起こりやすいので，ポンプは可能なかぎり水源に近付け，吸込み配管路を単純化して，配管抵抗を減じることが必要である．

【有効吸込みヘッド（NPSH : Net Positive Suction Head）とは】

ポンプのインペラの羽根直前の基準面上で，液体がもつ絶対圧力と，その液体の温度における飽和水蒸気圧との差をヘッド Hn[Pa] で現したもの．吸込み高さ，有効吸込み水頭，有効吸込みヘッド，NPSH ともいう．キャビテーションの判定に用いる．

$$Hn = (Ha - Hs - Hl) - Hr$$

ここで，Ha：吸込み面にかかる圧力（大気圧）に相当する液柱高さ[Pa]
　　　　Hs：ポンプ基準面における吸込み高さ[Pa]
　　　　Hl：吸込み管の損失ヘッド[Pa]
　　　　Hr：液体の飽和蒸気圧に相当する液柱高さ[Pa]

である．

有効吸込みヘッドをポンプの全揚程で割った値をトーマスのキャビテーション係数といい，比速度と関数関係にある．

コラム

ポンプのお話し
―ポンプの据付注意7選―

（1） ポンプに重荷をかけない

　ポンプの吐出管・吸込管とも吊りボルトや支持金具でサポートし，ポンプには配管の重荷をかけない．

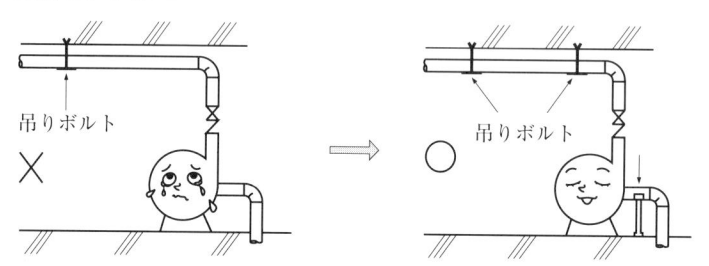

ポンプが重いと泣いています．　　　吊りボルトや支持器具で助けてあげましょう．

（2） ポンプ（ファン）の芯出しは確実に

　軸心の調整は軸継手の周囲4箇所に定規をあてて面の段違いをみる．次に軸継手の隙間の寸法を周囲4箇所で正確に測定し，ライナを打込んで段違いと隙間を調整し，手まわしで軸が軽く回転する点で固定する．

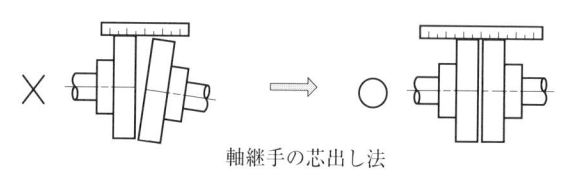

軸継手の芯出し法

（3） ポンプの固定はガッチリと

　アンカボルトは基礎にガッチリ固定する．ストレートのボルトで間に合わせたということのないように！

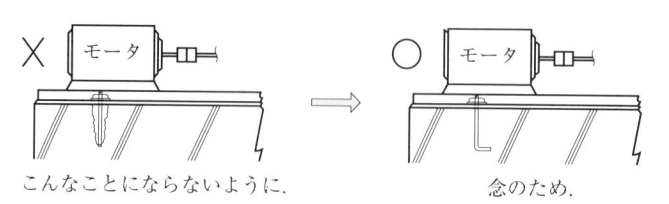

こんなことにならないように．　　　念のため．

（4） 暴振継手にならないように

　ポンプ室が上層階にあり，夜間にも運転する病院やホテルなどでは振動と騒音に気をつける．

防振継手の取付法

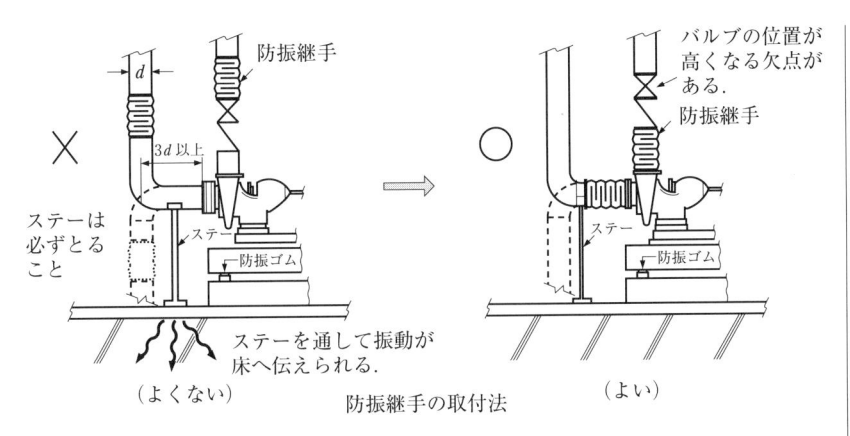

（よくない）　　　　　　　　　　　　　　（よい）

(5) ついうっかりでは困ります

ポンプ（ファン）を搬入するとき，シャフトにワイヤーロープをかけて吊り上げてはいけない．ベアリングが痛んでガタガタになる．

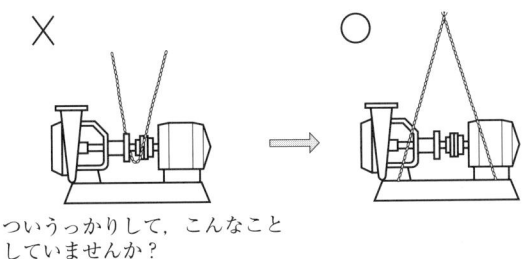

ついうっかりして，こんなことしていませんか？

(6) グランドからの漏水なんか

ポンプのグランド部からの漏水は，はじめはほんの少々であるがパッキンが劣化してくると雨のように漏れ出して床一面水浸しになることがある．必ず排水管を取付ける．

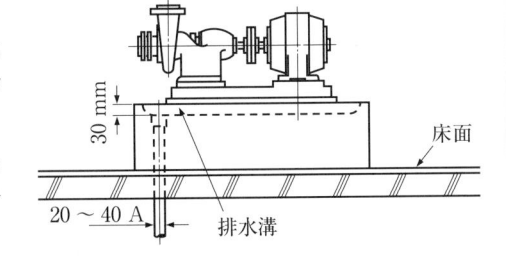

(7) フック一発！　効いた！

堅型排水ポンプの頭上には，必ずフックをつける．後からジワリと効いてくる．修理などの場合，大変便利である．

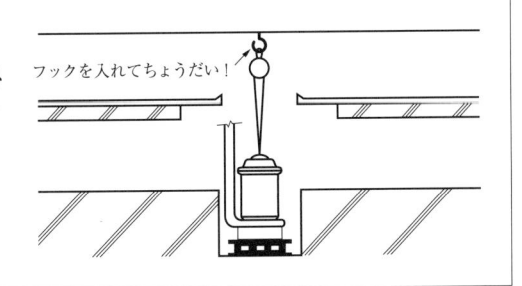

フックを入れてちょうだい！

E. 配 管

043 ダウンしたフレキシブル継手
―配管支持は確実に―

状況

ある銀行での事例．給水工事竣工後まもなく，受水槽まわりの配管から，水漏れが発生した．漏水箇所は，市水道管と受水槽の縁切り用に使用したフレキシブル継手（10 K・40 A・500 L・SUS）からであった．

原因

調査すると，フレキシブル継手の前に取付けてある定水位弁は，多いときに1時間に2～3回，1日では20回程度開閉している．

定水位弁は，開のとき給水タンクへ開放されているので，配管・フレキシブル継手の内圧は小さいが，閉となったときは水道本管の直圧がフレキシブル継手に内圧としてかかる．このとき，フレキシブル継手は延びるのだが，あいにく配管支持が不十分なため，図(a)のように配管全体が2 cm動いてしまう．

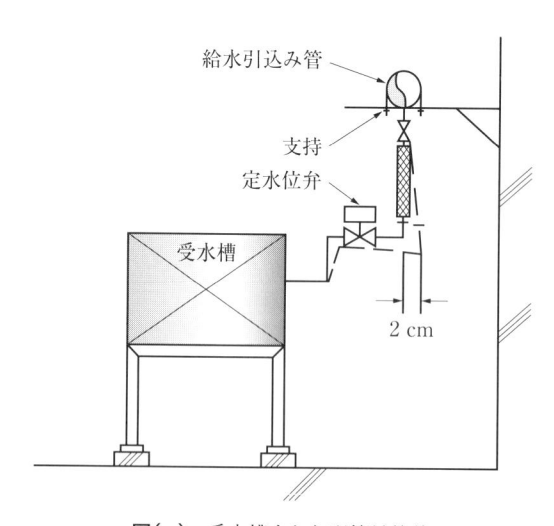

図(a) 受水槽まわり配管対策前

フレキシブル継手は上端が固定されていたため，フレキシブル継手の上端に曲げ応力が繰り返しかかり，ついに疲労破断をしてしまった．

対　策

配管支持を確実にとり，フレキシブル継手の位置を定水位弁と受水槽との間に変更した(図(b)参照)．

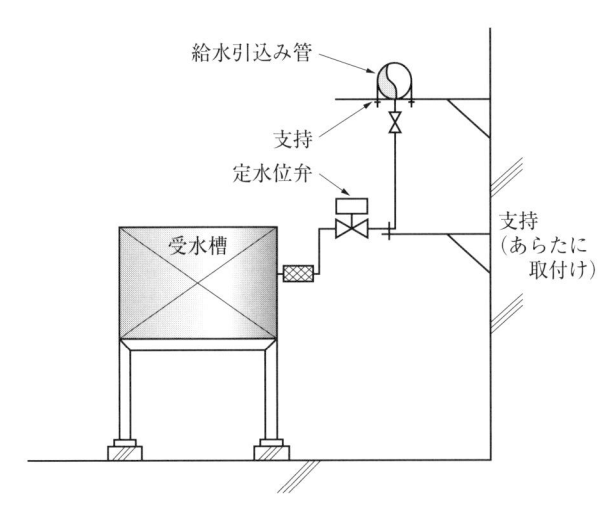

図(b)　受水槽まわり配管対策後

教　訓

本来固定されるべき部分が固定不十分で生じた故障である．取付け場所も施工図段階で念入りにチェックすべきである．

044

いつまでも，もつと思うなゴムフレキ
―ゴムフレキの寿命は何年か？―

[状況]

A高層ビルでターボ冷凍機冷却水系統のゴムフレキが突然裂け，落差80 mの水圧で水が飛び散った．ターボ冷凍機の高圧盤はもちろん水をかぶり，機械室も浸水した．しかし，処置が早かったため「基礎下浸水」で食い止めることができ，全館停電の事態は免れた．また，A高層ビルの教訓に学び，「地下出水時の水の逃げ場に蓄熱槽を利用したらどうか」と話していたB高層ビルでも，対策が具体化されるまえに80Aゴムフレキが破裂した．

[原因]

A高層ビルについて調査すると，竣工後6年経過していたためゴムフレキが劣化してきたことと，ゴムフレキの材質や施工不良などが重なったためと推定された．メーカーによると，使用条件によって異なるが，一般にゴムフレキの寿命は5～10年とのこと．

屋外では2年くらいで外面が割れ，なかのキャンバスがのぞくこともあり，ペンキの溶剤でゴムを傷めることもある．また，ゴムフレキの目的は防振であり，配管側で処置しなければならない偏心や張力を安易にゴムフレキに負わせると寿命を縮めることになる．

[対策]

対策に当たっては，下記のことを注意して行う．
① 重要施設では事故時の水の逃げ場を考慮する．
② 使用目的に合ったゴムフレキを選ぶ（偏心に強いタイプもある）．
③ ゴムフレキを正しく取付ける．
④ 適切な時期に交換する．

なお，外面がボロボロで，面間寸法，フランジ角度が許容値を超えて取付けたものはとくに危険である．

[教訓]

ゴムフレキには寿命がある．交換しやすい配管施工とし，メンテナンスを怠らない．

045 安易な分岐がトラブルのもと
―冷却水バイパス配管の分岐に注意―

〔状 況〕
中間期や冬期に，冷却水ポンプがエアを吸い込んでうまく運転できないという例が数件発生した．

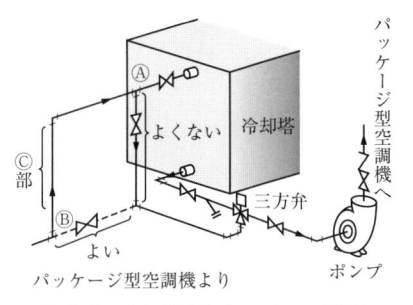

〔原 因〕
調査結果によると，冷凍機のオールシーズン運転や中間期の運転もあるシステムでは，冷却水の過冷却を防ぐため三方弁によるバイパス制御を行っているが，いずれのケースでもポンプと冷却塔とを屋上に隣り合って設置し，かつ，図(a)のⒶ点からバイパス配管を分岐していた．

図(a) 冷却塔まわりバイパス配管

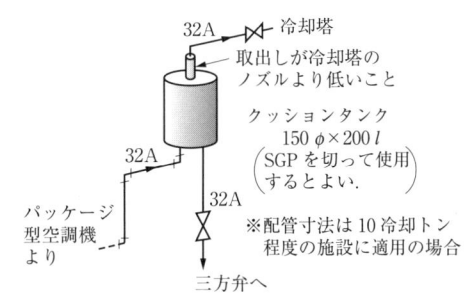

図(b) クッションタンクと配管分岐法

この方式では，冬期にはほとんど冷却塔側へ水が流れず密閉サイクルとなるが，一部の水は慣性で冷却塔へ流れ落ち，そのため空気を吸い込む結果となった．

〔対 策〕
図(a)のⒷ点より分岐して三方弁に接続すればエア吸い込みを防止できる．しかし，Ⓑ点が冷却塔の水位と同じくらいの高さであって，かつ，密閉サイクル時の運転時間が長いと，グランドパッキンからの漏水によりⒸ部の水位が徐々に下がり，やはりエア吸い込みの危険がある．また，Ⓐ点からの接続の場合でも，図(b)に示すようなクッションタンクを設置すればエア吸い込みを防ぐことができる．

〔教 訓〕
三方弁の全開，全閉状態のとき，どのような水の流れになるかを確認し，鳥居配管などになっていないか，確認する．

046

暖房が止まらない
―並列コイルまわりの配管に落とし穴あり―

状況

あるビルでは，セントラルダクト方式による空調をしている．さほど寒さが厳しくないころ，「暖房が効きすぎて暑い」というクレームが発生した．制御系の機能はまったく正常であるにもかかわらず空調機からは温風が出ている．

原因

　この空調機は処理風量が大きく，2台に分割されてコイルが入っており，これを1台の制御弁で制御していた（図(a)参照）．
　一見よさそうなフローだが，三方弁の開閉に従って分解すると温水の流れは図(a-1)，(a-2)のようになる．これでは三方弁閉でも温風が出てあたりまえである．

対策

　複数の負荷を一つの制御系で処理しようとすると思わぬトラブルが発生する．とくに現場機械室内で複雑な施工をしていると，ついうっかりということになりかねない．複数の負荷がパラレルになっていたらまず疑うこと．
　必ず図(b)のような接続を原則とする．この場合の温水の流れは図(b-1)，(b

図(a) 対策前   図(b) 対策後

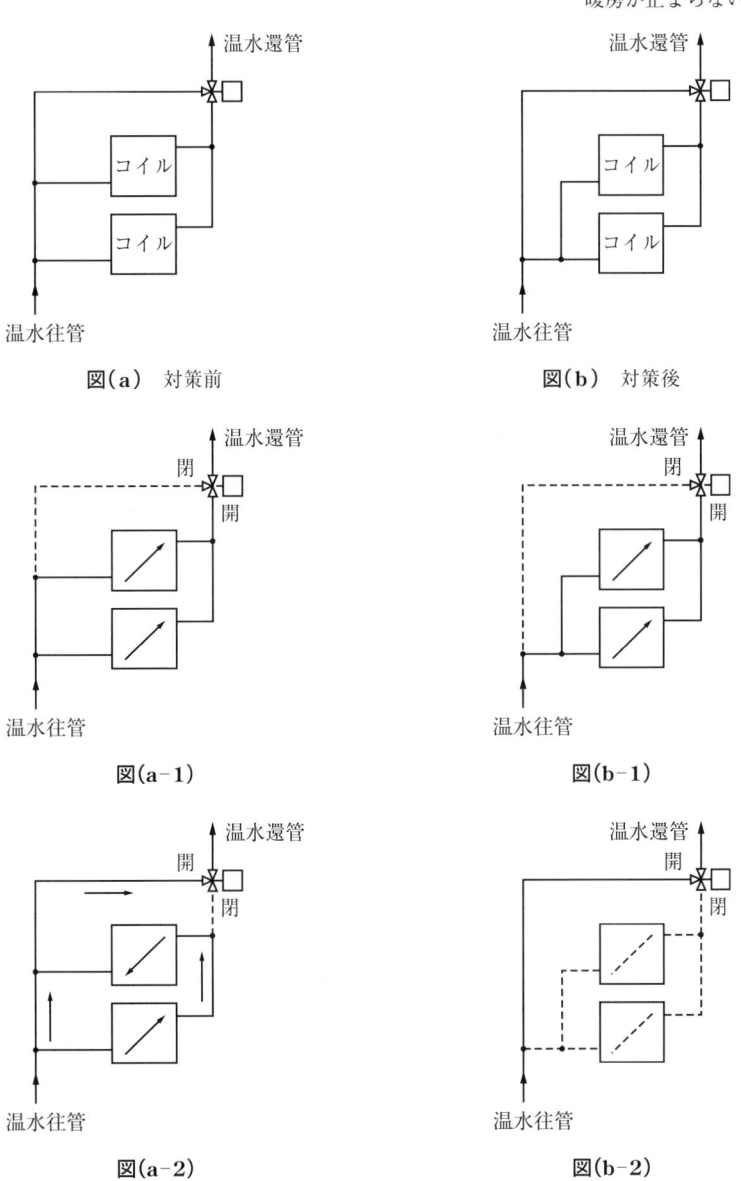

図(a-1)   図(b-1)

図(a-2)   図(b-2)

-2)となる．また，これが不可能ならコイルごとに逆止弁を入れること．簡単なことでも思わぬところに落とし穴がある．

[教訓]
　三方弁作動時の温水の流れを系統図でよく確認する．

047 冷却水配管のつもりが空気配管に
―水張りができない冷却水配管―

[状況]

竣工間近になって，試運転をしようとしたところ，配管内に水張りができないという失敗がときどきある．

[原因]

現場調査をして，その原因を要約すると図(a)，(b)に示すように冷却水配管が冷却塔の水面より高い場合に起こっている．

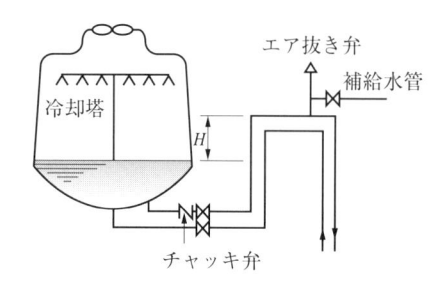

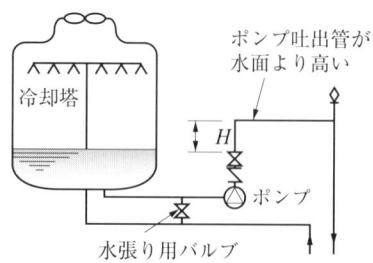

図(a) 往・還管とも水面より高い場合

図(b) ポンプ吐出管が水面より高い場合

図(b)の場合は，冷却水ポンプを運転すると冷却水の水槽がすぐ空になり，補給水も追いつかないためポンプが空転する．

[対策]

図(a)において，$H \geqq 0$ ならば，必ず冷却水配管の一番高い所にエア抜き弁と補給水管を接続し，往管にはチャッキ弁を設ける．

図(b)の場合は，$H \geqq 0$ ならば，往管と還管との間にバイパス配管（目安として冷却塔の補給水配管と同寸法とする）を接続し，水張用バルブを設ける．

ポンプ停止時に水槽からのオーバーフローが問題にならない場合にはチャッキ弁は不要である．このとき，ポンプは必ず水面より下になるように設置する．

[教訓]

施工図を描くとき，定常運転状態のとき以外に試運転の容易さも考える．

048 ある日突然水浸し
―溶接カスがストレーナを破損―

状況
運転をはじめて半年後(24時間運転のため，一般の装置の1.5年に相当する)の深夜に，冷水配管から水漏れが発生した．早朝，気がついたときには下階はあたり一面水浸しであった．

原因
冷水配管のY型ストレーナ*が破損して漏水しており，漏水箇所を調べたところ，図のように配管施行時の溶接カスなどがY型ストレーナの底部に入っていた．温度計，圧力計のタップ付けのときの鉄くずなどがストレーナ底部で踊り，ついには厚さ10 mmほどの鋳鉄製ふたの部分を摩耗侵食貫通したものと思われる．ほかのストレーナも全部解体点検したが，この1個だけが運悪く鉄くずの攻撃を受けていた．

対策
破損のあったY型ストレーナを交換した．当然，取付け後，清掃点検した．

教訓
このような事故はとくにめずらしいものではなく，相当摩耗した「ボルトと思われる鉄片」が発見されたこともあり，早いものでは2か月で破損した例もある．ストレーナを取付ける目的は異物を捕捉することであり，当然，何かが入っている．したがって，竣工直後の試運転完了時には必ず清掃する必要があり，それ以後も定期的に清掃点検を行う必要がある．これを怠ると水が流れなくなったり，破損したりして思わぬトラブルを起こすことがある．

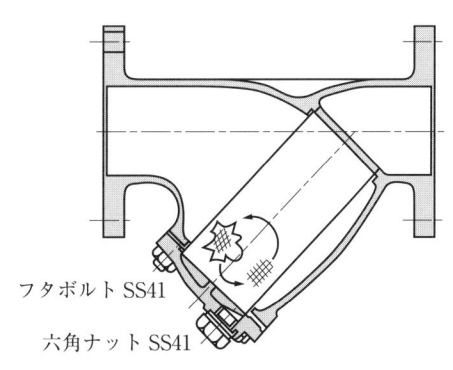

図 Y型ストレーナ
フタボルト SS41
六角ナット SS41

【用語解説】＊Y型ストレーナ：配管中に取付ける，Y型をした流体中の不純物を金網にて捕捉する機材．

049

バンドもいろいろあるけれど
―細すぎるバンドで切れたドレンホースから水漏れ―

[状況]

ある銀行の会議室，食堂各部屋の天井が，ドレン水でびしょ濡れになってしまった．濡れた各部屋には，天井カセット型パッケージ型空調機が設置されていた．

[原因]

いつものごとく(？)　携帯電話が鳴り，おそるおそる電話にでると，「いろんな所から水が漏れてるヨ～」の一言で現場へダッシュ．ドレン管の詰まりと予想を立て，レンジャー部隊のごとく天井裏へ…．なんと，ドレンホース(テフロンホース)が切れている．

本体と硬質ポリ塩化ビニル管(VP管)との間にテフロンホースを使用しているが，固定のため細いバンドを使用している．かなりきつく締められていたため，その部分に亀裂が入り，結局切れてしまった．

[対策]

使用されていた幅の細いワイヤーバンドを，幅の広い自在バンドに変更した．

（ⅰ）ワイヤーバンド(対策前)　　（ⅱ）自在バンド(対策後)

写真　使用バンド

[教訓]

ドレンホースを止めるバンドのために，大変な水漏れ騒動となってしまった．バンド一つにしても適・不適があり，慎重な検討が必要である．

ただし，自在バンドはきつく締められないため，管内圧力の高い場所での使用には適さない．

050 おかしな蒸気配管
―蒸気制御弁まわりの配管方法―

状況

ある現場を巡回検査していたところ，図(a)のような蒸気配管を見つけた．蒸気制御弁のバイパス管が本管の下方に施工されていた．

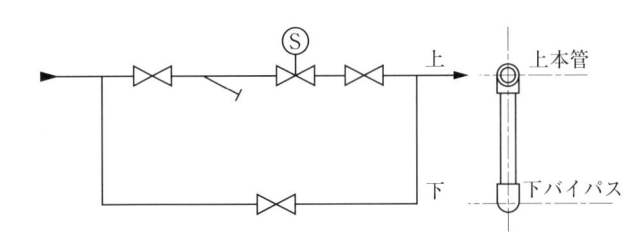

図(a)　蒸気制御弁のバイパス管を下方にした悪い例

原因

現場のおさまりを優先して，ドレンの対応を考えないで施工した．

確かに現場では，配管を図(a)のようにおさめると，機械室の空間が有効に利用できる．しかし，このバイパスの施工では凝縮水やゴミがバイパス配管内に溜まってしまう可能性がある．場合によっては蒸気ハンマの原因となることもある（図(b)参照）．

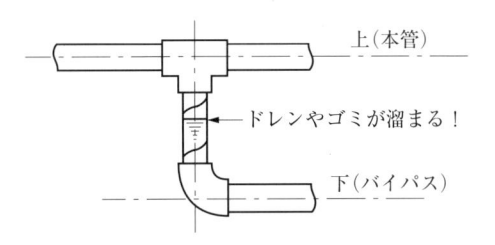

図(b)　バイパスに蒸気ドレンが溜まる悪い例

対策

蒸気制御弁のバイパス管は本管と水平(同一高さ)にした．

なお，バイパスを本管上方に配管することは，順勾配(先下り，大部分がこの方式)の場合はバイパス弁手前に凝縮水が溜まるので不可．

逆勾配(先上がり，例は少ない)の場合は可である．

教訓

蒸気配管の施工は，蒸気の特性(ドレンが溜まらない)を考えて施工する．

051 どこへ行った？ 毎月30tの蒸気ドレン
―高圧蒸気還水が蒸発―

状況

ある工場から，「ボイラを設置してから半年間，ボイラの給水側と，排水側に設置した流量計の水量値の収支が毎月30t合わない」とのクレームがあった．

原因

蒸気管ならびに還水管の露出部および埋設部の加圧テストを行ったが，配管からの漏れは確認できなかった．

煙突を調べると，下部の水抜きから常時水がたれており，1時間に20 l 以上溜まった．還水槽の設置場所が地下機械室のため，通気管はボイラやヘッダの安全弁吹出管と同様，煙突に接続されていた．図(a)に蒸気系統を示す．

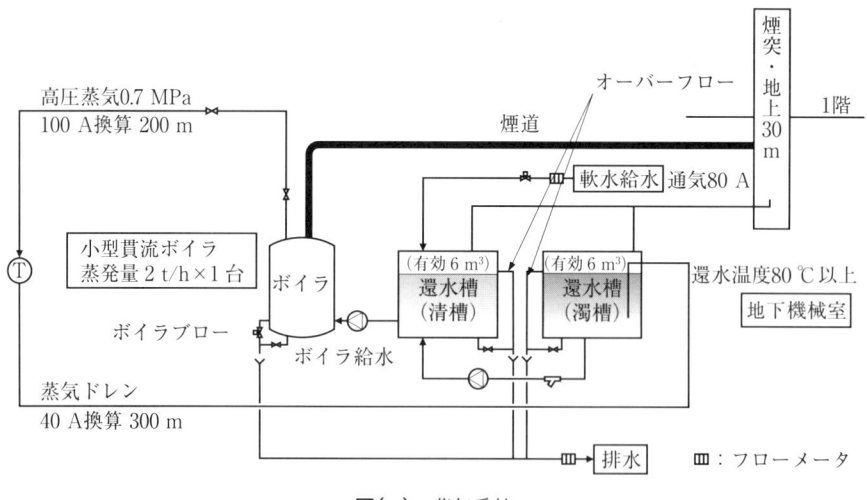

図(a) 蒸気系統

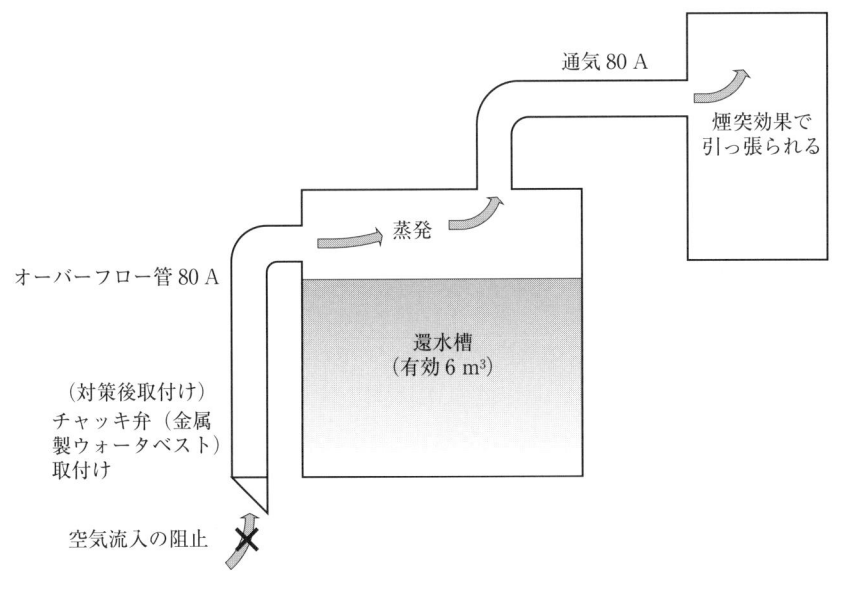

図(b) 還水槽まわり配管

還水槽のオーバーフロー配管から煙突に空気が吸い込まれ，還水槽内が負圧になり大量の水が蒸発した．

[対　策]

図(b)のように，還水槽のオーバーフロー配管にチャッキ弁(金属製ウォータベスト)を取付け，空気の流入を防止したところ，給水と排水の流量計の収支が1/10程度となった．

[教　訓]

還水槽などの通気管の開放位置は，開放部の圧力を十分考慮し，今回の対策のようにオーバーフロー配管からの気流が生じないよう考慮する．

052 操作用銅管がつぶれてトイレの水が出ず
―リモコンフラッシュバルブ式と
赤外線センサ自動フラッシュバルブ式―

状況
ある病院の設備改修工事で，各トイレの水出し作業を行っていたところ，竣工1週間を目前にして，身体障害者向けトイレの水が出ないことが判明した．
身体障害者向けトイレは，従来の床および壁のリモコンフラッシュバルブタイプを取付けていたので，各部品を分解して点検したが，詰まりは発見できなかった．結局，タイル仕上げが完了したトイレの床を掘り起こし，埋設配管(銅管)を露出させなければならなかった．

原因
調査したところ，リモコンフラッシュバルブの床ペダル系統の銅管の一部が潰れていたうえに，コンクリートくずが詰まり，水が流れない状態になっていた．
埋設銅管は9.5ϕと細く，配管施工後の養生の不備か，埋め戻しの際になんらかの落下物により潰されたのが原因と思われる．

対策
潰れた部分の銅管を取り替え，もとのとおり埋め戻した．

教訓
埋設銅管の施工中の養生を十分に行い，落下物などによる破損を防ぐ．それとともに施工完了後，便器などの器具を取付ける間，水圧または窒素による空圧をかけ続け，不具合があればすぐに発見できるようにすること．

メーカーでは9.5ϕの銅管を使用するように指示しているが，腐食対策にもなり，容易にきずが付かない被覆銅管などを採用するのがよい．

以上のような施工対応は，器具を埋込配管フラッシュバルブ方式から赤外線センサ自動フラッシュバルブ方式に変更するのも事故防止対策の一つである．

053 蒸気加湿器が噴水に
― 管末トラップは管末に必要 ―

[状況]
ある工場クリーンルーム(class 10000)では，空調機の加湿に蒸気を使用している．その空調機が設置1年後に，加湿ノズルから凝縮水が噴水のように出てファンセクションに溜まり，オーバーフローして漏水となった．

[原因]
加湿系配管の管末トラップのなかを調べてみると，ゴミが蓄積しており，トラップが作動しなくなっていることがわかった．さらに，管末トラップと加湿ノズルは，横引で約10 mも離れており，凝縮水が溜まりやすい設備となっていた．

これら二つのことが重なり，管内に溜まった凝縮水が一気に加湿ノズルから吹き出したと考えられる．

[対策]
図のように，加湿ノズル近く2 m以内の所に管末トラップ装置を設け，トラップおよびストレーナを定期的に清掃することで解決した．

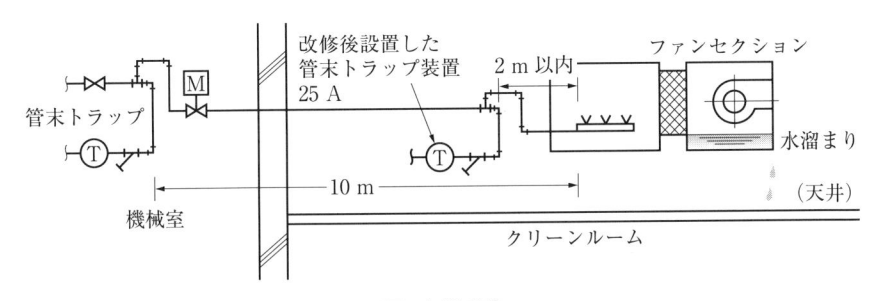

図　加湿配管

[教訓]
管末トラップは管末に必要である(そのため管末トラップという)．

クリーンルームという室用途と，保守点検の容易さを考慮して機械室内にトラップを設けたのがトラブルとなった．

空調機やトラップの設置位置など全体的な検討が必要であった．

054 水平大好き！
―蒸気用Y型ストレーナの垂直取付けに注意―

[状況]

ある現場において，蒸気系統の試運転調整を行った．ところが減圧弁が故障かと思われるほど，制御が安定しなかった．そこで減圧弁を取り替えてみたのだが状況は変わらなかった．

[原因]

いろいろ考えた結果，蒸気用Y型ストレーナが垂直に取付けられているのに気付いた(図(a)参照)．そのため，ストレーナ部にドレン水が充満し，蒸気ハンマ*が起こっていたのである．このことが，蒸気の制御不安定を招いていた．

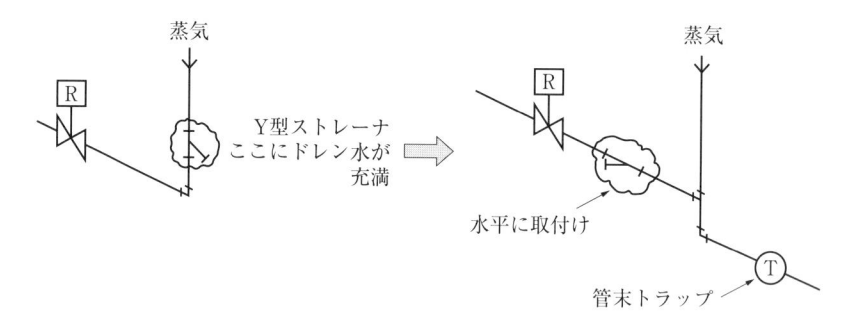

図(a) Y型ストレーナを垂直に取付け（悪い）

図(b) Y型ストレーナを水平に取付け（よい）

[対策]

制御バルブ前のY型ストレーナを水平に取付けなおした(図(b)参照)．
その後は制御も安定し，順調に運転している．

[教訓]

蒸気ハンマの防止と制御バルブの保護のため，Y型ストレーナを水平に取付けると，蒸気系統の運転は安定する．
また，要所にトラップ装置を取付けて，ドレン水を適切に排水する．

【用語解説】＊蒸気ハンマ：蒸気の流動圧力によって生じる衝撃音や振動．

055 二重管のケーシングドレンで火傷(やけど)
―試運転時には断熱材を乾燥させ,
二重管内の水分を除去する―

〔状 況〕
蒸気二重管のケーシングドレンに取付けたドレンコックを開けたところ,蒸気が噴出し,火傷を負うという事故が発生した.

〔原 因〕
調査の結果では,供給管からの蒸気の漏れではなく,断熱材に含まれていた水分が供給管からの熱により加熱され,エアスペースに蒸気が充満したものと推定された.製作中,運搬中,施工中には管内に侵入した水分を除く方法はない.ケーシングに取付けたドレン管ということで,まさか蒸気が出てくるはずがないという安心感がコックを開いた人にも施工者にもあったのではないか.

〔対 策〕
二重管はエアスペースによる保温効果が大きく,耐圧性・水密性があり,一度エアスペース内に水が入ると,ドレンコックを開けない限り除去できない(図参照).

高温水や蒸気などに二重管を使用する場合には,ケーシングのドレン配管も高圧蒸気配管並みの施工が必要である.

① 二重管に水が入らないよう,十分養生する.
② 試運転時にドレンコックを開け,断熱材を加熱乾燥させて水分を除去しておく.
③ ドレンの排出先は蒸気噴出に対して安全なところまで施工しておく.

などの点について注意をはらう必要がある.

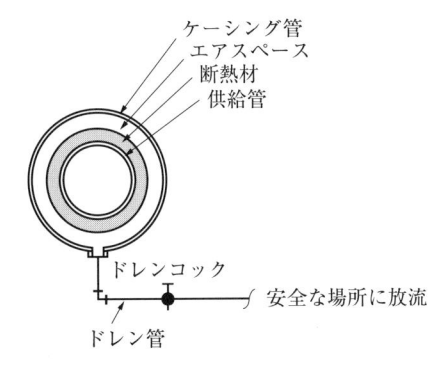

図 蒸気二重管

〔教 訓〕
主管である供給管のみに注意をするだけでなく,付帯設備にも十分注意をはらう.

056 ツヅミを打つ蒸気ヒータ
―パッケージ型空調機組み込み蒸気ヒータが，ハンマにより亀裂パンクした事例―

状況

ある食品工場の倉庫は，恒温恒湿で 20 ± 1 ℃，相対湿度50％以下の特殊な環境が要求されていた．この倉庫の温湿度は，パッケージ型空調機に蒸気ヒータ・蒸気スプレー組み込みによるPID制御＊であった．ところが，試運転後数か月で，蒸気ヒータヘッダ部の鋼管と銅管の溶接部数箇所に亀裂が発生した．この亀裂箇所を図(a)に示す．

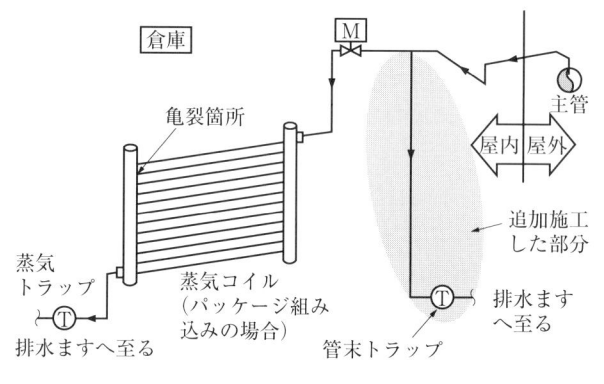

図(a)　蒸気配管

原因

蒸気主管は屋外配管で，上部から分岐して建物内部へ導入し，パッケージ型空調機組み込みの蒸気コイルに接続されている．

しかし，横引配管(屋外3m，屋内2m)が長いために配管内に凝縮水が溜まり，二方弁が開いたときに高速で蒸気ヘッダへ衝突(水撃作用)する現象を繰り返し起こし，ヘッダと銅管の溶接部に亀裂が発生したと考えられる．

対策

凝縮水を完全に除去するために，二方弁の直前にチーズを切り込み，配管を立ち下げ，トラップ装置を設けた(図(a)の●印の部分)．この対策の結果，水撃作用がなくなり，現在良好に運転している．

教 訓

蒸気分岐管の長さが5m以上で順勾配の場合には，制御弁・減圧弁・温度調節弁などの前にトラップ装置を設ける．この配管要領を図(b)に示す．

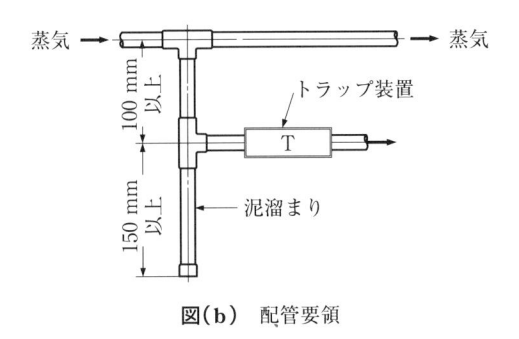

図(b)　配管要領

なお，各メーカーによってコイルの耐蒸気圧力が異なるので，仕様を確認すること．

【用語解説】＊ PID 制御：比例積分微分制御．比例動作にオフセット(残留偏差)を打消す積分動作と，応答を速くする微分動作を加えた制御．

057 真空給水ポンプが止まらない
―あ！　加湿蒸気還水管のプラグがない！―

状況

ある事務所ビルから，「真空給水ポンプ*を見てもらいたい」との連絡があった．加湿蒸気還水系統の真空給水ポンプが竣工以来一度も停止せず（約1.5年），連続運転を続け，このままではポンプが故障し，システムに影響が出かねない．また，どうも加湿がうまくいかず，室内の湿度が下がってしまうとのこと．
一方，蒸気ボイラでは，補給水系統にトラブルが多発しており，何度も部品交換などのメンテナンスを繰り返しているということである（錆の発生による目詰まりが直接の原因であるが，その錆の発生原因はわからず）．

原因

ボイラ，真空給水ポンプ，配管の自動制御系統，機器，バルブ，トラップなどを対象に調査したが，とくに異常は見られず，正常な信号動作をしていた．
配管は竣工後1年半程度であり，圧力配管用炭素鋼鋼管スケジュール80を使っているので腐食による孔の発生は考えにくい．
そこで，建屋内，全還水管を再度調べたところ，機械室内配管のテスト用に設けたタッピングにプラグが付いておらず，ここからエアが入っていた．
この現場は，建設工事共同企業体の施工で施工範囲が数社にわたっており，チェック漏れと思われる．
エアの常時吸入により真空は保てず，還水が戻らないため錆が発生，この錆が飛散して，配管系に悪影響を起こし，加湿も十分ではなかった．そのため，ホットウェルタンクからボイラ本体にまで影響が出てしまった．

対策

テスト用タッピングにプラグを取付けたところ，真空給水ポンプは停止し，加湿能力は改善された．
対策は20 Aのプラグを一つ取付けたのみであったが，これまでのエア混入によるボイラまわりのメンテナンス費用（1年半で約200万円），補給水配管系統の錆こぶ発生による全面盛替工事などの費用（約200万円），合わせて400万円もの高い20 Aのプラグとなってしまった．

真空給水ポンプが止まらない **97**

> [教 訓]

　竣工間際の忙しさに追われ，小さなミスを見逃してしまった結果，今回のような高いプラグとなってしまった．プラグ一つといえどもおろそかにできない．つまり，全配管系統が接続された時点で，再度エア漏れがないかテストする必要があった．

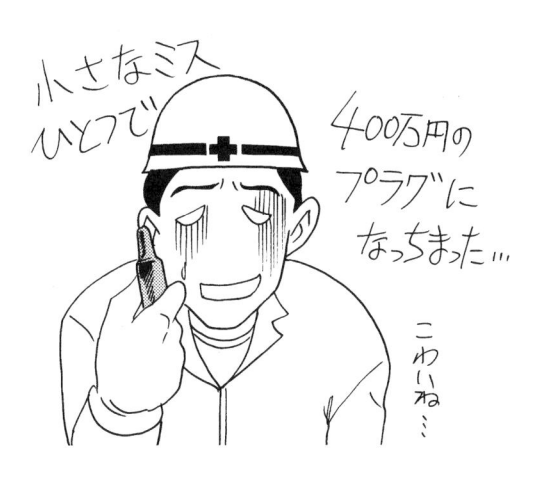

【用語解説】＊真空給水ポンプ：真空で蒸気ドレンを引き戻し，還水タンクやボイラへ給水するポンプ．蒸気ドレンの回収に使用する．

058 大雨で，室内や電気部品がびしょ濡れ
―雨水，天井カセットパッケージ型空調機に逆流―

状況
他社施工のある事務所ビルで，空調設備保守契約をして 1 年後，2 階天井カセットパッケージ型空調機のドレンパンから水が漏れた．

原因
ドレンパンから漏れた日は，大雨の時であった．調査してみると，ドレンパンからのドレン管が雨水立管に接続されていた．

そのため，大雨のときに雨水を排水しきれない雨水立管から空調機ドレンパンに流れ込み漏水した（図参照）．

対策
ドレン配管を単独で外部に放流した（あたりまえのことである）．

教訓
保守契約時，図面や現場を確認し，問題点があるときは指摘して契約する．

法的にも，ドレン配管を雨水立管に接続することは禁止されている．雨水配管には絶対にほかの配管（ドレン配管・雑排水配管など）を接続していないか確認すること．

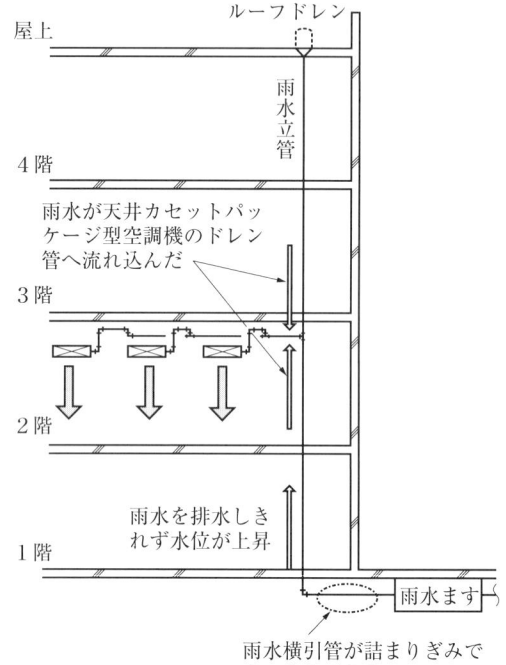

図 断面図

059 コイル洗浄とドレン管清掃は一緒にしよう
―落とした汚れがドレン管に詰まり水漏れ―

状況
竣工4年後の冷蔵倉庫で，ユニットクーラのコイル洗浄の依頼があり，薬品洗浄したところ，3か月後に倉庫内の床が水浸しになってしまった．

原因
洗浄したユニットクーラのドレンパンを外すと，倉庫内を走るフォークリフトのタイヤの黒いゴムの粉がヘドロ状に付いており，ドレン配管にも管内下部に膜状に溜まっていた．

洗浄時，配管については洗浄依頼がなく，薬品洗浄剤を流した程度であったので，ゴムの膜を落としていなかった．その膜が，図のように配管内部で弁のようにはたらいたため水が溜まり，ドレンパンから水があふれてしまった．

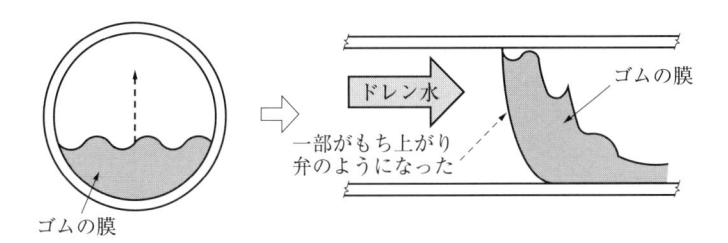

図　ドレン管内部

対策
薬品洗浄した機器のすべてのドレンパンおよびドレン配管を外し，付着したゴムを取り除いた．

教訓
薬品洗浄をした場合，配管も洗浄あるいは通水テストを実施して，詰まりの有無を調べる．フォークリフトを使用する冷蔵倉庫のユニットクーラにはフィルタを設ける．

今回のように，作業スペースの関係で洗浄がしにくい場合は，エルボをすべてティーズにするなどして，容易に配管の清掃ができるようにする．

060 お医者さんもビックリ！その理由は…
― ドレンパンから水があふれて大騒動 ―

状況

その事故は1日の作業を追え，机の前で担当者がホッと一息ついた午後5時に起こった．つい先ほど，点検掃除を済ませ隣室用の分岐バルブ（じつは水抜きバルブ）を開けて帰ってきた総合病院からの緊急電話である．駆け付けてみると天吊ファンコイルユニット（FCU）のドレンパンから水があふれ，医療機器に水が落ちていた．まず，バルブ（じつは水抜きバルブ）を閉じ，こぼれた水の始末をしたが，医療機器内部は点検できなかった．
翌朝出勤してきた担当医師は，水に濡れた医療機器を見て真っ青．CTスキャンだったのだ．
幸いにも，自然乾燥とドライヤーによる必死の作業で復旧し，大事に至らず事なきを得たが…．
担当者はどうも納得ができない．なぜ水が漏れたのだろう？
図面の確認が不十分だったのか？　あのバルブはなんのバルブか？
現場での確認は十分だったのだが…．

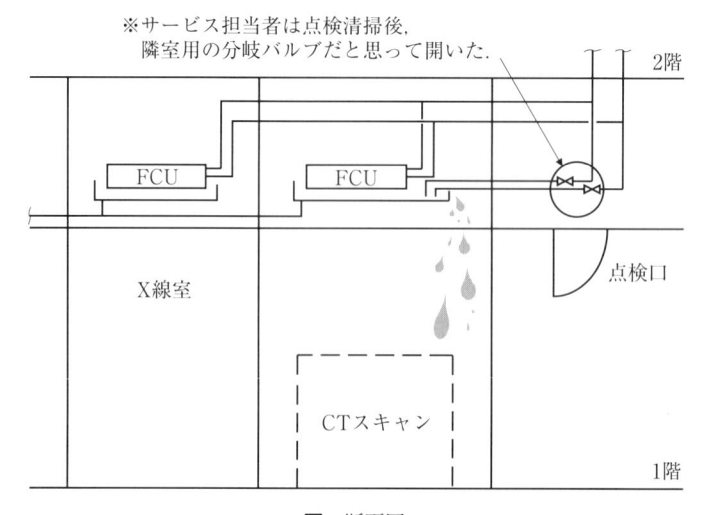

※サービス担当者は点検清掃後，隣室用の分岐バルブだと思って開いた．

図　断面図

お医者さんもビックリ！　その理由は…　　101

[原　因]
　そもそも高価な医療機器のある部屋に，天吊ファンコイルユニットのドレンパンがあったという本質的問題である(竣工後，元事務室からCTスキャン室に改造されていた)．
　水抜きの放流先が天吊ファンコイルユニットのドレンパンであったことも，本来，施工してはならないことである．それに竣工図をよく調べずバルブを誤認し操作した(図参照)．

[対　策]
　放流先は確実に排出できる位置に変更した．
　また，手元に竣工図がなかったので，現地で経路を調べ，誤認して大事に至ったことから，施主保管の図面を調べ，工事担当者はバルブ類の位置を完成図書に明記した．

[教　訓]
　通常から竣工図を整理しておく．またバルブ類は，竣工図で確認して操作する．

061 お日様が嫌いな塩ビ管
―保管中の日光変質による塩ビ管破断事故―

状 況

竣工後2年目の夏を迎えたある工場でのこと．冷房シーズンイン作業を終え，自動運転の操作ボタンを押すと，まもなく冷凍機の異常停止を知らせるアラームが鳴り出した．「道路から水が吹き出しています，ただちに冷却水ポンプを停止してください！」
すべてのスイッチをオフにして屋外の状況を確認しに行ったところ，土中に埋設されていた冷却配管が破断して冷却水が噴出していた．埋設の状況を図に示す．

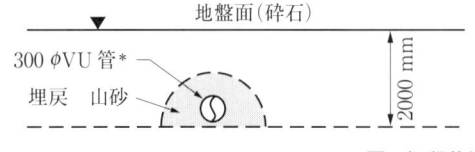

図　埋設状況

- 車両は通過しない．
- 支持，養生―配管布設時に，管周囲に山砂を入れ，管の保護をした．

原 因

配管は，付近に特高受電設備があり電食を考慮していた．
また，冷却水系で管内温度も約38℃なので塩ビ管（硬質ポリ塩化ビニル管：VU300φ）を採用していた．
噴出ポイントを掘り起こすと，塩ビ管1本分の約半分が完全に破断して，無残な姿をさらしていた．
メーカーに調査依頼した結果，下記の報告書が返ってきた．

(1) 発生要因の推定
① 外面の白化現象（太陽の紫外線で，塩ビ管が劣化すること）
② 内圧変動
③ 固形物との接触による局部応力集中
④ 外部衝撃
⑤ 管内流体の温度

(2) 事故品サンプルの状態

① 外面の半円周は白化状態にあった．
② 白化なし部の割れ断面には，外面側から内面側に向かったアーチ状の紋様がみられた．

以上により白化現象が発生要因の主犯人で，その他の推定要因は共犯者と考えられる．管材のロット No. をチェックすると，搬入時期と現場埋設施工の間に2か月間のズレがあり，その間の保管状態が万全でなかったことが判明した．

対　策

塩ビ管は，その材質の特徴から腐食対策として手軽に採用されているが，取り扱いには次の事項を十分に注意する．

① 保管は，直接日光の当たらないところにおく．
② 埋設施工時は，管周囲の養生に留意し，部分的に外圧が強くかからないよう砂で埋め戻しを行う，という基本を徹底する(管周囲のきずなどの確認)．
③ 系統の管内温度，通過流体をチェックする．

教　訓

施工管理のなかには，材料の保管管理も含まれるものである．

【用語解説】＊ VU 管：硬質ポリ塩化ビニル管のうち，肉厚が薄く使用圧力(0 ～ 0.6 MPa)が低い管．

062 塩ビ管は温度で伸び縮みします
―塩ビ管の線膨張係数は鋼管の約 6 倍―

[状 況]

竣工後約 1 年のある倉庫で，屋外雨水管に硬質ポリ塩化ビニル管（VP 管）を露出して使用していた箇所の継手部分が破損する事故が発生した（写真参照）．立管 150 A，横引管 200 A の両方で発生していた．

→ 継手部分が破損

写真 継手部分の破損

[原 因]

日射による熱で塩ビ管が伸び，吸収できず破損に至った．

補修部分をやりとりソケット全長で切断する．

L_1：やりとりソケット全長
切断
（取り除く）
（短管，ソケット，やりとりソケットを用いて補修）
L_2
短管
ソケット① ソケット② やりとりソケット

※やりとりソケットを使用したときは，ソケット下の管を必ず固定支持する．

補修する部分にまず，やりとりソケットを挿入し，ソケット①→短管→ソケット②→やりとりソケットの順に接続する．短管の長さ（L_2）は下表を参照．

やりとりソケットの全長（L_1）（単位：mm）

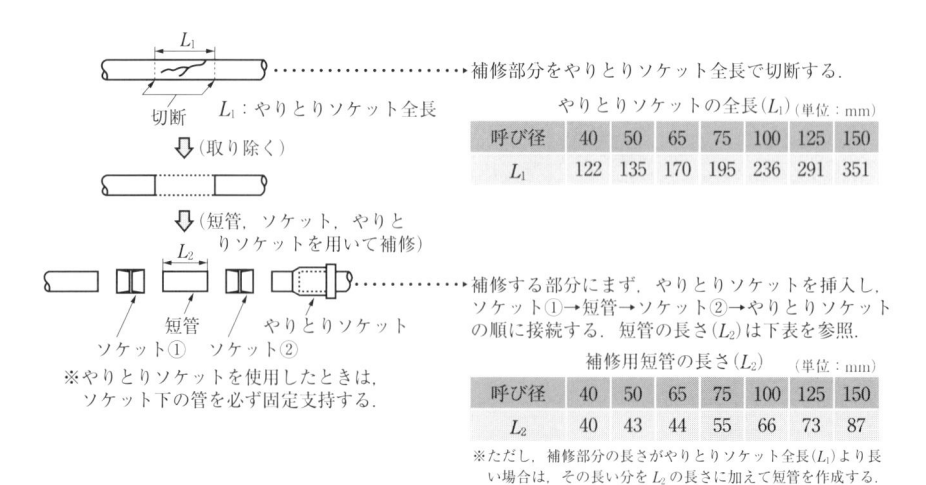

呼び径	40	50	65	75	100	125	150
L_1	122	135	170	195	236	291	351

補修用短管の長さ（L_2）（単位：mm）

呼び径	40	50	65	75	100	125	150
L_2	40	43	44	55	66	73	87

※ただし，補修部分の長さがやりとりソケット全長（L_1）より長い場合は，その長い分を L_2 の長さに加えて短管を作成する．

図（a） やりとりソケット（補修用）の施工法（積水化学工業（株）資料）

塩ビ管は温度で伸び縮みします　　　105

[対　策]
　今回は，やりとりソケットを使用し，配管の補修を行った（図(a)参照）．
　塩ビ管の伸縮を考慮して当初から施工する場合は差込みソケットを用い，やりとりソケットは使用しない．

[教　訓]
　塩ビ管の線膨張係数は 7×10^{-5}/K で，配管用炭素鋼鋼管（SGP）などの約 6 倍である．

$$伸縮量(mm) = 7\times10^{-5} \times 温度差(K) \times 配管長さ(mm)$$

　塩ビ管を使用した温水管，高温の排水管や直射日光が当たる露出管は，確実に伸縮を吸収する継手を使用する．差込みソケット（伸縮継手，図(b)参照）を横引管は 2 m 以上 4 m 以内に，立管は各階 1 箇所に取付ける．
　塩ビ管の現場納品後の保管にも，直射日光の当たらない場所に置くなどの注意が必要である．

・伸縮継手

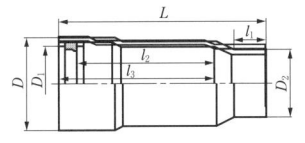

（単位：mm）

呼び径	D	D_1	D_2	L	l_1	l_2	l_3
150	202	170	165	430	100	265	300

・差込みソケット

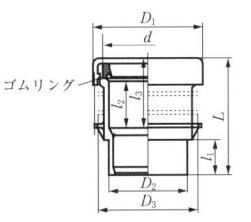

（単位：mm）

呼び径	D_1	D_2	D_3	d	L	l_1	l_2	l_3
40	69	48	60	48.9	80	23	34	48
50	85	60	76	60.8	85	26	35	51
65	110	76	86	77.1	103	36	37	58
75	118	89	114	90.0	113	41	44	65
100	148	114	140	115.2	134	51	51	76
125	181	140	165	141.2	160	66	53	83
150	211	165	191	166.3	191	83	62	96

図(b)　伸縮継手，差込みソケット（積水化学工業(株)資料）

063 塩ビ管の支持・固定は確実にとろう！
―中間部固定・伸縮継手を忘れずに―

［状　況］

竣工後約10年のあるホテルで，排水立管(耐火二層管)の45°エルボが破損して漏水した．破損部分は4階シャフト内で，階高約6 mと，ほかの階よりも高くなっていた．

［原　因］

階高約6 mの排水立管(耐火二層管)には中間の固定金物がなく，かつ，伸縮継手も取付けられていなかった．

スリーブ貫通箇所は固定されていたので，横引管からの伸縮力と立管自体の伸縮力を受け，立管を振っている45°エルボが破損したものと考えられる(図(a)参照)．

ほかの階は階高約4 mで45°エルボはなく，スリーブ貫通箇所が固定されていたので，問題はなかった．

［対　策］

4階排水立管に伸縮継手を取付け，中間部2箇所に壁から支持ブラケットを設けて固定した(図(b)参照)．

［教　訓］

塩ビ管の立管は，各階1箇所以上振れ止め支持を行う．

塩ビ管の伸縮量は鋼管の約6倍で，大きく伸縮するため，立管を振っていたり，枝管がある場合は，伸縮継手(差込みソケット)を横引管は4 m以内に，立管は各階1箇所に取付ける．

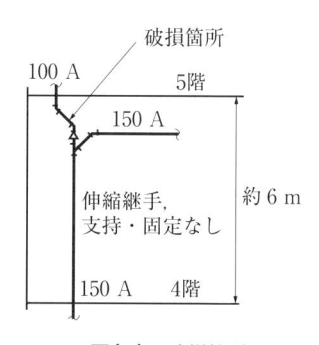

図(a) 破損箇所

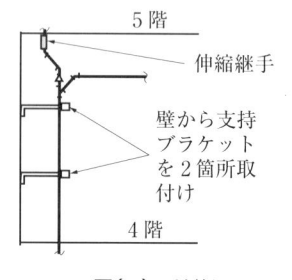

図(b) 対策図

064 熱にうなされるVP管による通気管
―高温排水の蒸気でVP管が変形―

[状況]

ある病院で，排水通気管にVP管（硬質ポリ塩化ビニル管）を使った．通気にVP管使用はよくある方法である．ところがしばらくすると，このVP管が熱で変形してしまっていた．

[原因]

図に示すように，消毒用スチームの排水から再蒸発した蒸気が排水管を逆流し，通気管に使用したVP管に流れ込んだためと考えられる．また，同じ天井裏の高圧蒸気ドレン管（断熱施工なし）からのふく射，対流による伝熱もかなりあるのではないかと考えられる．

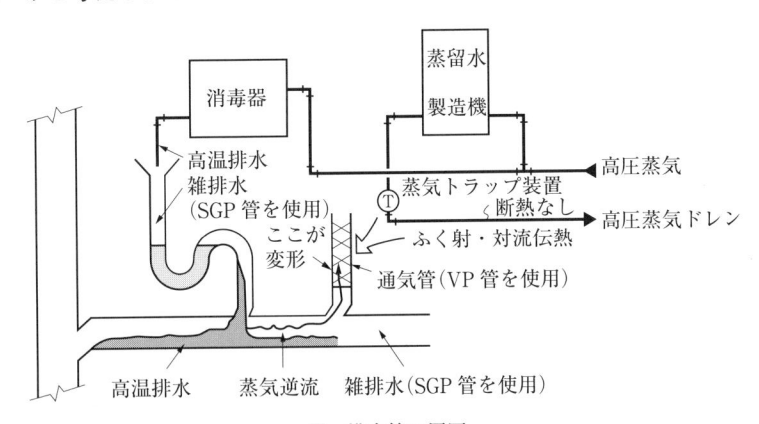

図 排水管の周囲

[対策]

排水通気管に使用していたVP管を配管用炭素鋼鋼管（SGP管）に材質変更した．

[教訓]

当初から高温排水があることは予想していたので，排水管はSGP管で施工したが，通気管まで熱で変形するとは考えなかった．

通気管にVP管を使用する場合は，高温排水管との接続や，蒸気配管の近くでは注意が必要である．

065 排水塩ビ管(VP管)は熱湯が嫌いです
―厨房排水は熱湯が流入することもある―

状況

ある事務所ビルで，年末年始の休暇明けに，厨房排水に使用している硬質ポリ塩化ビニル管(VP管)の100 Aメイン管と分岐管とを接続する継手部分が熱湯で破損し(写真参照)，水漏れとなった．

写真 破損した継手(厨房の床下)

厨房床上配管で，排水メイン管(VP管約6m)と分岐管(HTVP管)を接続する継手部分が破損．
対策前：VP＋DV継手
対策後：タールエポキシ鋼管＋MD継手(高温対応パッキン)

排水用塩化ビニルライニング鋼管(D-VA管)100 A

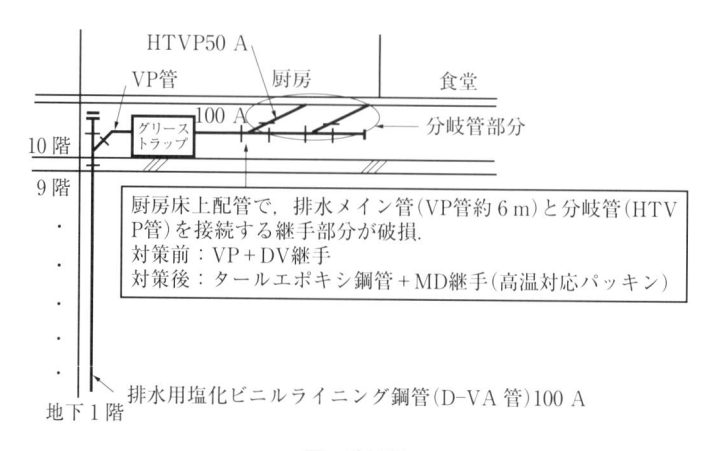

図 系統図

[原因]
休暇で長期間厨房を使用せず，冷えていた排水管に，ゆで麺機の熱い排水が流れたところ，急激な温度変化に配管継手が耐えきれず破損した．

図のように，排水メイン管はVP管，分岐管は水道用耐熱性硬質ポリ塩化ビニル管（HTVP管）であった．

[対 策]
高温排水が流れ込む部分の排水メイン管を鋼管に変更した（図の管端からグリーストラップ*まで）．

　対策前：VP管＋排水用硬質ポリ塩化ビニル管継手（DV継手）

　対策後：タールエポキシ塗装鋼管＋排水用タールエポキシ塗装鋼管継手（MD継手*）（高温対応パッキン）

[教 訓]
排水管にVP管を採用することがあるが，このようなトラブルが発生することもある．

塩ビ管は腐食に強く施工性にすぐれているが，熱には弱い．線膨張係数が鋼管の約6倍であり，熱で伸縮しやすく，急激な温度変化があれば破損することもある．

塩ビ管を採用する場合，設置場所，使用状況や管内流体に注意する．

塩ビ管の破損変形事例として，以下の例がある．

① 排水鋼管に接続したVP通気管が，排水管から逆流した高温排水と，天井内の近くに設置された蒸気管の熱の影響で変形した．

② 給湯配管（HTVP管）が，給湯ボイラの運転・停止にともなう伸縮の繰り返しで，エルボ部分の継手に応力集中がかかり，亀裂が生じて破損した．

③ 配管が現場へ納品されて保管中に日光を浴びて劣化したため，配管後ポンプ圧力がかかったところ破損した．

(注)　タールエポキシ塗装鋼管は，JIS K 5664 タールエポキシ樹脂塗料廃止（2009年4月）にともない，現状製品はノンタールエポキシ塗装鋼管である．

【用語解説】*グリーストラップ：厨房などの排水中に含まれる油分（グリース）の阻集器．
　　　　　* MD継手：排水用硬質塩化ビニルライニング鋼管継手（排水用タールエポキシ塗装鋼管継手）．

066 継手が抜けて水浸し！
―塩ビ管の差込不足による漏水―

状況

竣工後約2年半のある邸宅で，1階台所の流し台下で漏水が発生．1階および地下室に浸水し，地下室に保管してあった着物などの高級品が濡れてしまった．

原因

流し台下の水道用耐衝撃性硬質ポリ塩化ビニル管（HIVP管）の継手部が外れ，漏水していた（図(a)参照）．おもな原因は，

① 差込み部分が約10 mmで，差込み不良であった（図(b)参照）．

また付帯原因とし，

② 継手部に配管支持がなかった．

③ 給水供給圧力が，通常(0.2～0.3 MPa)より高めの0.35 MPa，レバー式水栓の開閉によるウォータハンマ*の影響もあった．

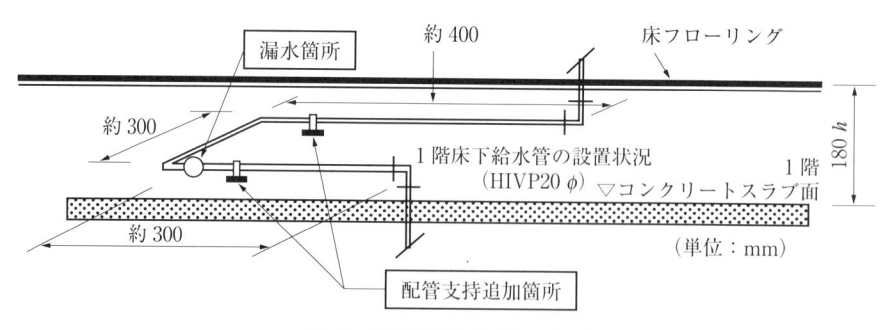

図(a) 漏水箇所と支持追加箇所

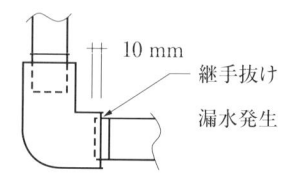

図(b) 漏水箇所拡大図

対 策

対策工事として下記のことを施した．

① 塩ビ管の差込みを，受口長さが 20 mm 程度となるように施工し，水圧 0.5 MPa で 30 分放置し，圧力が下がらないことを確認した．
② 漏水したエルボ付近に配管支持を 2 箇所追加した（図(a)参照）．
③ ウォータハンマ防止器を給水使用頻度の高い水栓 4 箇所に設置した．

教 訓

配管施工は，施工基準に従って行うこと．

① 塩ビ管の接合における差込み長さは，通常，受口長さ L の 1/3〜2/3 とし（塩化ビニル管・継手協会推奨値），接合後，指定時間保持するなどの塩ビ管施工要領を遵守する．
② 給水圧が 0.3 MPa を超える場合は，塩ビ管ではなく水道用硬質塩化ビニルライニング鋼管（VLP 管）などの使用を検討する．
③ 塩ビ管の支持は 1 m ごとに設置するが，エルボなどで曲がり部が多い場合，要所要所に支持を追加する．
④ 本管直結給水方式でも，ウォータハンマのおそれのある水栓のまわりには，ウォータハンマ防止器を取付ける．

【用語解説】＊ウォータハンマ：水の流動圧力によって生じる衝撃音や振動．

067 冷媒回路の溶接の基本
―冷媒用銅管の溶接には窒素ガスを忘れずに―

状況

竣工後約6か月で,空冷ヒートポンプパッケージ型空調機の冷房能力がダウンするという現象が発生した.調査の結果,冷媒循環量が不足しているのではないかと思われた.

原因

冷媒配管のストレーナ*を調べたところ,目詰まりしていた.詰まり物は酸化した銅の破片である.施工者の話ではロー付け時には管内部の酸化を防ぐために窒素ガスの流入を十分行っていたという.しかし,ロー付け完了後すぐに窒素ガスを止めたことなどによって,その余熱で銅の酸化が進行したと思われる.

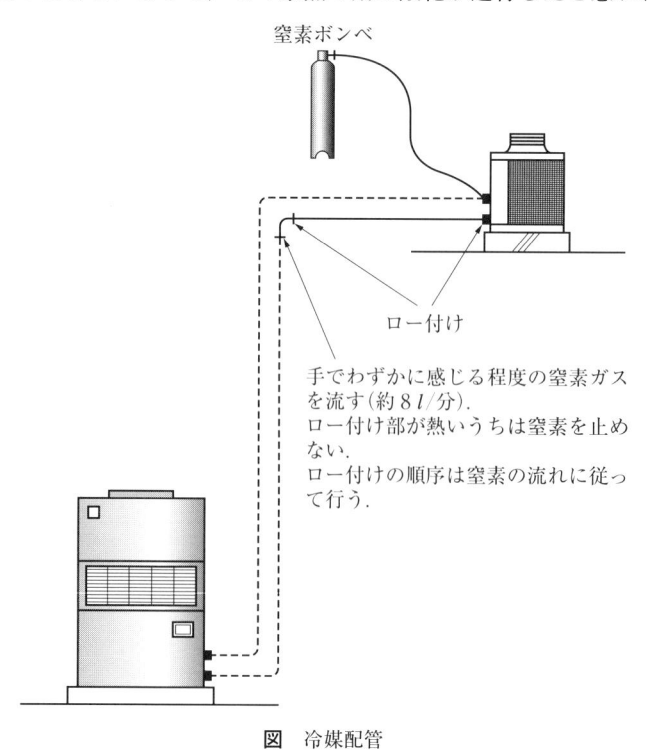

手でわずかに感じる程度の窒素ガスを流す(約8 l/分).
ロー付け部が熱いうちは窒素を止めない.
ロー付けの順序は窒素の流れに従って行う.

図 冷媒配管

冷媒回路の溶接の基本　113

対策

冷媒配管の溶接によく使用されるリン銅ローは溶剤が不要であり，後処理が簡単にすむという利点があるが，管内部の酸化防止として，とくに次のことに注意しなければならない（図参照）．

① 手でわずかに感じる程度の窒素ガスを流しておき，内部に空気がない状態にしておく．

② 中性炎，または還元炎（酸素を絞り，炎を長くする）となるように炎を調整し，ロー付け時の酸化を防止する．

③ ロー付け後も溶接部が冷却される（ロー付け部が完全に黒くなる）まで窒素ガスを流し続ける．

なお，エルボ，チーズなどの溶接の場合，ただちにウェスで管内を拭きとることができ，目視で点検可能な状態なら窒素ガスの流入は不要である．

また，ロー付け作業の最後の部分に取り掛かるまえに，一度窒素ガスを高圧力で吹かして管内部をきれいにしておくことも必要である．

教訓

冷媒配管の溶接には，窒素ガスによる酸化防止方法と酸化防止剤スプレーによる方法とがある．いずれにしろ酸化防止処置を施す．

【用語解説】＊ストレーナ：こし器．管内などを流動している流体に含む異物を除去する装置．

068 電動二方弁は漏れるもの．Oリングには寿命がある
― ファンコイルユニット冷温水配管から漏水 ―

状況

ある学校で，教室に設置したファンコイルユニットの多数台で，冷温水配管から漏水する事故があった．

床置きファンコイルユニット還管の二方弁まわりに，配管断熱材の含水・外形の変化およびシリカ成分の析出が見られた．

断熱材を取り外して通水したところ，配管・継手および二方弁からの目に見える漏水はなく，配管外面で一部錆こぶが激しく発生して外形変化していたが，内面は錆の少ない状態であった．

原因

この現場では，竣工後9年経過してから漏水のため頻繁に各所の二方弁を取り替えている．

電動二方弁（ボール弁）の弁棒のシールに使われているOリングが経年劣化し，シャフト部分（弁棒とOリングの隙間）から水分が浸み出したと考えられる（写真

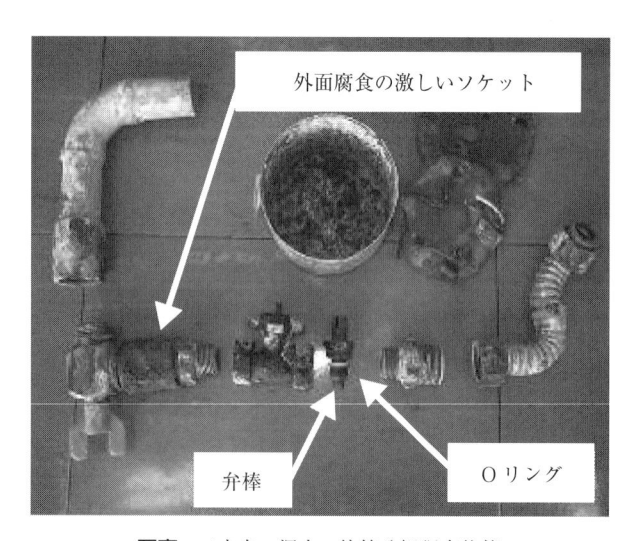

写真 二方弁の漏水，抜管分解調査状態

参照).

断熱材が湿潤状態になり，二方弁やファンコイルバルブ（銅合金）より電位的に卑なソケットやエルボ(鉄)が外面で激しく腐食していた．

Oリングの材質はフッ素ゴム（略称：FPM，商品名：バイトン）で，耐熱性にすぐれているため温水系統に一般に使われている（使用範囲0～70℃，温水55℃）．

[対 策]

電動二方弁のシール構造はグランドパッキンとOリング方式で，小型電動二方弁はほとんどOリング方式を採用．摺動部を摩耗しにくい材料でシールしているが，経年劣化で漏水する可能性がある．一般に，グランドパッキンやOリングの推奨交換周期は5年，寿命は弁本体が12年，電動操作部が10年といわれている．

メーカーは，漏水点検を「3か月間隔」とか「できるだけ短く」と表現している．今回漏水した二方弁では目視できるほどの水は出ていなかった．点検にあたっては二方弁まわりの異常チェックも必要である．

シャフトシールにOリングが2本入った二方弁に順次取り替える計画である．

[教 訓]

二方弁は，Oリングの経年劣化で漏れる可能性がある．断熱の仕方などメンテナンスが確実に行える施工を行うこと．

二方弁取付け位置にドレンパンを設ける方法もある．ドレンパンの「詰まり」を考慮すること．Oリング2本の二方弁を採用すれば，水漏れの可能性は小さくなる．

メンテナンスについて，客先引き渡し時に取扱説明書で確実に説明する．

069

電動ボール弁は締切時でも漏れる
—小部屋の自動制御に使用する場合は要注意—

状況

動物飼育用の小部屋を，風量 1200, 2200, 3300 m^3/h のオールフレッシュコンパクトエアハンで空調している．条件は，夏 $26±1℃$・湿度 $50±10\%$，冬 $22±1℃$・湿度 $40±10\%$ で，加湿として気化式加湿器を使っているが，湿度が条件よりオーバーしてしまった．

原因

気化式加湿器は，電磁弁（ファンインターロック）と電動ボール弁（空調機出口湿度で比例制御，ファンインターロック）で給水量を増減していた（図(a)参照）．

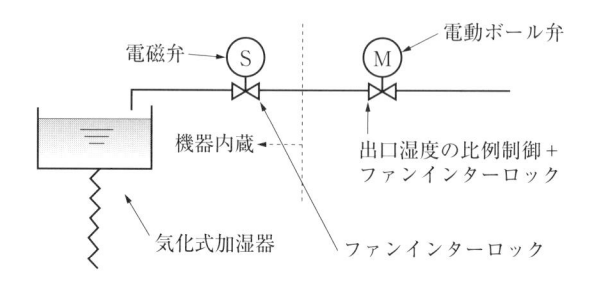

図(a) 当初の気化式加湿器の制御の概略

湿度センサの指令で，電動ボール弁が閉となっているのに，湿度が増加してしまっていた．

電動ボール弁はどのメーカーでも，製品の許容範囲内で締切時に毎秒数滴リー

表 電動ボール弁のリーク量（山武 VY6100 A～D の場合）
水圧 294 kPa にて（工場出荷時）

口　径	全閉時弁座漏洩量
15～25 A	0.5 cm^3/min 以下
32, 40 A	1.0 cm^3/min 以下
50 A	2.0 cm^3/min 以下

クする(表参照).

[対 策]

　電磁弁の制御としてファンインターロックに加え，湿度指示計の出力信号インターロック*を併設した(図(b)参照). 加湿不要の信号時電磁弁を閉止する回路に変更し，計装用ローカル盤内で制御線の増設を行ったため，コストは少なくてすんだ．

```
ファンON→ (S) OPEN                    (S) CLOSE
         ⊠                  改修後    ⊠         →リークなし
                    ⟹ ファンON→加湿不要→           湿度制御良好
加湿不要  (M) CLOSE→リーク              (M) CLOSE
         ⊠
         加湿オーバー
```

図(b)　対　策

[教 訓]

　電動ボール弁は許容範囲内でリークし，また制御性もあまりよくない．小部屋など，温湿度が変化しやすい場所に採用する場合はとくに注意し，上記のような制御とする．

【用語解説】＊インターロック：誤動作，異常動作を防止するための制御回路防止システム．

070 水槽に水が張れない
―防水層の貫通に問題あり―

状況
ある事務所ビルの水槽に水を張ったところ，下階の室が漏水するという事故が発生した．給排水配管の水漏れではないらしい．また，コンクリート躯体などにクラックが入っているのでもない．

原因
施工図を見てその原因がわかった．水槽への給水配管は図(a)のような施工がしてある．これでは当然漏水する．防水層が配管の貫通によって破られている．

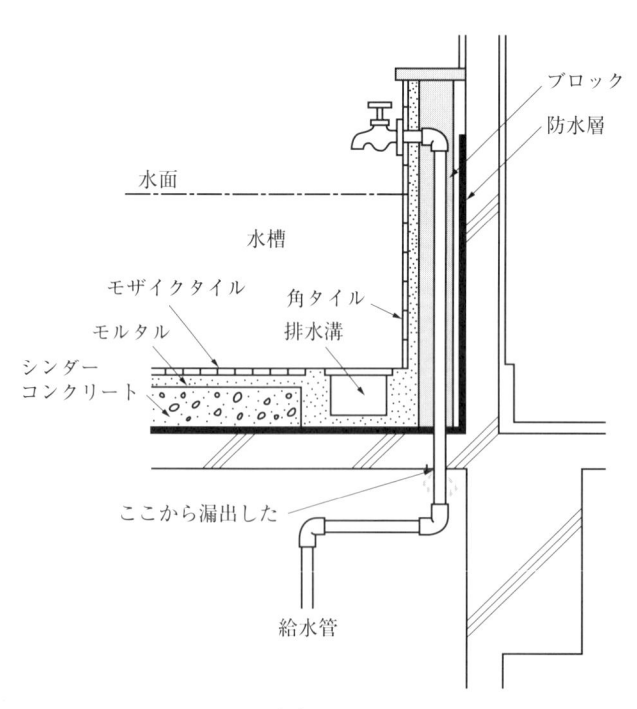

図(a) 対策前

[対　策]

この事例では，図(b)のように施工しなおした．

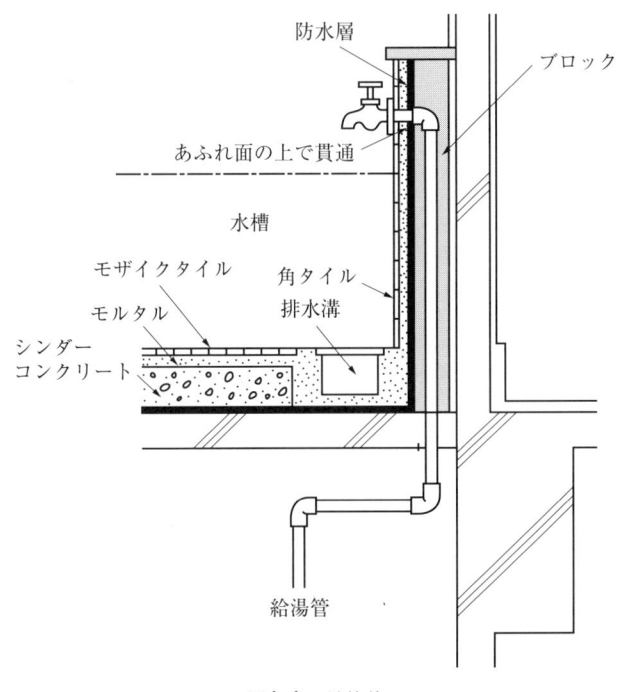

図(b) 対策後

[教　訓]

防水層の外から配管を立ち上げ，水槽のあふれ面（通常の水面ではない）より上部で配管を貫通させればこのような事故は発生しなかった．水槽などの貫通はそのあふれ面より下部で防水層を破ってはいけない．

やむをえず，下部で貫通する場合はツバ付き鉄管スリーブを使い，入念な防水処理を施すこと．

※この事例は菱和技報1970年の報告であり，現在はこのような施工方法は考えられないが，防水層の貫通事例の教訓として記載した．

071 玄関前で汚水が飛散
―キャップのふたが疲労破壊―

状況
竣工後8か月の事務所ビル正面玄関前植込みで，埋設汚水配管の掃除用キャップが破損し，汚水が周囲に飛散した．なお，キャップは配管に糊付けしてあった(図(a)参照)．

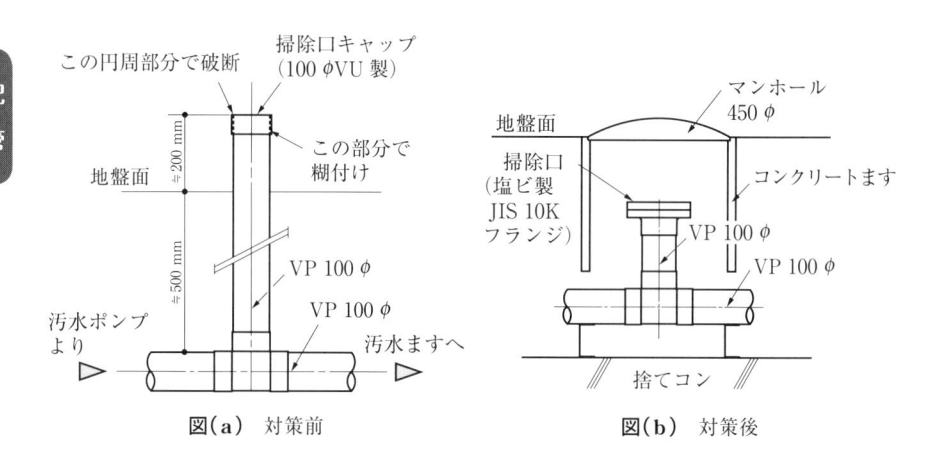

図(a) 対策前

図(b) 対策後

原因
キャップの耐圧力は343 kPa，この部分の汚水ポンプの圧力は49 kPaで，通常は破壊が考えられない．破損したキャップのふたの部分にひび割れ状の亀裂があったことから，なんらかの外部的要因(砕石・工具など)でキャップのふたの部分に亀裂が生じ，ふたの強度が低下し，汚水ポンプの発停の繰り返しで反復応力を受け，最終的にふたの縁の部分が疲労破壊を生じ円形に抜けたと推測される．

対策
掃除口は地盤面下に下げ，ふたは塩ビ製のJIS 10Kフランジに変更し，さらにコンクリートます(ふた450φ)を設置した(図(b)参照)．

教訓
破壊しやすい物を，外的要因を受けやすい場所に置かない．また，圧力のかかる場合，掃除口はキャップタイプを使用せず，フランジタイプを使用する．

072 給水蛇口からお湯が出た！
—給湯ポンプの間違った使い方で，給水栓から湯が出た—

状況
給水水栓から熱湯が出るという事故があった．そのシステムは図(a)に示すものであり，静水頭 h が給湯ポンプの揚程より小さければ，明らかに湯が高置水槽へ循環する．

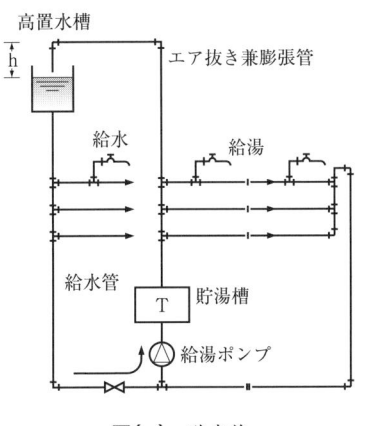

図(a) 改良前

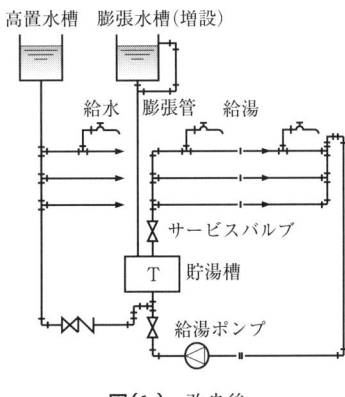

図(b) 改良後

原因
給湯ポンプの使い方に間違いがある．給湯ポンプは給湯管内の湯の熱損失を補うために循環させるだけでよく，給湯負荷とは関係がない．図(a)では給湯ポンプ容量は給湯量より大でなければならない．したがって，当然揚程も大きなものになっているはずで，静水頭 h を超えてしまったものと思われる．

対策
給湯システムは図(b)のようにすること．給湯ポンプは熱損失を補うためだけに使う．また，膨張管は単独で立ち上げ，高置水槽の兼用はさける．

教訓
給湯配管の系統は必ず施工前に確認し，給湯ポンプシステムを十分理解すること．

※この事例は菱和技報1973年の報告であり，現在，このような膨張タンクの兼用はないが，給湯系統の教訓例として記載した．

073 給湯蛇口から牛乳？ が出てきた！
―急激な圧力降下が原因で，給湯栓から白水が出た―

状況
あるゴルフ場のクラブハウスでのトラブル．大浴場の化粧カウンタのシングルレバー混合水栓から白濁水が出た．

原因
調査の結果，白濁の原因は腐食などによるものではなく，気泡が発生していることがわかった．止水栓を絞り，減圧すると，ある絞りからは白濁しないことも確かめられた．

一般に，水は体積比2％くらいの空気が溶け込んでいる．給湯ではこれが60℃くらいまで加熱されており，ちょっとした刺激で分離する．水圧が高く，水栓を絞って使う場合，ここで急激な圧力降下を生じる．この圧力降下で水中の空気が分離し，細かい気泡となって白濁の原因となる．

対策
図のように多数の水栓には，ストレーナ*の目詰まりで水が少ししか出ないものもあり，これに合わせて仕切弁や止水栓は全開になっていた．したがって，全水圧が直に末端の水栓までかかり，水栓での圧力降下が大きくなっていた．そこでストレーナの掃除と主管弁，分岐弁，止水栓などによる圧力調整を行ったことにより白濁は解消した．

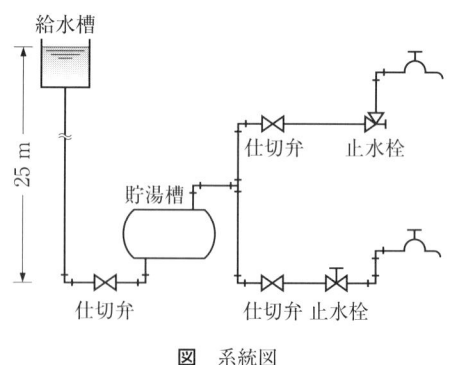

図　系統図

教訓
水栓で急激な圧力降下が起こらないようにバルブ調整を行う．

【用語解説】＊ストレーナ：こし器．管内などを流動している流体に含む異物を除去する装置．

074 あたりまえの話
―立管の最下部には泥が詰まりやすい―

状況
ほかの階は異常がないのに，最下階である地下1階系統の暖房がきかないという現象が生じた．空調機まわりの配管や弁にはとくに問題がなく，この主管からの分岐部分があやしいということになり，図(a)の最下部25Aエルボを外してみた．

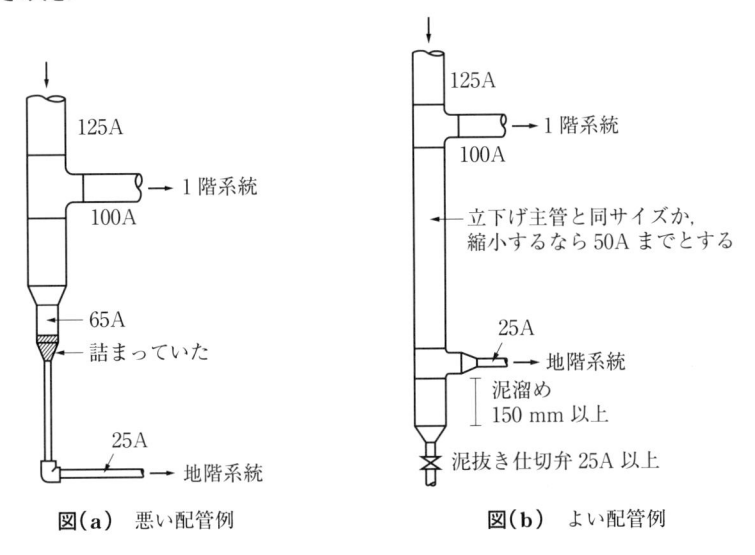

図(a) 悪い配管例（125A → 100A 1階系統 → 65A 詰まっていた → 25A 地階系統）

図(b) よい配管例（125A → 100A 1階系統，立下げ主管と同サイズか，縮小するなら50Aまでとする，25A 地階系統，泥溜め 150 mm 以上，泥抜き仕切弁25A以上）

原因
案の定，25Aへの縮小部分がふさがっており，下から棒でつついてみるとバラバラと詰まり物が出てきた．その内容は配管切りクズ，溶接クズ，ヘルメチック，泥などで，多かれ少なかれ配管内に残ってしまうものばかりであった．

対策
立管最下部はこういったものが溜まりやすく，溜まっても支障のないように施工しなければならない．図(a)のようにあまり小さな管への縮小はやめ，図(b)のようにT分岐とし，泥溜めをつくって排泥の操作ができるよう工夫するとよい．

教訓
配管施工の基本にのっとり配管内部のゴミが取れる配管とする．

075 給湯膨張タンクから湯けむり
―混合水栓から水が逆流して，天井からポタリ―

［状況］

ある日，天井から水がポタリと落ちてきた．天井面にはシミが付いている．とりあえず天井裏をのぞいてびっくり．スラブ面に結露水がびっしり付いていてしかも湿気でムンムンしていた．

［原因］

その室の隣室は，図のようにシャフト上部になっていて，給湯用膨張タンクが置いてあったが，そのタンクから蒸気が漏れて，スリーブ孔から天井裏へと侵入していた．

それにしても膨張タンクが手を入れられないほど熱くなるのはおかしいといろいろ調べてみたら，膨張管から湯が逆流している．

給水と給湯の温度差から生じる自然循環だろうかと疑ってみたがこれは問題ない．

ボイラを止めても，給湯ポンプを止めても，補給水バルブを締めても湯戻りは止まらない．さては給水圧が給湯系へリークしているのではないかと全部の混合水栓を分解，調査した結果，ある混合水栓の逆流防止弁シートが破れていることがわかった．

［対策］

混合水栓の逆流防止弁シートの交換を行った．

［教訓］

逆流防止弁の破損がなければこの事故は発生しなかった．しかし，こういった小さな可動部分をもつものはあまり過信してはいけない．いつかは破損・摩耗するものである．基本的には給水と給湯の静水頭をそろえるべきである．

また，それができない場合でも，万一の事故の影響を最小限におさえる対策を講じておくのも必要である．

配管

給湯膨張タンクから湯けむり　　**125**

膨張タンク

補給水管

高架水槽

ポタリ

膨張管
E

給水管

混合水栓

給湯ポンプ　給湯ボイラ

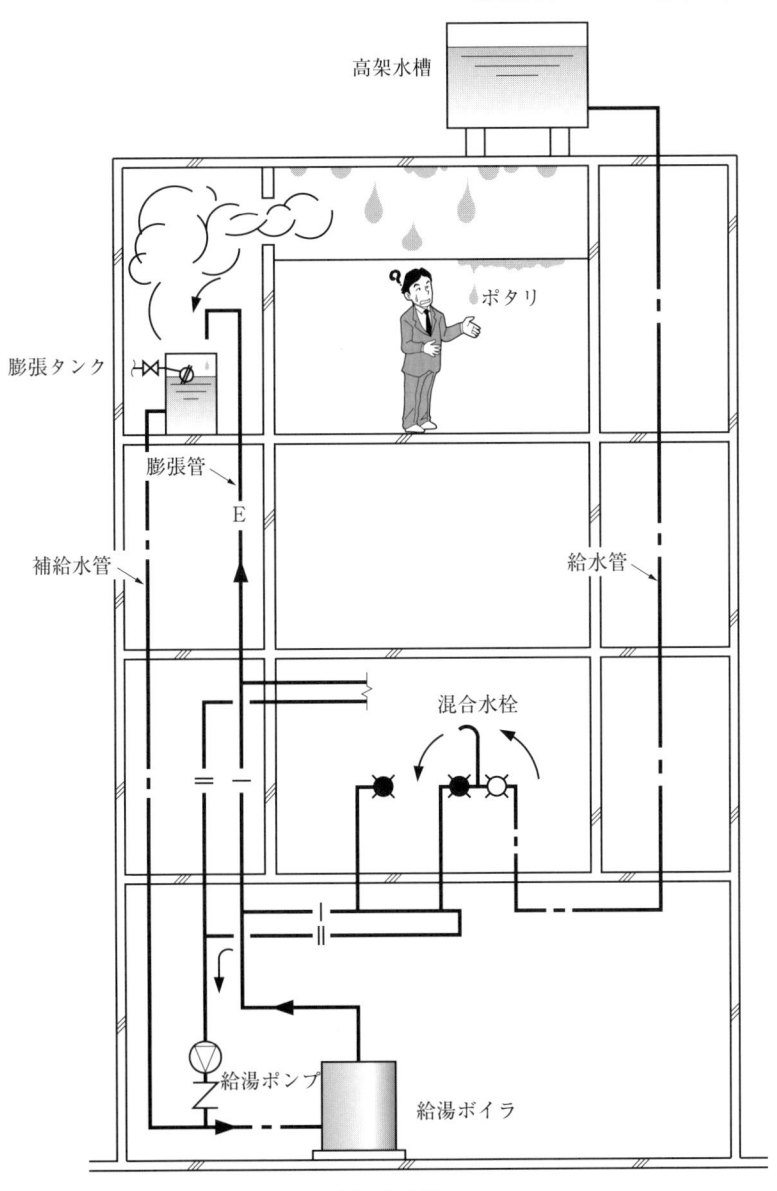

図　系統図

配管

076

給湯蛇口から空気が噴出！
―給水管での圧力損失で，給湯栓から湯が出ない―

状況

あるサウナの給湯設備で，ピーク負荷時に湯が出なくなり水栓から空気が吹き出すというトラブルがあった．低負荷時にはなんの異常もない．したがって，負荷が予想以上に大きいのではないか，という推測を立てて調査した．そのシステムは図(a)に示すものである．

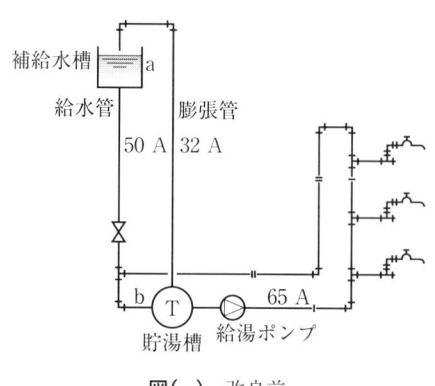

図(a) 改良前

原因

あきらかに設計値以上の負荷がかかっていた．逆算すると，用途がサウナであり，ホテルなどの負荷に比べてほぼ倍近い同時使用率であった．

また，図(a)のa-b間の距離が静水頭に対して非常に長く，口径も給湯管より小さくなっており，大きな圧力降下の原因となった．

さらに，給湯ポンプの能力が少々過大であった．これらの要素が影響しあって貯湯槽の圧力が低下し，膨張管から空気を吸い込んだのではないかと推測できる．

対策

給湯設備は暖房設備とは根本的に違う．暖房設備の膨張管が保有水の膨張による体積変化を外部へ逃すものであるのに対して，給湯設備の給水管は，使用した湯に等しい分の水を補給する機能が必要である．そのため，その口径は給湯負荷から決めなければならない(図(b)参照)．

給湯蛇口から空気が噴出！ **127**

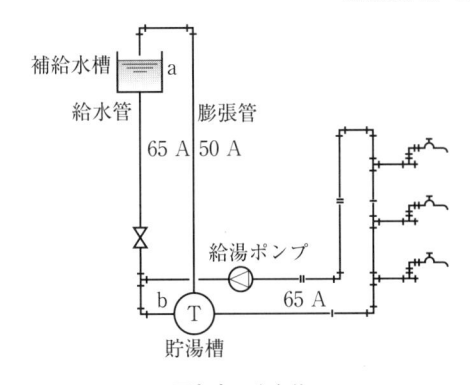

```
補給水槽
給水管  膨張管
65 A   50 A
          給湯ポンプ
    b          65 A
       貯湯槽
```

図(b)　改良後

　給湯ポンプは給湯配管からの熱損失量で決定する．給湯還管も熱損失分の水量で決定すればよい．

　また，ポンプの取付け位置も還管にすべきで，この場合の水栓やシャワーにかかる圧力は，静水頭から管内圧力降下を引いた分から，さらにポンプによる圧力降下をも差し引いて決定しなければならない．

[教　訓]

　給湯の負荷計算時の同時使用率は，十分検討して決めること．

077

給水配管から温水が！
―埋設給湯管で加熱されて，給水のはずが給湯に―

状況

埋設給水配管設備で，冷たいはずの給水栓から 35 ℃ に近い「湯」が出るというトラブルが発生した．配管の接続ミスではない．

原因

この設備は施工からかなりの年月を経ており，中央プラントから建物までの間を直埋で配管されていた．概略は図のようなものでその距離約 500 m である．

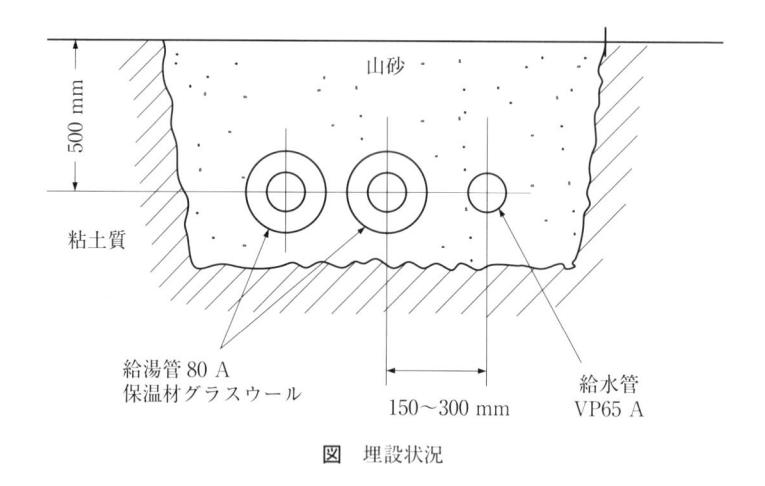

図　埋設状況

もともと粘土質の地盤であり，根切り後の埋戻しには山砂を使ったが，そのために埋設部分がピットのようになり，雨水の水みちができた．土壌中の水分が多いと熱伝導がよく，また，給湯管の保温材にグラスウールを使っていたため水を吸い，保温効果が阻害されて給湯管から給水管へ熱が伝わり給水の温度が上昇したと考えられる．

[対策]
　給水管の布設替えを行い，1m以上離すことで対処したが，根本的には給湯管は埋設せずにトレンチ内施工とし，保温材は吸水性のない材質を使用すること．

[教訓]
　現在は，蒸気，給湯配管の直埋設は勧められず，ほとんど行われていない．
　断熱配管の埋設施工は，断熱材への水の浸入で断熱効果の減少と土中への放熱をきたす．
　断熱配管を地中に布設する場合は，トレンチ内配管とするか，吸水性のない断熱材を使用し，外装を保護管で被覆した二重管を採用する．
　古い施工でトラブルが発生した例であるが，トレンチや二重管の必要性を示す教訓となる事例である．

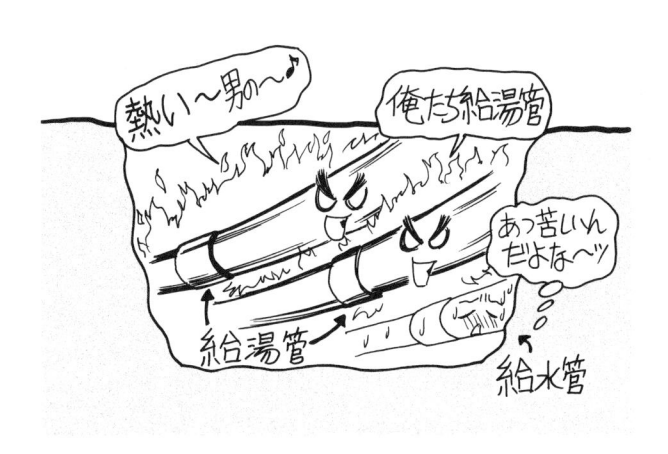

※この事例は菱和技報1970年の報告であり，現在，このような施工はないが，高温配管近くに他の配管を施工する事例教訓として記載した．

078

休日の地下で何かが起こる!?
―安全装置は万全に―

状況

ある朝,「地下の機械室が浸水した！ すぐ来てくれ」と緊急コール.1,2階がスーパーマーケット,3〜7階がマンションという建物で,スーパーの支配人から連絡が入った.
現地に駆け付けると10×10 mの機械室に水が60 cmほど溜まっており,ポンプ5台,パッケージ型空調機,操作盤などが浸水して運転不能となっていた.

原因

機械室内の50 m³受水槽のボールタップ調節弁がスケールの詰まりで動作不良となり,市水が止まらず,オーバーフロー管からあふれていた.湧水槽の0.4 kW湧水ポンプではとても排出できず,浸水事故となっていた(図参照).

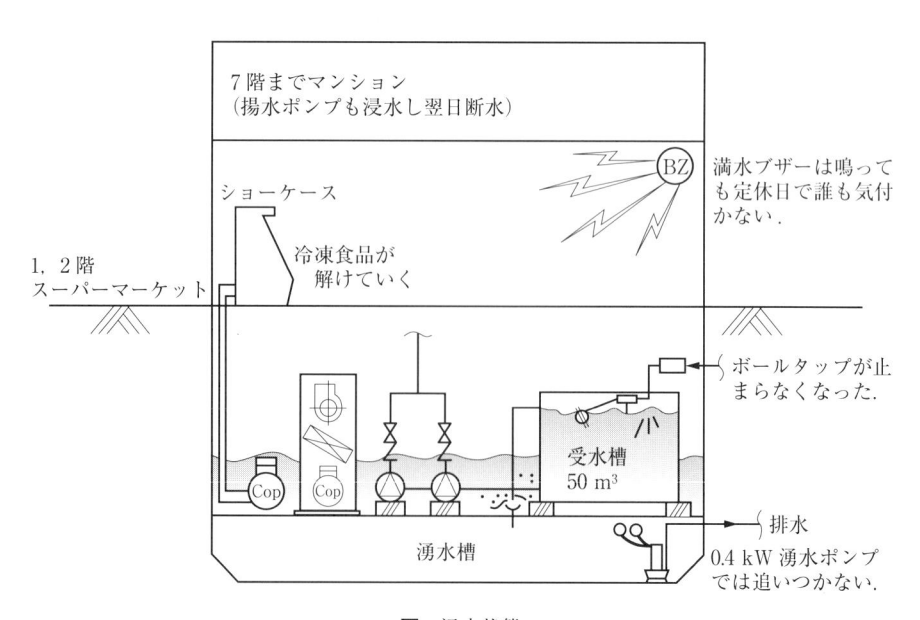

図 浸水状態

また，その日が定休日で警報に誰も気付かなかったのも，被害を大きくした原因の一つであった．

[対策]
ボールタップの修理を行うとともに，警報をマンションの管理人室でも受けられるように改修した．

[教訓]
警報はマンション管理人室と，警備保障会社の回線に載せるなど，休日でも人のいる所に知らせる必要がある．

また，警報に加えての安全対策として，受水槽満水時に揚水ポンプが強制起動するよう盤改造をする方法もある（屋上溢水なら事故にはならない）．

今回の浸水でかかった修理復旧費，解けた冷凍食品類の売上減分を含めると，かなりの損害であった．このような損失をさけるため，安全対策は万全に行おう！

079 大きいからよいとはかぎらない
―過大流量は水漏れの原因―

状況
竣工後8年の宿泊・研究所の建物で，「天井から水が漏れている」との連絡があり，駆け付けて確認すると，給湯還管から水漏れを起こしていた．

原因
漏水箇所をサンプル取出しして内部を洗浄したところ，継手の先で銅管の内面が多数えぐられピンホールが発生していた．また，漏水箇所以外でもサンプル取りをすると同様の状態だった．

設計上の仕様では循環ポンプの出力は0.8 kWであったが，実際には1.5 kWのポンプが付いていた(図参照)．

図 系統図

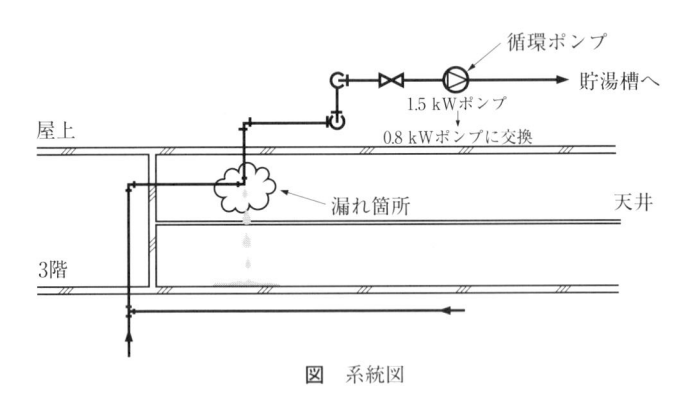

ポンプ手前の直管の流速は平均1.5 m/s以上であった．循環ポンプの容量が大きかったため流速が速くなり，エルボ前後では乱流となり潰食(エロージョン)が起こっていたと推定される(銅管の水速は1.2 m/s以下が目安)．

対策
ポンプを仕様どおりのものに交換し，屋上まわりの配管継手部分を交換した．

教訓
大は小を兼ねない．施工段階で十分水速を確認すること．

080 柔軟性にも限度があります
― 塩ビ配管にも伸縮処置を ―

状況
竣工後まだ1年しか経過していない給湯配管から漏水が発生した．

原因
給湯ボイラの運転・休止にともない，給湯配管に使用していた耐熱性硬質ポリ塩化ビニル管（HTVP管）が伸縮を繰り返し，その結果，エルボ継手部分に応力集中がかかり，亀裂が生じて漏水に至った．

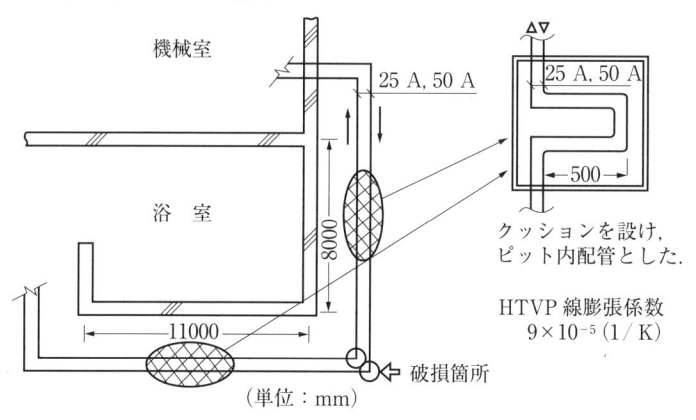

図 給湯配管

（HTVP 線膨張係数 9×10^{-5} (1/K)）

対策
図の▒印部分にピットを設けて，クッション配管*を設置し，膨張時の力を吸収するように変更した．

教訓
塩ビ系の材料は線膨張係数が鋼管の6～8倍にもなる．とくにHTVP管を使用する場合は，管の伸縮に注意が必要である．

また，このような柔軟性のある材質の場合でも，1箇所に応力が集中しないように施工時に検討して，対策が必要である．

【用語解説】＊クッション配管：配管の伸縮を吸収する配管施工方法の一種．

081 ブラインが腐った？
―オーバーフロー配管の施工に注意―

状況
竣工後1年目のある現場の恒温恒湿室で，冷水（ブライン）配管のストレーナ*が詰まってしまい，ブライン循環量が減少して部屋の湿度が下がらないというトラブルが発生した．

原因
ストレーナを分解してみると，バクテリアのようなものが詰っており，ブラインの濃度を測定したところ10％程度しかなく，かなり薄い状態であった．ブラインは35％以下の濃度でバクテリアが発生しやすい．

さらに調査をしたところ，ブラインタンクのオーバーフロー管が図(a)のように配管してあり，近くに蒸気ドレン管があった．

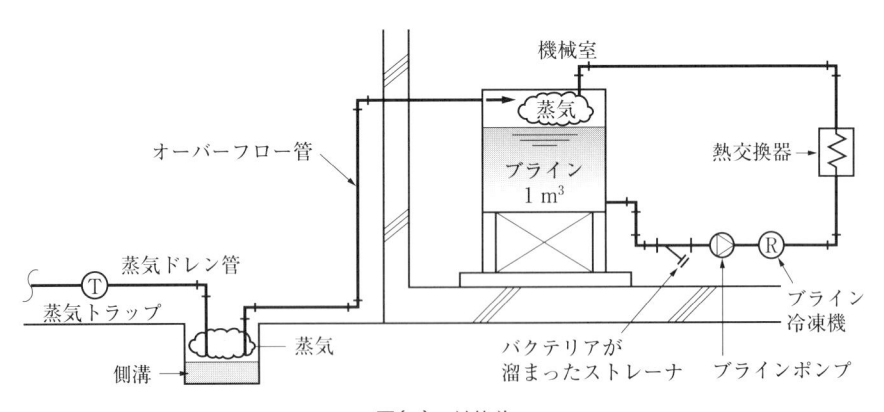

図(a) 対策前

蒸気がオーバーフロー管を通ってタンク内に入り込んだため，ブライン濃度が徐々に薄くなり，その結果，バクテリアが繁殖した．

対策
図(b)のように，オーバーフロー管を蒸気ドレン管から遠ざけ，配管途中にチャッキ弁を取付けた．

ブラインが腐った？ **135**

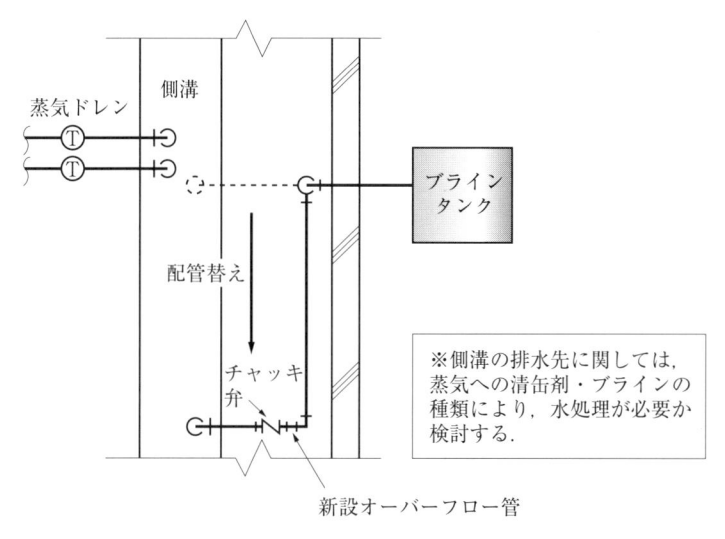

```
蒸気ドレン    側溝
  ─T─┤      ├─
  ─T─┤      ├─     ┌──────┐
        ┆          │ブライン│
        ┆          │ タンク │
        ↓          └──────┘
      配管替え

                  ※側溝の排水先に関しては，
     チャッキ        蒸気への清缶剤・ブラインの
       弁          種類により，水処理が必要か
     ─┤ ├─       検討する．
         └─ 新設オーバーフロー管
```

図(b) 対策後

教訓

　自動補給用ボールタップは，ブライン濃度の低下が把握できないため取付けていない．基本に返れば，定期的なブライン濃度の測定が当然必要である．

【用語解説】＊ストレーナ：こし器．管内などを流動している流体に含む異物を除去する装置．

> コラム

「たかがドレン管」のお話し
―ドレン配管の失敗あれこれ―

ドレン配管のトラブルをまとめてみると！

(1) ファンコイルユニットのドレンがあふれて絨毯張り替え

立ち上げ位置のずれたドレン配管に対して，無理な形でビニルホースを接続した．その結果，ホースがつぶれてドレンパンからドレンがあふれた．

(2) 同じくドレンがあふれて天井張り替え

天吊ファンコイルユニットの二つあるドレン接続口のうち，もう一つの栓が緩み，ドレンがあふれた．また，吊支持の水平不良でドレンパンから水が漏れた．

(3) 逆勾配でドレンが流れない

パッケージ型空調機のドレン排水管で貫通口の位置が悪く，図(3)のA-B間が逆勾配になっており，B部が下部ドレンよりも高い位置にあった．したがって，上部ドレンが下部ドレンに流れ込み，オーバーフローした．

(4) ドレン管から雨水が噴出

既設建物にパッケージ型空調機を据えつけた．ドレンを排水する所がなかったが，たまたま近くに排水管があったのでこれを切り取り，ドレン管を間接接続した．数日後の雨天時に排水管から水が吹き出し，床から天井まで水浸しになった．よく調べてみたら既設排水管は雨水排水管であることがわかった（法律違反！）．

(5) ドレン排水が地下二重壁から室内へ漏水

地階のドレン排水槽主管が二重壁のなかに放流してあった．たまたま，二重壁湧水溝と下部湧水ピットとをつなぐ排水口が，ゴミなどで詰まり，そのためドレン水が二重壁内に溜まってブロックのクラックから室内へ漏水した．

(6) トラップがないので排水できない

空調機のドレン排水にトラップをつけてなかった．当然空気の吸い込みが激しく，機内が負圧となりドレンの流出が阻害された．ドレンパンから水が漏れて，あたり一面水浸しとなった．

以上，ドレン配管にまつわる代表的な事例である「たかがドレン配管」などとあなどりは禁物．

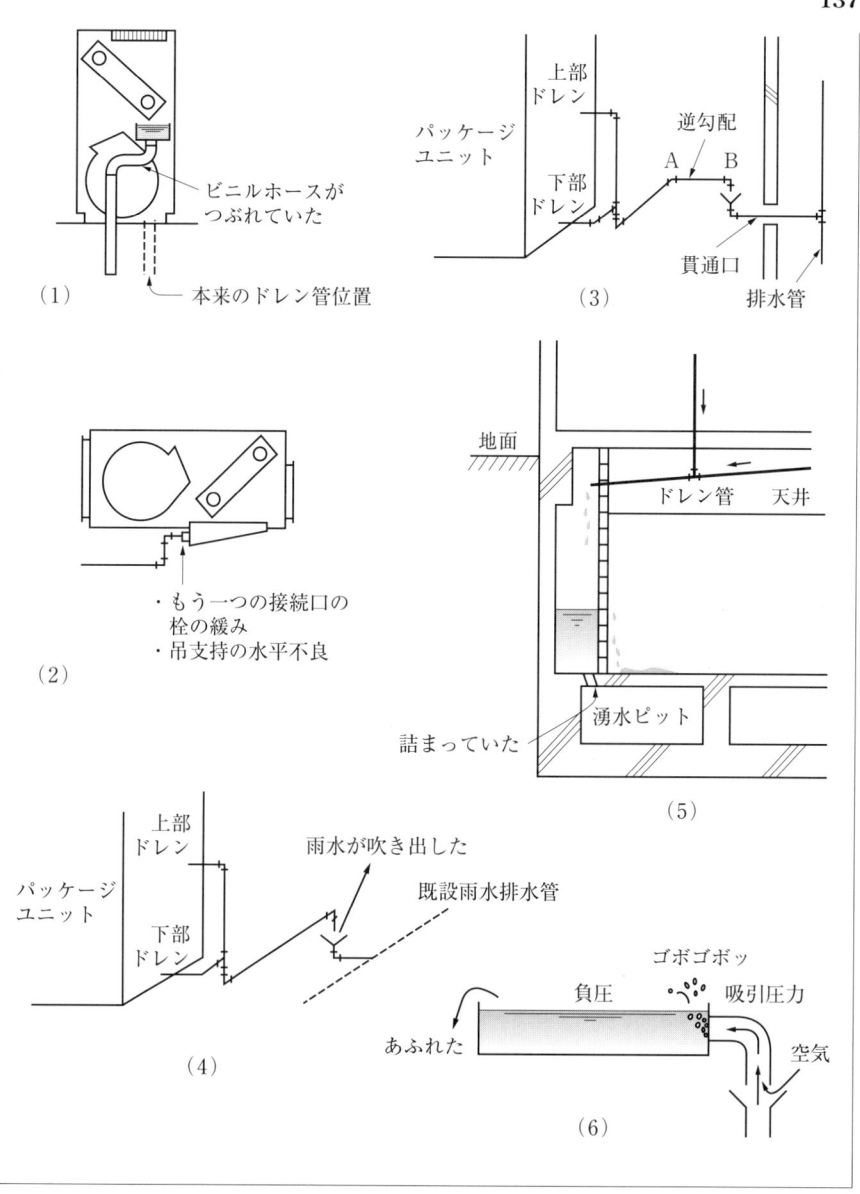

(1) ビニルホースがつぶれていた / 本来のドレン管位置

(2) ・もう一つの接続口の栓の緩み ・吊支持の水平不良

(3) パッケージユニット / 上部ドレン / 下部ドレン / 逆勾配 / A B / 貫通口 / 排水管

(4) パッケージユニット / 上部ドレン / 下部ドレン / 雨水が吹き出した / 既設雨水排水管

(5) 地面 / ドレン管 / 天井 / 湧水ピット / 詰まっていた

(6) あふれた / 負圧 / ゴボゴボッ / 吸引圧力 / 空気

配管

F. 腐食

082 ボイラ2年しかもたないの？
― 低温腐食で2年ごとにボイラが水漏れ ―

状況

A社とB料理店の事例．温水ボイラの取り替えの依頼を受け，調査の結果，2例とも鋼板製ボイラの缶体が腐食して水漏れを起こしていた．いずれも2年前にも取り替えており，今回は3回目の更新であった．

原因

A社男子寮給湯の場合，埋設配管の給湯還管が途中で水漏れしたため，還管を締切り往管のみで使用していた．このため，低温の給水が直接ボイラに入っていた．

B料理店の場合，350 kWの暖房・給湯兼用ボイラ出口側に2 m³のストレージタンク*を設置して熱交換器を経由せず，直接給湯していた．

給水を直接ボイラに入れていたため，給湯使用時には大量の水が入り缶壁を冷やしていた．

A，Bいずれのケースも，腐食の原因は低温の給水のために燃焼ガス側に結露を生じる典型的な低温腐食であった(図(a)参照)．

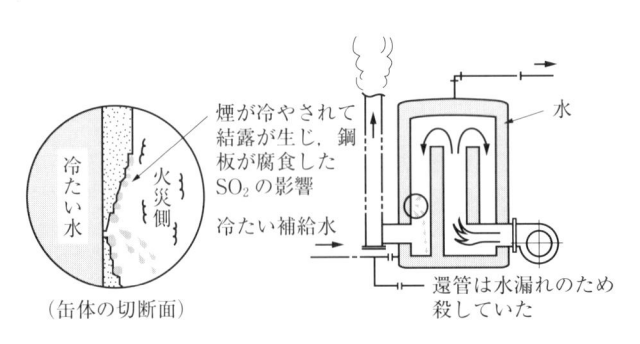

図(a) ボイラの状況

対策

A社の例では，循環ポンプを取付け，補給水入口へバイパスをとった(図(b)参照)．B料理店の例では，補給水をストレージタンクに接続し，かつ，循環ポ

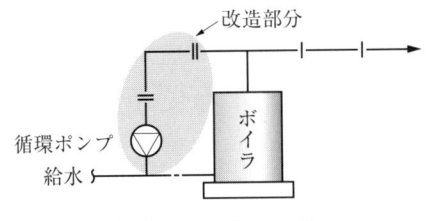

図(b) A例の解決策

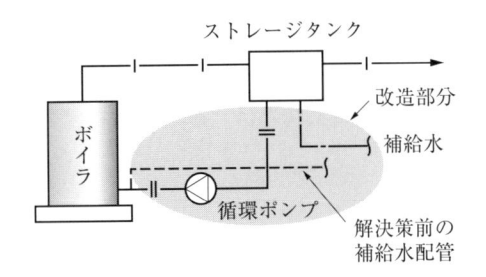

図(c) B例の解決策

ンプを取付けた(図(c)参照).その後,順調に運転されている.

[教訓]
ボイラへの給水は,低温とならないような給水方式を施す.

【用語解説】＊ストレージタンク：物体を保有する槽(貯湯槽・貯油槽など).

083 小さな短管の材質にも気を使ってね！
―圧力計取付用のSGP短管が腐食―

状況
竣工後1年のある研修センターの貯湯槽で，漏水事故が発生した．漏れた温水が噴き出して動力制御盤にかかり，動力盤の機能が一時停止し，給湯回路が止まった（漏水した貯湯槽と動力盤とは，6～7mの距離）．

原因
貯湯槽本体に設置した圧力計取付用の配管用炭素鋼鋼管(SGP)短管が腐食し，漏水した．

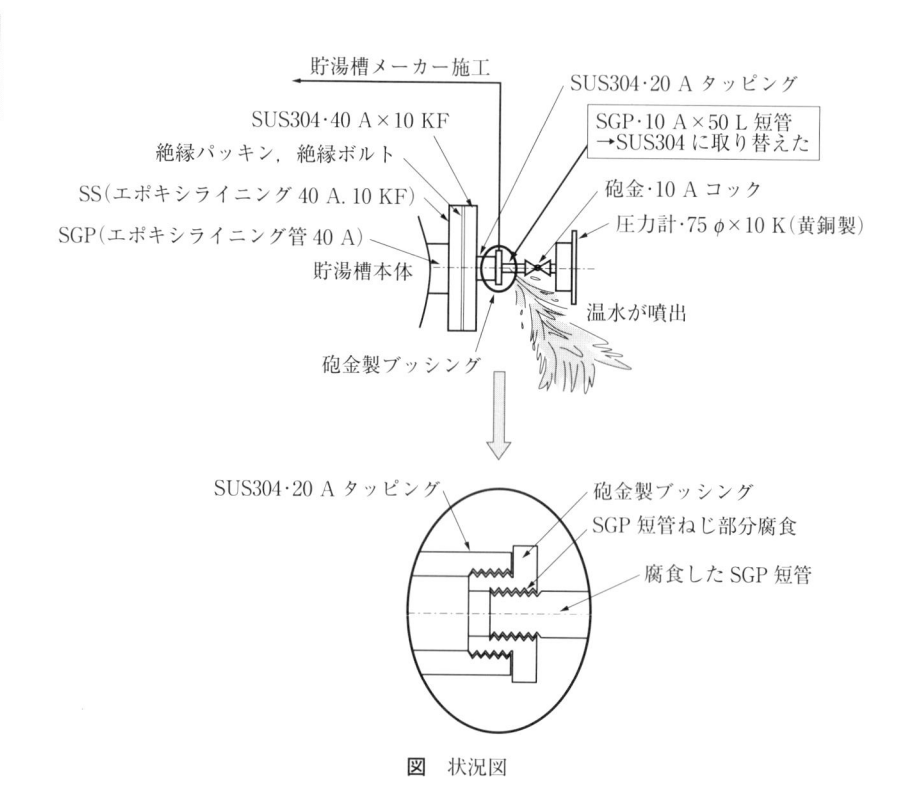

図中ラベル：
- 貯湯槽メーカー施工
- SUS304・40A×10KF
- 絶縁パッキン，絶縁ボルト
- SS（エポキシライニング 40A．10KF）
- SGP（エポキシライニング管 40A）
- 貯湯槽本体
- 砲金製ブッシング
- SUS304・20A タッピング
- SGP・10A×50L 短管 →SUS304に取り替えた
- 砲金・10A コック
- 圧力計・75φ×10K（黄銅製）
- 温水が噴出
- SUS304・20A タッピング
- 砲金製ブッシング
- SGP 短管ねじ部分腐食
- 腐食したSGP短管

図　状況図

貯湯槽本体は鋼板製＋エポキシライニング*，タッピングはSUS304製であり，砲金製(青銅製)ブッシングを介してSGP短管を接続していた(図参照).

この接続では電食が防止できず，SGP短管が腐食した.

[対策]
圧力計取付用SGP短管をSUS304製に交換した.

[教訓]
砲金製弁とSGP短管の接続は通常行うが，SUS管を接続すると異種金属接続による大きな電位差が生じ，腐食に至る.

貯湯槽などに設けられたタッピング(SUS製)に温度計・圧力計などが直に接続できない場合は，必ずSUS製または砲金製の配管や継手を用いて接続する.

【用語解説】*エポキシライニング：エポキシ樹脂による内張り．

084 絨毯(じゅうたん)を濡らしたのは誰だ！
—異種金属接続による配管腐食—

状況
竣工後9年のある事務所ビルで，貯湯式電気湯沸し器まわりの給水配管より漏水が発生した．湯沸室近辺の絨毯が濡れてしまった．

原因
貯湯式電気湯沸し器の減圧弁上流側の配管継手から漏水した．

漏水の発生状況は図(a)のとおりで，内面ライニング鋼製ニップルと黄銅製減圧弁の異種金属接合によってニップルが腐食し，孔があいていた．出湯時以外はこの部分の温度が上昇し(80℃以上)，腐食の進行を早めたと考えられる．

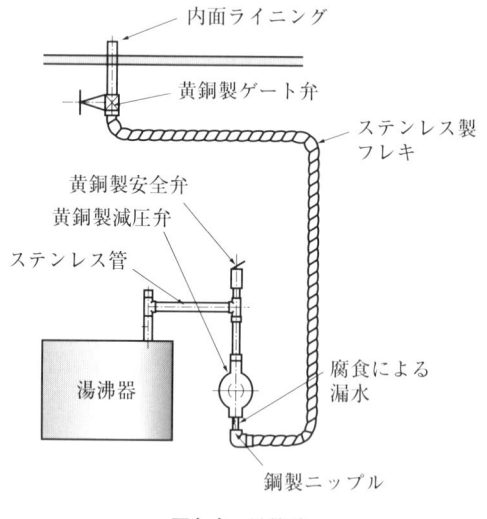

図(a) 対策前

対策
図(b)のように，ステンレス製フレキと黄銅製減圧弁を砲金製エルボで接続した．

そのほか，ステンレス製フレキ上流側の内面ライニング鋼管と黄銅製ゲート弁

絨毯を濡らしたのは誰だ！　　143

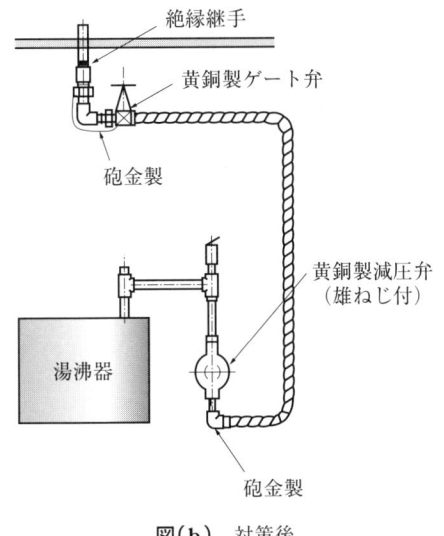

図(b)　対策後

との接続にも，絶縁継手および砲金製管材で絶縁処理を施した．

[教訓]

　ステンレス鋼・銅・銅合金管材と，鉄系管材(ライニング鋼管・亜鉛メッキ鋼管・鋳鉄管・鋳鉄バルブなど)との直接接続は，異種金属接触腐食を起こすので，必ず絶縁継手を使用する．

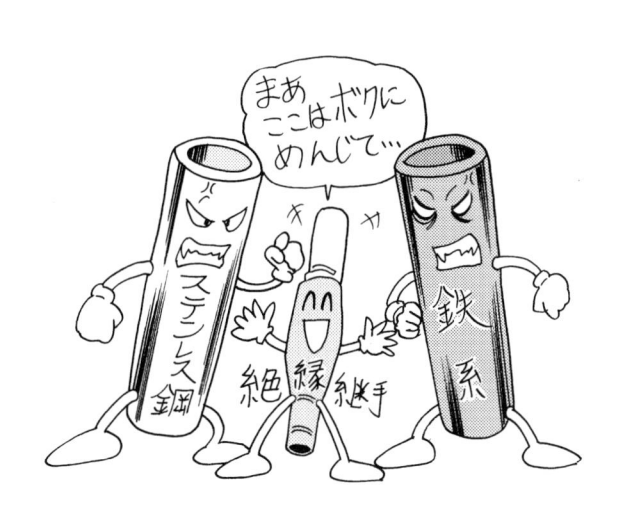

085 ステンレス配管溶接は管理が大事
―残留酸素濃度は正しく管理―

状況
竣工後5年のある食品工場で，配管用ステンレス鋼管(SUS)の給湯配管の溶接部分がひび割れたようになっており，全長100 mの80 A給湯配管6箇所で漏水していた．

原因
SUS配管のTIG(タングステンイナートガス*)溶接で残留酸素濃度が正しく管理されず，溶接不良で酸化スケールが生じ，腐食したと思われる．

また，給湯温度80℃であるのに伸縮継手が入っていなかった．

対策
天井内のSUS配管を交換し，伸縮継手を追加した．

教訓
SUS配管の溶接は，原則的に工場での十分な作業管理下(自動溶接機など)で行う．現場での手動溶接の場合は，ステンレス配管溶接技術検定合格者が必要な溶接管理のもとで行う．図のように，バックシール*における酸素濃度の確認は，酸素濃度計により1.5 %以下の濃度とする．SUS配管は引張応力があると，ハロゲンイオン(おもにCl⁻)が作用し，応力腐食割れが起こりやすい．よって伸縮吸収のための伸縮継手の検討を行う．

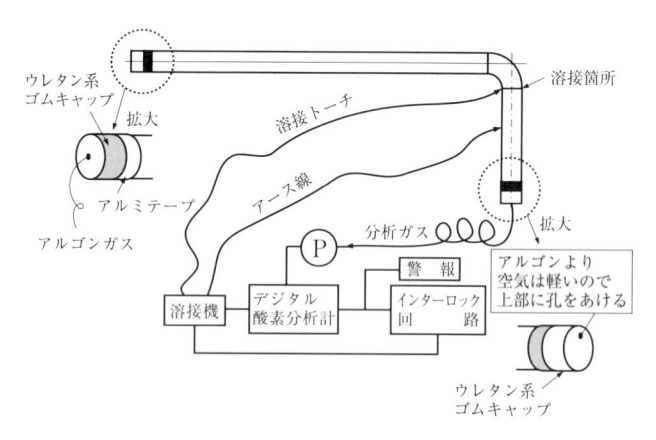

図 バックシール中の残留酸素濃度測定および管理方法

【用語解説】＊タングステンイナートガス：タングステン溶接接合時に使用する不活性ガス．
＊バックシール：溶接時の溶接裏面の酸化防止処理．

086 きずつけられた銅管
―きずつきやすいマンションの床下銅配管―

[状 況]
あるマンションの暖房設備での事例．配管施工後，水圧テスト異常なしで床を張り，絨毯を敷いた．最後の試運転で水を張ったら漏水事故が発生し，絨毯の損傷だけでなく，階下の天井クロスや壁まで水浸しにしてしまった．

[原 因]
床をはがして総点検をしたところ，暖房用銅管にきずがついており，そこから漏水していた．原因は電気ケーブルの布設のために電動ノコを使って根太を加工したときに，あやまって銅管にきずをつけたものと思われる（図(a)，(b)参照）．

[対 策]
暖房・給水・給湯などに銅管はよく使用されるが，銅管は非常に弱いものである．ユニットバスまわりの給湯用銅管が釘できずつけられ，やはり漏水事故を起こした例もある．こういった危険のある現場では，配管に水圧をかけたままでこれらの工事をする方法もある．

図(a) 断面図

[教 訓]
銅配管は，きずつけられやすい．施工後は養生を入念に行い，床張りまえに必ず水圧テストを行う．

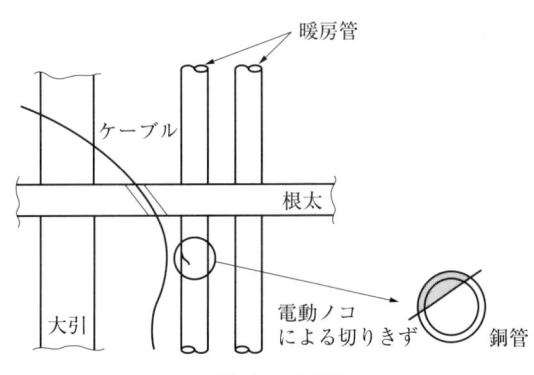

図(b) 平面図

087 コンクリートのなかでステンレス配管が泣いている
―ねじ込み配管用シール材の知識が不足―

状況

竣工後4年のある病院での事例．浴室洗い場の混合栓まわりで漏水があり，修理して水圧テストをした．しかし，シンダー*内給湯配管部分でも漏水があり，水圧テストで圧力が上昇しないという事故が発生した．浴室洗い場まわりの配管のようすを図に示す．

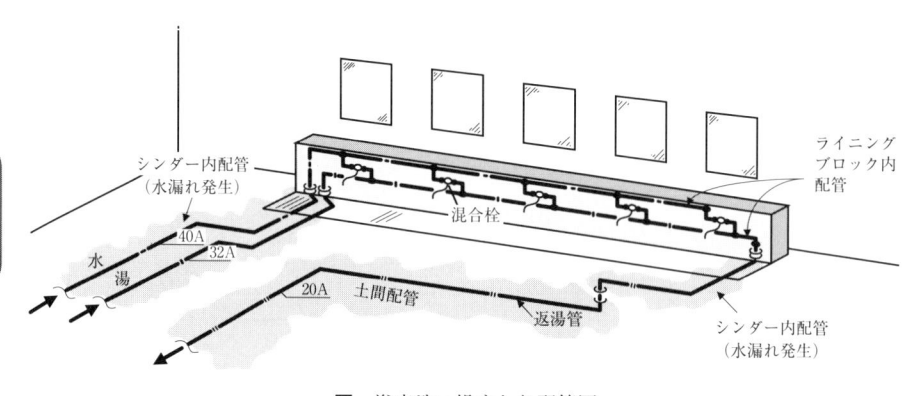

図　浴室洗い場まわり配管図

原因

配管は，配管用ステンレス鋼管(SUS304TP Sch40)を使用し，ねじ込み配管で施工されており，シールテープとヘルメシール(S-2)の併用箇所には漏水はなく，ヘルメシールのみの使用箇所で漏水が発見された．

浴室の使用状況は週2日で，月曜日と金曜日であり，給湯温度の設定温度が60℃から70℃に変更されていた．

以上より，温度変化の激しい状況下で使用されていたため，ねじ込み部分のシール効果が劣化し，漏水を起こした．

> [対 策]

浴室を長期間停止することができないため，内部ライニング工法で対処した．

> [教 訓]

　ねじ接合のシールで，普段あまり気を使わずに使用しているヘルメシール(S-2)は，一般配管用だが万能ではない．今回のように熱による伸縮が大きいステンレス鋼管においては，硬化せず弾力性が残るタイプのヘルメシール903(水道法の水質基準に適合するが防錆効果はない)などを使わなければならない．

　また，ステンレス鋼管は鋼管より1.7倍も硬いため，配管用ねじ切り機の刃は鋼管用を使用すると痛みやすく，綺麗なねじが切れないのでステンレス管用のものを用いる．

　ステンレス鋼管は，鋼管より温度変化による伸縮が大きい(膨張率：鋼管の約1.5倍)ので十分考慮する．

　給湯配管は天井配管を原則とし，床埋込配管，コンクリート内配管は極力さけ，ピットなどを設けて配管する．

【用語解説】＊シンダー：機械室や屋上などの配管や防水層を覆う強度のないコンクリート．

088 銅管の水速オーバーに注意！
―給湯循環ポンプの選定は適切に―

状況

銅配管は，錆が起こりにくいので信頼のおける配管材料とされている．ところが，ある宿泊施設の給湯銅管が，短期間でエルボ近くに孔があき，水漏れが発生した．

原因

給湯管を縦割りにして内部を観察すると，図のようにエルボ近くで内面がえぐりとられていた．その原因を調査してみると，給湯循環ポンプの流量，揚程が過大で，水が大きな流速で循環していることがわかった．そして，曲部で乱れが発生したため，水と気泡が衝突して保護被膜*が破壊されていた．その結果，管壁がえぐられて，浸食されたと考えられる．

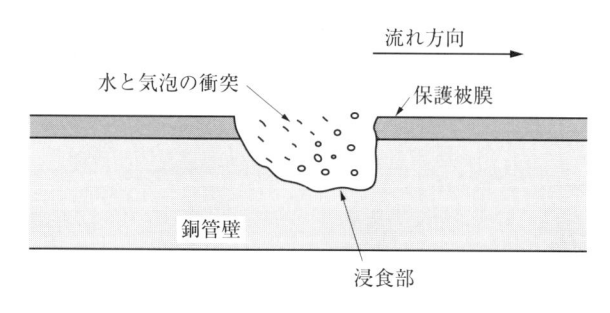

図　浸食の発生

対策

銅管は見た目には硬いが，流速に弱い．とくに給湯管の場合は温度が高いため，水中の溶存酸素が分離しやすく，これを過大な流速で循環すれば銅管の肌が痛められ浸食を起こしやすい．また，密閉型膨張タンク・貯湯槽を使用した給油システムでは，給湯水中の溶存酸素が排出されずに過飽和となり，循環系統内の継手近傍などにおいて生じた圧力変動によって気泡が発生し，潰食が発生しやすい．

浸食を防ぐには，次の項目に注意が必要である．

① 給湯管および返湯管の管内流速は 1.2 m/s 以下とする．ただし，管内に気

泡が停滞しないよう最低流速は 0.3 m/s 以上とする．

② 給湯循環ポンプの流量，揚程を過大にしない．給湯循環ポンプは配管系統の熱損失を補うため，温水を系内で循環させることが目的である．

ポンプは自然循環の補助手段として用い，管内流速を制限する．

③ 給湯温度は 60℃以下とする．60℃を超えると溶存酸素分離による気泡発生が激しくなり，金属面の腐食が著しくなる．

④ 配管内の気体を抜けやすくするために，配管系統の凹凸を極力なくし，勾配を確保するとともに，必要に応じて空気分離装置を設ける．

[教訓]

給湯循環ポンプは施工図で流量揚程をチェックし，銅管内の流速が過大にならないようにしよう．

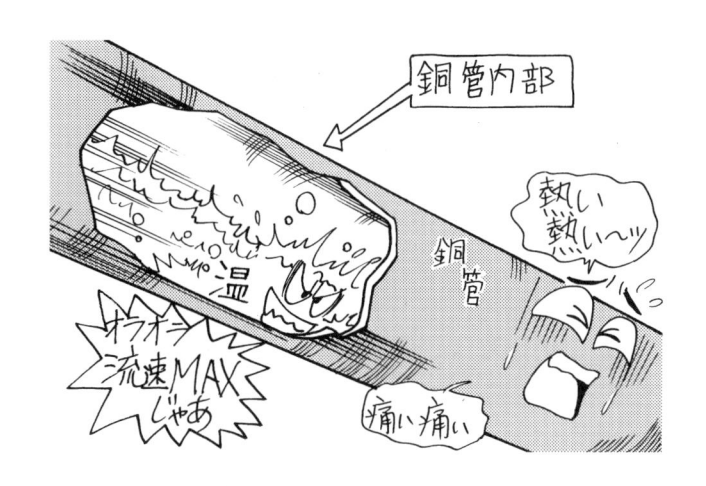

【用語解説】＊保護被膜：一般に，銅管内表面は亜酸化銅（Cu_2O），酸化銅（CuO），塩基性塩被膜などの保護膜が形成され，不動態化するが，気泡の衝突や残留塩素・溶存酸素で，保護膜が破壊されることがある．

089 水が銅チューブを孔あけ
―錆がエロージョンを引き起こしたトラブル―

状況

ある事務所ビルの空調熱源では，空冷ヒートポンプチラーを採用していた．この冷凍機の低負荷運転時におけるハンチング防止策として，クッションタンク*を設けてあった．ところが，冷凍機の水側熱交換器で，約1年半後と2年後の2度にわたり，伝熱管(銅チューブ)が破損した．
図(a)にクッションタンクまわりの配管(SUS)を示す．

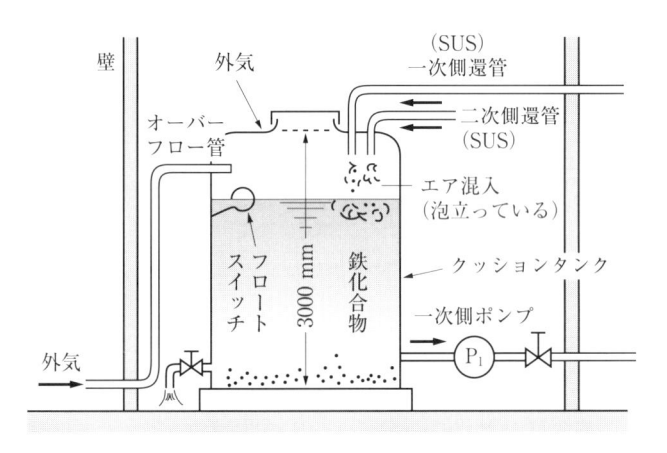

図(a) クッションタンクまわり配管

原因

このタンク内での水熱源の還配管は，水面の上部で開放されている．そのため，大気開放もあって周囲の空気をつねに巻き込み，水中の溶存酸素が飽和状態となり，このように酸素飽和状態で水が送り出されるため，配管系の鉄部(ポンプ・バルブ・熱交換器の管板など)が腐食した．

また，鉄系化合物の錆の固形物がシェル内面に5～30 mm，平均26 mm程度堆積していた．図(b)にこの状況と破損箇所を示す．

そして，この堆積物の周辺は水が流れにくく，中央付近は流れやすいために，極端な流速アンバランスが生じ，局部的に渦巻が発生してエロージョン*を起こし，熱交換器の銅チューブを破損した．

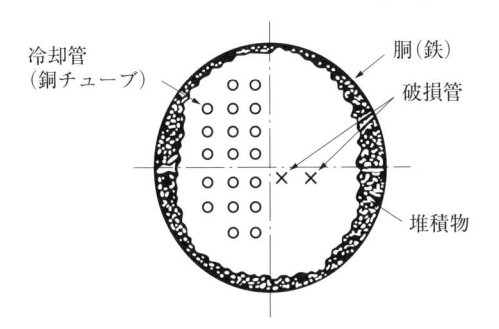

図(b) 冷凍機の水側熱交換器(シェル)内部

[対策]
還配管を水中まで延長して、酸素の溶け込みを防止した.

[教訓]
配管にステンレスを採用しても、配管系での腐食を完全に防止することは難しい. また、錆のクレームが起こるのは、工事が完成してしばらく経ってからであり、その対策には、多額の費用を要する. 配管系での腐食対策には、流体に適した材料を選定し、かつ錆びる環境を除去することが肝要である.

【用語解説】＊クッションタンク：安定した熱量などを蓄えられる容量をもった水槽.
　　　　　＊エロージョン：潰食. 高速流体の衝撃による機械的破壊作用や、これに化学的な作用がともなう局所的損傷、腐食が発生する現象.

090 酸っぱいものはきらい!?
―クリームの排水が洗浄排水管(白ガス管)を腐食!―

状況
ある食品工場において，クリーム製造室系統の排水管が腐食した．竣工後1年半程度しか経過していないのに管に孔があき，漏水した．

原因
この工場では，クリーム製造用牛乳タンクの内部を蒸気で殺菌洗浄し，その排水を床開放で排水している．

牛乳と蒸気の混合した排水は乳酸に化学変化する．乳酸は弱酸性を示し，この弱酸が配管用炭素鋼管(SGP白ガス管)の腐食の原因となった．

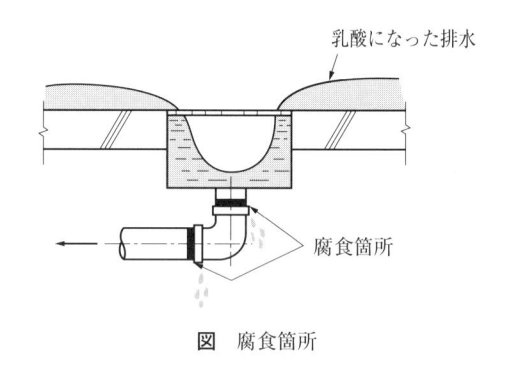

図 腐食箇所

そのうえ，排水温度も80〜90℃と高く，腐食速度を速めたと考えられる．図に腐食箇所を示す．

対策
苛性ソーダによる中和を検討したが，恒久対策として排水管の材質を変更することにした．

SUS(配管用ステンレス鋼管)，HVA管(耐熱性硬質塩化ビニルライニング管)，HTVP管(耐熱性硬質ポリ塩化ビニル管)などを検討した結果，耐酸性・耐熱性・施工性からHTVP管を採用した．

教訓
牛乳→乳酸→腐食という知識が不足であった．また，温水の排水にSGP白ガス管を使用することは，60〜80℃で亜鉛が溶融してしまい急激に腐食することから不適切であった．

食品工場の場合には，油，粉の排水処理対策と同様に，配管材の酸腐食対策についてもつねに念頭においておきたい．

091 基本が大切！
―パッケージ型空調機のドレンパンが腐食―

状況
ある事務所ビルの電算機室に設置したパッケージ型空調機のドレンパンの一部が，錆びてボロボロになってしまった．この室内には3台の電算室用パッケージ型空調機が設置されているが，そのうちの2台がとくに腐食していた．

原因
ドレン配管を調査したところ，図(a)に示すように，トラップが設けられておらず，末端を直接排水ますに接続し，エルボで上に向けてあるだけで，完全に封水されていなかった．

よって，パッケージの機内が負圧となったとき，ドレン管より雑排水の臭気を吸引し，酸化作用によってドレンパンを腐食させたと考えられる．

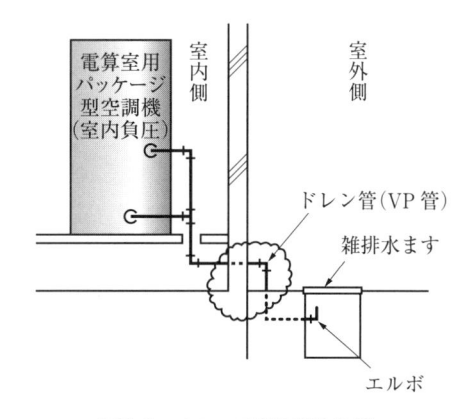

図(a) ドレン配管図(改修前)

対策
図(b)に示すように，ドレン配管にトラップを設け，きちんと封水されるようにし，ドレン配管が直接排水だったので，これを間接排水にした．

教訓
ドレン排水を安易に考えて配管されていたため，このようなトラブルが発生した．基本的な施工(きちんと封水する)をしておけば問題にはならなかったことである．

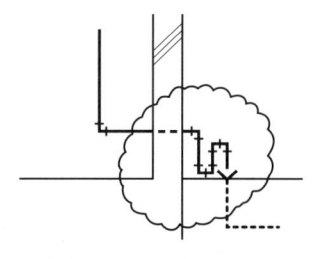

図(b) ドレン配管図(改修後)

092 3か月で孔のあいた蒸気還水管
―ボイラ給水処理なしの蒸気還水管の腐食―

[状況]

ある製薬工場において，竣工引渡し後3か月で蒸気還水管のエルボや直管に次から次へと孔があき，水漏れが発生した(図(a)，(b)参照).

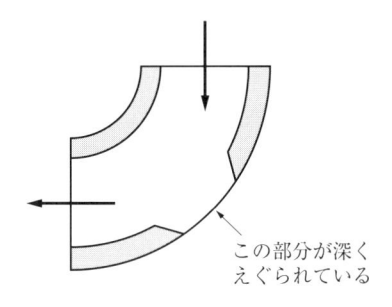

図(a) 孔あきエルボの断面図

この部分が深くえぐられている

[原因]

調査したところ，蒸気はボイラ給水に含まれる成分が炭酸を生成し，酸性を示していた．

この工場では蒸気を加湿に使用しているため，清缶剤として人体に有害な中和型アミン剤の投入ができなかった．

このため，蒸気は炭酸を含んだままとなり，鉄と反応して炭酸鉄を生成し，還水管に炭酸腐食が発生したと考えられる．

[対策]

蒸気還水管を一般配管用ステンレス鋼管(SUS-304TPD)に取り替えた．

[教訓]

炭酸は鋼管に対して急激な腐食を起こすことがあるが，ステンレスに対しては起こしにくい．したがって，蒸気加湿や生蒸気を直接使う場合，還水管にはSUS管を採用する．

また，加湿系統を蒸気-蒸気熱交換器で間接方式にすればボイラへの給水量を減らし，ボイラ給水への中和剤投入などの防食対策が可能となる．

3か月で孔のあいた蒸気還水管　155

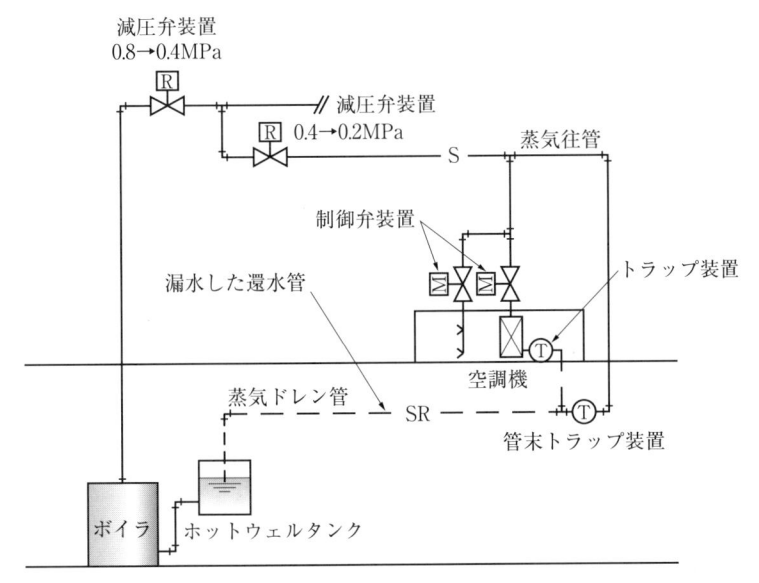

図(b)　系統図

093 コイルからトラップまでの配管も ドレン配管ですよ
―炭酸腐食による漏水―

状 況

竣工後3年のある薬品工場で，3階機械室の蒸気還水管から水漏れが発生し，機械室の床が水浸しになった．

原 因

図(a)の短管ねじ部が，ねじ山を残して溝状に腐食していた（写真参照）．チャッキ弁以降がSUS管，コイル側は配管用炭素鋼鋼管（SGP黒ガス管）である．なお，蒸気は加湿にも使用しているため清缶剤の投入はしていなかった．

配管のねじ部に炭酸腐食＊が生じ漏水に至った．

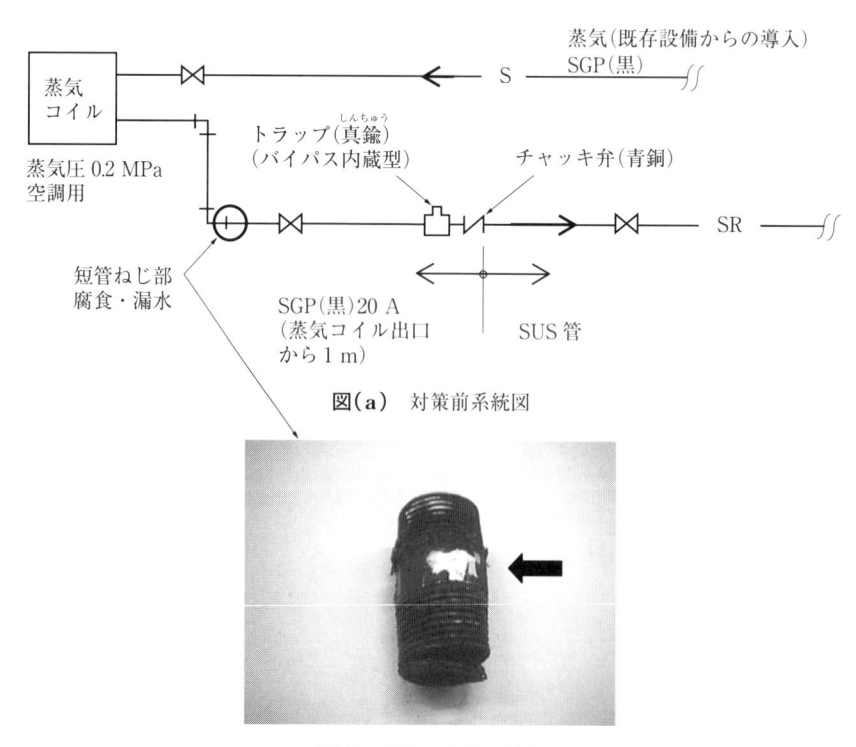

図(a) 対策前系統図

写真 短管ねじ部の腐食

対 策

蒸気コイルタッピングがSGPなので，SUS管との電食防止のため絶縁フランジを取付け，フランジ以降をSUS管に変更(図(b)参照)した．トラップ以降を還水管と考えSUS管とした．

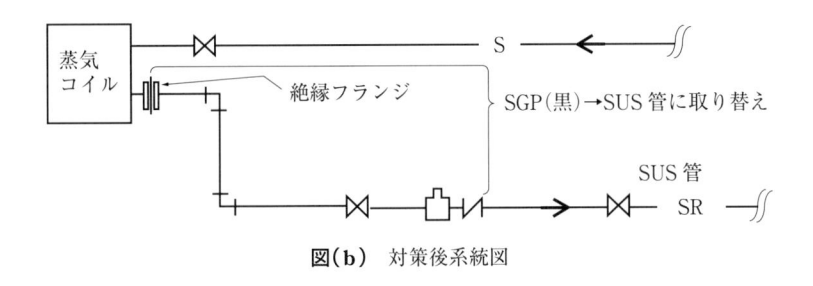

図(b) 対策後系統図

教 訓

今回のように，蒸気コイルからトラップまでの間で腐食が発生する場合もある．蒸気管の施工においては，以下の事項に注意する．
① コイル以降は凝縮水が溜まりやすいので，SUS管とする．
② コイルタッピング材質はSGPの場合が多いので，絶縁処理を必ず行う．

【用語解説】＊炭酸腐食：蒸気還水のなかに溶け込んだ二酸化炭素(CO_2)は，炭酸(H_2CO_3)を形成する．
$$CO_2 + H_2O \rightarrow H_2CO_3$$
この炭酸(H_2CO_3)は水中で解離して，
$$H_2CO_3 \rightarrow H^+ + HCO_3^-$$
となる．その結果，還水中のpHが低下し，鉄を腐食させる．

094

ドレンは低いところに溜まります
―配管"谷"部で炭酸腐食―

状況

竣工後6年のある事務所の事例．5階控室天井内の加湿用蒸気還水配管(配管用炭素鋼鋼管 SGP 黒ガス管，20 A)から水漏れが発生した．系統は図(a)のとおりである．

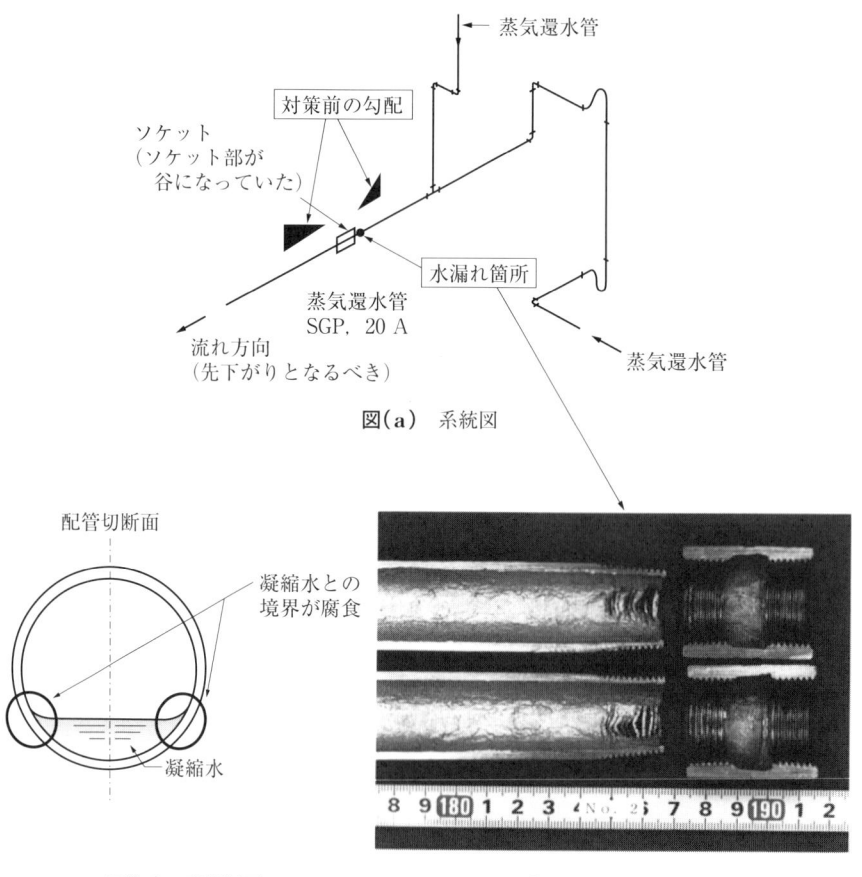

図(a) 系統図

図(b) 配管断面

写真 蒸気還水管の腐食

ドレンは低いところに溜まります **159**

原因
　漏水のあった蒸気還水管は，ソケット部分が"谷"となっていた．そこに凝縮水が溜まり，炭酸腐食を起こして漏水した(図(b)，写真参照)．

対策
　配管支持を追加して，還水管の勾配が先下がりとなるようにした．

教訓
　蒸気還水管は，ねじ部に凝縮水が溜まると腐食しやすいので，先下がり勾配を確保し，継手近くの支持を確実に行う．また，鋼管は腐食のおそれが大きいので，一般配管用ステンレス鋼管(SUS-304TPD)とする．

095 銅さん，鉄君をいじめないで！
―銅管比率が高いと，鉄はどんどん腐食する―

状況

ある工場で，竣工後1年で給湯ポンプのフレキシブル継手40Aに孔があいた．取り外してみるとベローズ部分は正常であったが，口金部分(SS41)がボロボロに腐食していた．給湯ポンプも肉厚で助かっているだけで，同様に腐食されていた．図に給湯系統を示す．

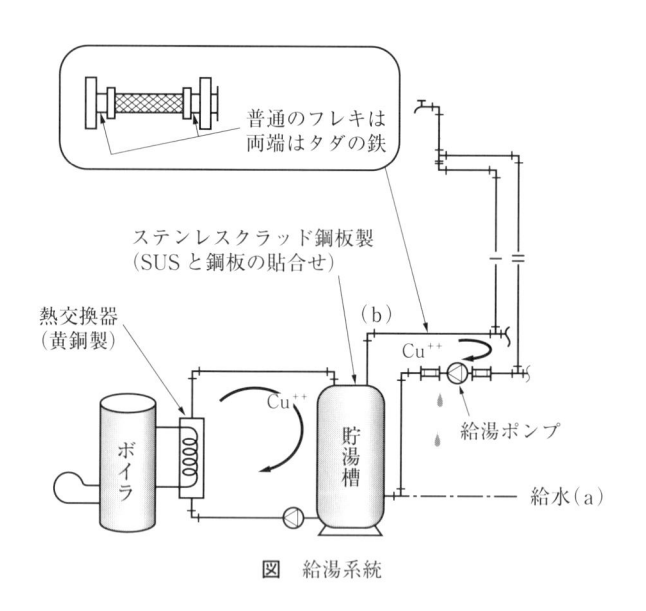

図 給湯系統

原因

給湯系統はすべて銅配管となっているなかで，フレキの口金部分が鉄製であった．

表(a)の水質分析でわかるように，銅配管の循環サイクルでは，溶存酸素量や流速の影響で異なるが，銅イオンが溶出し，蓄積される．今回の場合，その銅イオンによりイオン化傾向の大きいFeが酸化され，腐食に至ったと考えられる．

銅さん，鉄君をいじめないで！　　161

表(a) 水質の分析

水質分析による銅の量	給水入口(a)	0.01 mg/l
	給水出口(b)	0.51 mg/l

[対 策]

　フレキは口金までステンレス製に，給湯ポンプはステンレス製ラインポンプに交換した．

[教 訓]

　表(b)に示すように，ステンレスは銅に電位が近いため，腐食しにくい．一方，鉄は腐食生物の混入や浸食で差があるが，非常に腐食しやすい．異種金属を接続する場合，絶縁継手を使用するが，系全体の防食対策を考える必要がある．

表(b) 腐食電位列

低電位(アノード側) ──────────────────────→ 高電位(カソード側)
Mg → Zn → Al → 軟鋼 → はんだ → Pb → Cu → Ni → 18-8ステンレス鋼 → Ag
(不動態)　　(不動態)

(注)　おもな金属だけ列挙した．

096 蒸気配管の絶縁フランジに何を使うの？
―ガスケット，ボルトも数々あれど―

状況

ある現場で，高圧蒸気配管系統に電気防食を適用した．将来，どこかで腐食や蒸気漏れが生じた場合，どの区間かすぐにわかるように絶縁対策を要求され，50 m おきのピット内のフランジをすべて絶縁とした．

現場で試運転後，フランジ部から蒸気が漏れ出した．使用部材のボルト・ナットは鋼製で，これに絶縁ワッシャと絶縁用スリーブを用いてフランジを締めていた．ガスケットはバルカー*(No.7020)製の高温・高圧用絶縁ガスケット(無機質充塡のテフロン製)を用いていた．蒸気二重管の系統は図のとおりである．

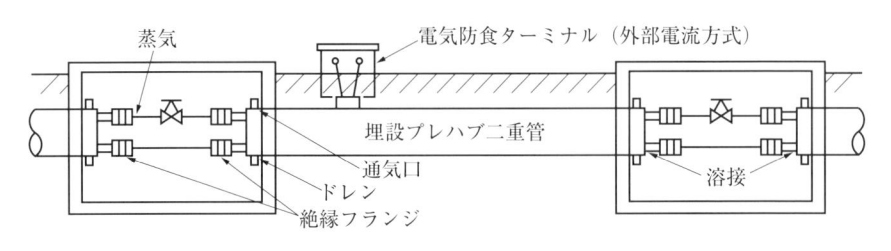

図(a) 蒸気二重管の系統図

原因

蒸気漏れの状況を調査するとガスケットは異常なく，絶縁ワッシャが高温で硬化してパリパリに割れ，絶縁用のスリーブも高温でヨレヨレになっていた．

ガスケットは蒸気用に高温・高圧に耐えるものを選定して問題がなかった．しかし，それを締め付けるワッシャが高温で硬化して割れ，締め付け力がなくなって蒸気漏れが発生したと思われる．

対策

絶縁ワッシャはフランジの締め付け力に耐え，かつ高温にも耐え得るものでなくてはならないため，耐熱ガラス繊維強化プラスチック(FRP)製のものを使った．ボルトにはスリーブ材は使用せず，高温用絶縁ライニングを施したものを選定した(図(b)参照)．

蒸気配管の絶縁フランジに何を使うの？　163

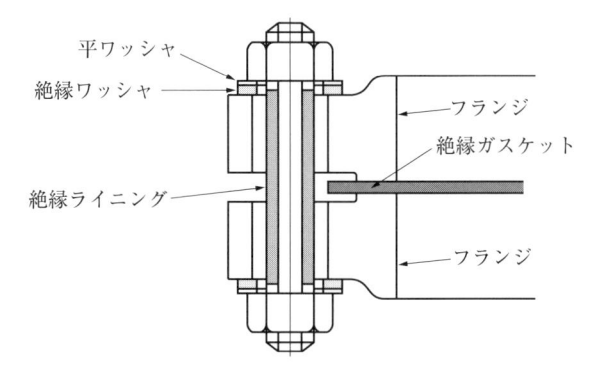

図（b）　絶縁ボルトの管フランジの使用例

【教訓】

絶縁フランジの施工において，次のような部品を使用する場合，それぞれの使用条件（温度，圧力など）に合わせて選定しなければならない．

① フランジ自体が絶縁コーティングされているものを使う．
② フランジガスケットをテフロン製（絶縁ガスケット）のものとし，ボルト・ナットとフランジを絶縁するために絶縁ワッシャとスリーブ管を使う．
③ スリーブ材を使用せず，今回のような対策（ただし，高温用には高温用絶縁ライニングを使用）をとる．

【用語解説】＊バルカー：日本バルカー工業社のガスケットの通称．

097 配管を腐食させた断熱材！
―断熱材の塩素イオンが蒸気配管を腐食させた―

[状況]

竣工後，約1年のある現場における事例．「屋外の蒸気管から蒸気が吹き出している！」というクレームが発生．ただちに担当者が駆け付けた．

[原因]

この現場では，管材として圧力配管用炭素鋼鋼管(STPG管)を使用していた．溶接不良かと考えラッキングを外したが，真の原因は外面腐食であった．

すなわち，ラッキング継目から雨水が浸入し，断熱材に浸透し，そこが蒸気によって加熱されるというプロセスが繰り返されていた．そのため，断熱材から塩素イオンが溶け出し，配管の外面から腐食を進行させたのである．

[対策]

腐食した配管は，当然取り替えた．とくに，錆止め塗装と断熱材のラッキング継目のコーキングは念入りに行った(図参照)．

[教訓]

断熱材にはグラスウール，ロックウールとも塩素が含まれている．

断熱材に水分が浸入すると，断熱効果が減少するだけでなく，高温で塩素イオンや溶解性物質が溶け出し，配管の腐食原因となる．

配管の錆止め塗装や断熱材の防水対策は完全に行う．

ステンレス鋼管も，塩素イオンにより，同様に腐食する．

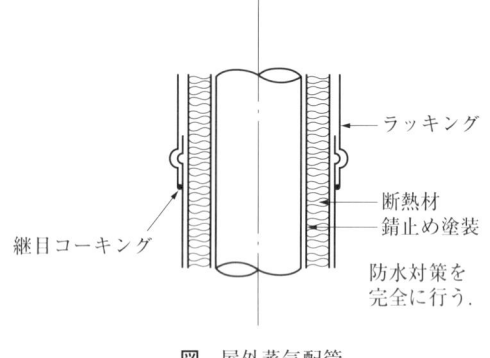

図 屋外蒸気配管

098 ステンレスだって腐食するよ！
―ステンレスも条件によっては腐食する―

状況

ある下水処理場での事例．竣工後，約1年半使用した脱臭系統のステンレス鋼板製ダクトが腐食で破損した．このダクトは仕様書によりJIS G 4305によるSUS304製で，フランジそのほかも同材料であった．破損したダクトは最初沈殿池，エアレーションタンク*系統の排気搬送用ダクトで，脱臭装置のブロアファンに最も近いエルボ部分が腐食し，強い負圧を受けて内側につぶれていた（図参照）．そのほか各所でも孔食が発生していた．

原因

処理場の調査で，最初沈殿池などに硫化水素が100〜200 ppm発生していることがわかった．また，結露水がpH2.3〜2.4と強酸性を示していた．SUS304は硫化水素によって応力腐食割れや孔食を起こしてしまう．今回は，硫化水素の発生しやすい下水処理場であるのに，ステンレス鋼の耐食性を過信したため，ダクトの腐食破損が発生したと考えられる．

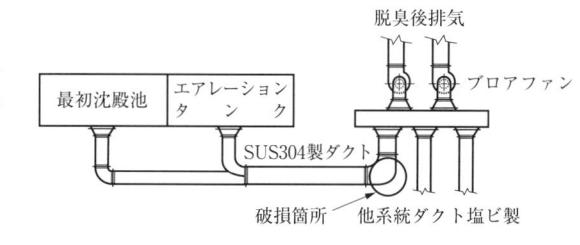

図 系統図

対策

破損部分は応急的に塩ビライニング鋼板にて修理を行った．そして，本格的改修で，ダクト全体を塩ビ製ダクトに取り替えた．

教訓

ステンレス鋼は腐食しないと考えがちだが，薬品やガスにはステンレス鋼を腐食させるものがある．とくに，下水処理場や化学プラントなど，薬品やガスなどを使用または発生する設備については，事前に使用材料の耐食性を十分に検討して材料選定を行う．

【用語解説】＊エアレーションタンク：ばっ気槽．

G. 騒音

099 コンサートホールで演奏中，天井から異音が…
―吹出し温度が変わると異音―

[状況]

施工後2年のあるショッピングセンター内のコンサートホール天井付近で，「『ピシッ』という金属音が頻繁に発生し，演奏活動に支障をきたす」というクレームがきた(このホールはNC-25クリアが条件).

[原因]

このホールは機械室に空調機を置き，ダクトで空調しており，異音は周期的に発生していた．異音発生時に空調二方弁開度状況，天井内・客席・ダクト内の温度を測定してみた．その結果，二方弁が開→閉，閉→開と変化するときに異音が発生することがわかった．

測定当日，外気温度は約10℃，吹出口の測定点温度は約10分サイクルで10～30℃まで変化した．また，レタン空気＊：外気＝5：5であった．

ホール内は客席から天井まで8m近くあり，取り外して調べられず，天井内でMバー，短管内，吹出口に振動計を取付けて調べた結果，二方弁の開閉にとも

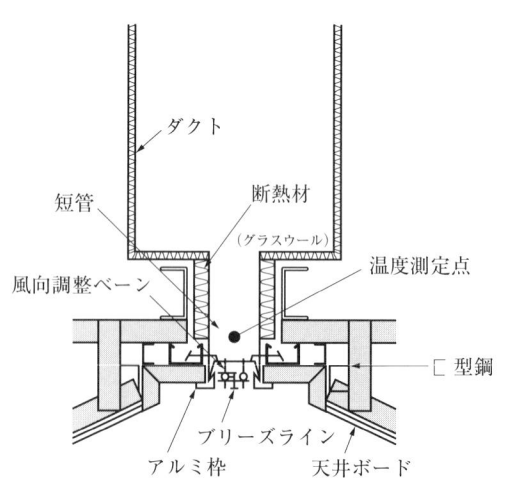

図(a) 異音発生時の吹出口の周辺

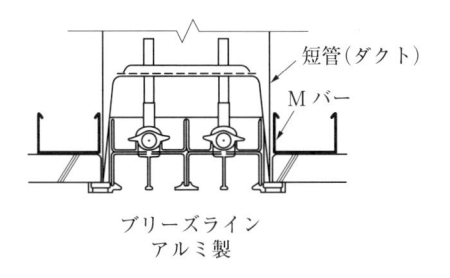

図(b) 異音発生時の吹出口

なう給気温度の変化によって，吹出口から音が発生していると特定できた(図(a)，(b)参照)．

このホールは反響する構造で，天井全体がスピーカーとなっているため，小さな音でも大きく聞こえていた．

[対 策]

吹出口のブリーズライン(ダブル 2000 L×20 個)のアルミ製の中仕切板，風向調整ベーンを取り外してアルミ枠だけにしてみたが音は消えなかった．

そこで，アルミ枠も取り外し，樹脂製の天井見切りコーナーを天井開口部に貼付けて仕舞としたところ，ようやく音が消えた(図(c)参照)．

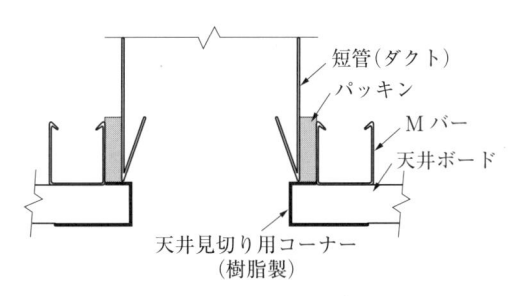

図(c) 対策後の吹出口

[教 訓]

吹出口は絶えず熱膨張・収縮の環境にあるので，ホールなどの騒音条件が厳しい現場の場合，どのメーカーの製品でも上記のようなことが起こりえるので，吹出口の選定(金属製をやめ，樹脂製にするなど)，施工方法には十分注意すること．

【用語解説】＊レタン空気：還り空気．この場合，給気量に対して還り空気 50%，外気導入量 50%を示す．

100 静けさにつつまれた高級マンション
―暗騒音が小さければ許容騒音以下でもクレーム―

状況

琵琶湖湖畔のあるリゾートマンションでの事例．周囲はのどかな田園地帯で，環境のよさが売り物である．このマンションで竣工後間もなく，「ポンプの音が気になるので調査してほしい」との依頼があった．

原因

問題のポンプは屋上設置の冷却水ポンプで，スプリング防振架台上に据え付けられ，配管接続部にはテフロン製フレキシブル継手が使用されていた．

騒音値は，各階ともパイプシャフトに接した部屋が最も大きく，33〜35ホンであった．通常ではほとんど問題にならない程度の騒音だが，不幸にも（？）周囲が静寂きわまりない環境のため，ポンプ騒音のみが耳につく．

原因として，流体の脈動と配管の振動の2点が考えられる．今回の場合，ポン

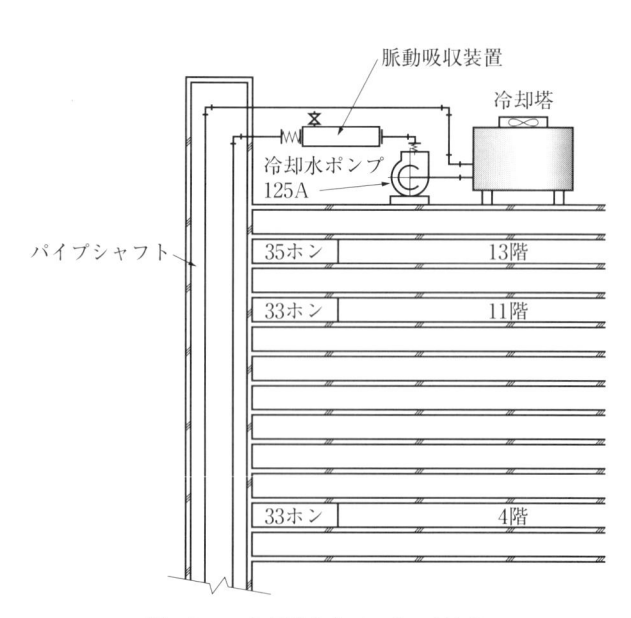

図　シャフト最寄中央でのホン(A)値

プの接続部にテフロン製フレキシブル継手を取付けてあること，配管が各スラブに固定されており各階とも同程度の騒音が出ていることを考え合わせて，流体の脈動が主因と判断し，対策を進めることにした．

[対　策]

　図のように，ポンプ吐出管に M 社製の脈動吸収装置(共鳴により脈動を吸収する装置，写真参照)を取付け，再度測定したところ，普通騒音計の最低目盛 30 ホン以下となった．また，耳でもあきらかに効果を確認できた．

写真　脈動吸収装置取付

[教　訓]

　住宅・ホテルなどの一般的な室内許容騒音の推奨値は 40 ホンだが，騒音を許容値以下におさえてもクレームが発生した事例である．

　人間の聴覚は非常に複雑で身勝手なもので，同じ大きさの音でも小鳥のさえずりは心地よく，ポンプの音は煩わしく聞こえる．また，この事例のように周囲の環境にも大きく左右され，通常では問題にならない程度の騒音も，暗騒音が小さければたちまちクレームにつながる．

　住宅・ホテルなどの設計においては，その立地条件を十分把握して，それぞれの条件に見合った室内条件を設定する必要があるということを痛感した事例である．

101 頭かくして尻かくさず
―思わぬところからの騒音に悩まされる―

状 況

ある会館での事例．工事もほぼ完了し，各機器の試運転調整に入った．ファンの運転をチェックしていたところ，建築の担当者から連絡があり，「各階の排気口から大きな音が出ている」とのこと．
この排気口は，図(a)のように，排気シャフトに直接取付けられており，シャフトをコンクリートダクトとして利用している．屋上のファンルームには，この各階排気用のファンと便所系統の排気ファンが設置されている．シャフトの最上部には吸音処理(吸音材貼付)を設けてあり，消音効果は十分期待できるはずだが….

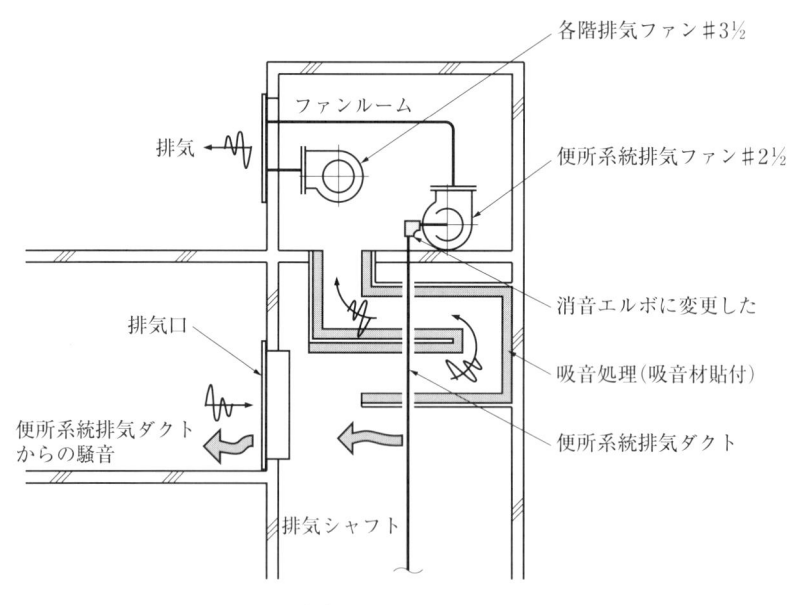

図(a) 排気シャフトの状況

原 因

各階排気用のファンを停止しても，相変わらず騒音は出ている．各階換気ファンを運転している状態で，便所系統排気ファンを停止させると，騒音もピタリと

止まる．原因は意外にも便所系統のファンにあった．

図(a)のように，排気口のすぐ後ろを便所系統の排気ダクトが通っているが，ファンの騒音がダクトの鉄板を透過して，排気口から室内に出ていたのであった．

[対　策]

いまさら，シャフト内のダクトに遮音を施すこともできないので，ファンルーム内で，便所系統の排気ダクトに消音エルボを取付けて解決した(表，図(b)参照)．

[教　訓]

一般に，騒音のチェックを行う場合には，対象の部屋に給排気しているファンについてのみ計算することが多いので，今回のように「思わぬところからの騒音」に悩まされることがよくある．ある劇場では，客室の下のファンルームに設置された奈落系統の給排気ファンからの騒音が客席まで届き，大きな問題となった．

このように，騒音計算をする部屋と無関係のファンでも，部屋の近くに設置されている場合やダクトが近くを通っている場合には，騒音源として，十分な注意をはらわなければならない．

表　消音エルボの減音量

接続ダクト寸法		オクターブバンドの中心周波数(Hz)					
h	w	125	250	500	1000	2000	4000
400	400	4	13	13	17	15	15
400	600	4	13	18	21	18	18
500	800	4	11	16	20	14	13
500	1000	6	12	18	22	16	16

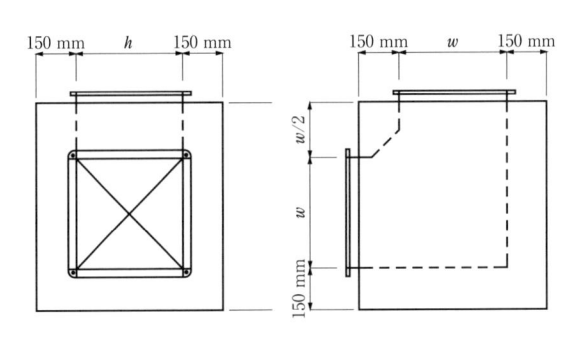

図(b)　消音エルボ((株)アルク環境エンジニアリング資料)

※この事例は菱和技報1971年の報告であり，現在はこのような施工はしていないが，騒音対策は各方面から検討が必要であるという教訓として記載した．

102 大は小をかねない
―送風機の過大設計で，吹出口・吸込口での騒音が問題となる―

[状 況]

竣工を目前にひかえたある劇場で，舞台・客室系統の空調機を試運転したところ，吹出口・吸込口から大きな騒音が出た．室内騒音の設計目標値"NC-30"に対して測定値は"NC-45"であった．

[原 因]

送風機の選定時ダクト抵抗を過大に見たため，騒音発生の要因となった．

[対 策]

風量測定の結果，ファンに十分余裕があるので，モータプーリ*を 250φ から 175φ へと 30 % ダウンした．

プーリダウン*後，騒音測定をしてみると NC-30 となり，風量測定の結果も設計値を満足していた．

表　ファンの性能変化

項　目	計算式	プーリを 30 % ダウンした場合の例
風　量	$Q_2 = Q_1 \times \dfrac{n_2}{n_1}$ （1乗比例）	$\dfrac{7}{10} = 0.7$ 倍となる
静　圧	$P_2 = P_1 \times \left(\dfrac{n_2}{n_1}\right)^2$ （2乗比例）	$\left(\dfrac{7}{10}\right)^2 = 0.49$ 倍となる
軸動力	$kw_2 = kw_1 \times \left(\dfrac{n_2}{n_1}\right)^3$ （3乗比例）	$\left(\dfrac{7}{10}\right)^3 = 0.34$ 倍となる
騒　音	$dB_2 = dB_1 + 10 \log_{10}\left(\dfrac{Q_2}{Q_1} \cdot \dfrac{P_2^2}{P_1^2}\right)$ $= dB_1 + 10 \log\left(\dfrac{n_2}{n_1}\right)^5$ （5乗比例）	$\left(\dfrac{7}{10}\right)^5 = 0.17$ 倍となる 騒音は dB で表現するので，これは -7.7 dB となる

（注）回転数が n_1 から n_2 になったとき，それぞれ $Q_1 \to Q_2$, $P_1 \to P_2$, $kw_1 \to kw_2$, $dB_1 \to dB_2$ になるものとする．

> **教 訓**

回転数が変化した場合のファンの性能変化は，表のようになる．

この表は，ファン自体の性能変化であり，ダクトなどの抵抗が接続された場合，ファンの運転点はダクト抵抗とのバランスで決まる．図のように，回転数を n_1 から n_2 に下げたとき，風量が Q_1 から Q_2 に減少してダクト抵抗が下がり，静圧が P_1 から P_2 に変化したとする．

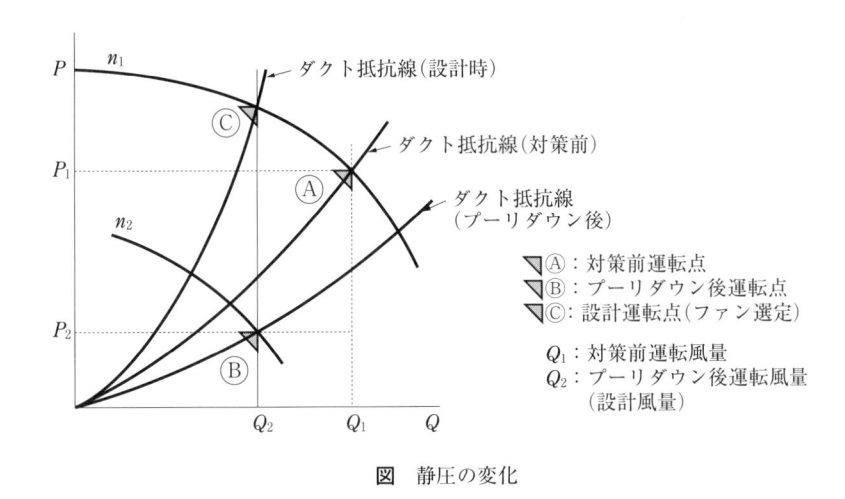

Ⓐ：対策前運転点
Ⓑ：プーリダウン後運転点
Ⓒ：設計運転点（ファン選定）
Q_1：対策前運転風量
Q_2：プーリダウン後運転風量（設計風量）

図　静圧の変化

この場合の減音量は，

$$\Delta dB = 10 \log_{10}\left(\frac{Q_2}{Q_1} \cdot \frac{P_2^2}{P_1^2}\right)$$

となる．

このように，プーリダウンは騒音の減少に抜群の効果を発揮する．

しかし，この事例での根本的なあやまちはファンを過大選定したところにある．

設計検討時間が少ないと，われわれはとかく安全係数を大きく見る傾向にあるが，「大は小をかねる」とは限らず，かえってエネルギーの無駄づかい，あるいはトラブルの原因になることが多い．

設計時，施工時には，次の点に十分注意しなければならない．

① 安易な過大設計はしない．
② 施工前に施工図による抵抗のチェックを行う．
③ 施工前に騒音のチェックを行う．

【用語解説】＊モータプーリ：電動機軸側のベルト掛け用円筒形の車．
　　　　　＊プーリダウン：プーリの口径縮小変更．

103 騒がしい外壁ガラリ
―チャンバの施工不良で，排気ガラリから騒音が発生―

状況

大阪市内のある現場での事例．竣工直前に外壁ガラリから「シャーシャー」という大きな音が出て問題となった．ガラリサイズは有効開口率 0.4，風速 3.5 m/s で選定していたのだが….

原因

ガラリ前面の風速分布を測定してみると，図(a)(ⅰ)のように，中央で約 10 m/s，端部ではほとんど 0 m/s という状態になっていた．これでは風速 3.5 m/s でガラリを選定した意味がまったくなくなってしまう．

原因は，ガラリの手前に取付けたチャンバの w 寸法が短く，ダクトからの空気がチャンバ内で拡散されずに直接ガラリに到着していたためであった．

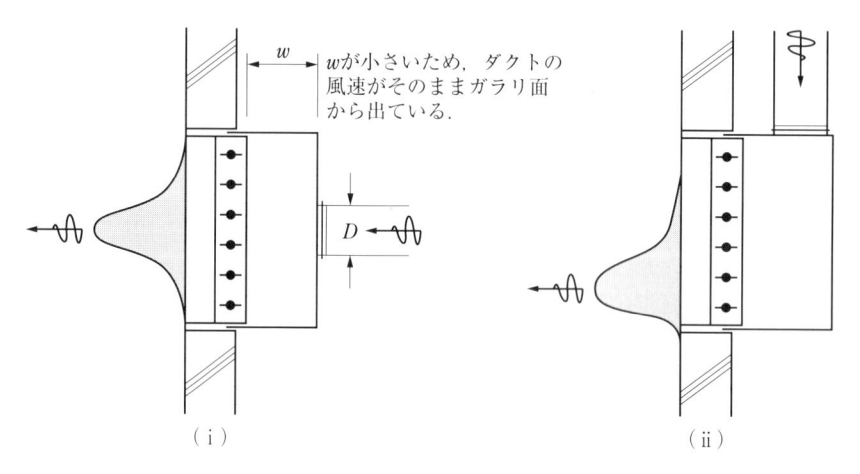

図(a) 風量分布にむらがある（よくない）

対策

チャンバの w 寸法を大きくすることは，おさまり上，不可能だったので，図(b)(ⅱ)のように，チャンバ接続部の直管ダクトをホッパ*に変更して風速分布が均一になるようにした．

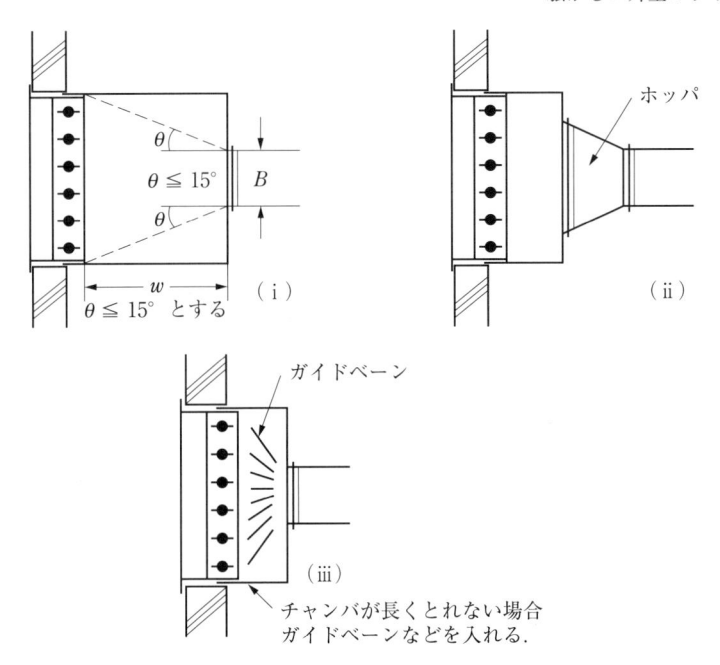

図(b) 風量分布が均一になる(よい)

教訓

おさまりの関係から，図(a)(ⅰ)，(ⅱ)に示すような申し訳程度のチャンバの施工をよく見かける．これではチャンバとしての役目を果たさないばかりか，大きな空気抵抗が生じ，ひいては風量不足にもつながる．

一般に，ガラリチャンバの施工においては，図(b)(ⅰ)に示す θ が $15°$ 以下になるように w 寸法を決めなければならない．w 寸法が十分とれない場合には，図(b)(ⅱ)，(ⅲ)に示すように，ホッパ，ガイドベーン*などを取付け，ガラリ前面風速を均一にするように留意しなければならない．

【用語解説】＊ホッパ：拡大ダクト．
＊ガイドベーン：案内羽根．

104 冷凍庫で震えるユニットクーラ
―ファンに付着した霜が原因―

状況

食品工場で冷凍庫に隣接した2階事務室での出来事．「どこからともなく，継続的な騒音と振動が起こり，非常に不快である」と事務員が訴えてきた．

原因

工場内を調査すると，原因は冷凍庫であることがわかった．冷凍庫内ユニットクーラのファンと，後部の天井面に多量の霜が付着していた．ファンのインペラに霜が付着したためアンバランス状態になり，ユニットクーラが振動した．その振動が鉄骨を介して天井裏のダクトを振動させ，騒音を起こしていた(図(a)参照)．

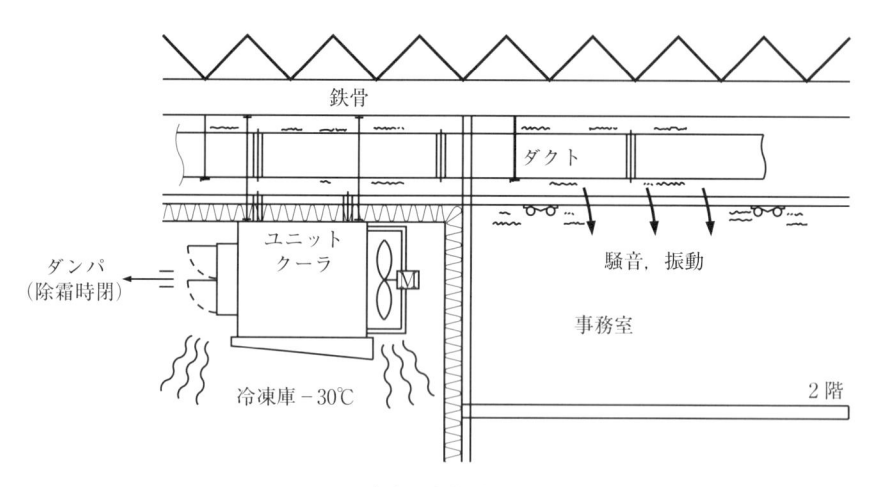

図(a) 建物断面図

このユニットクーラは，散水デフロスト方式*である．除霜時はファンが停止して吹出し側ダンパが閉となるので，発生した霧がファン側に溜まった．この霧がファンのインペラに偏って付着して霜となっていた．

冷凍庫で震えるユニットクーラ　**177**

表　散水の調整

散水水温	+25℃ → +20℃
散水時間	15分/回 → 10分/回
散水回数	2回/日

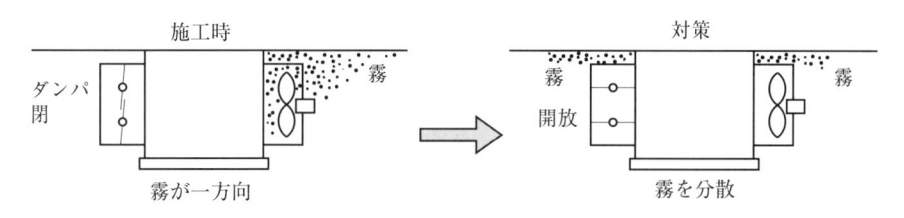

図(b)　ダンパの除去

[対　策]
　除霜時の霧の発生を押さえるため，散水温度と散水時間を調整した（表参照）．また，霧を分散させるため，吹出し側のダンパを取り除いた（図(b)参照）．

[教　訓]
　冷凍庫の散水デフロスト方式では，庫内温度を保ちながら霧の発生を少なくするため，水温，時間の調整を十分に行う．

【用語解説】＊散水デフロスト方式：冷却面に水をかけて霜を溶かす除霜方式．風量と散水量，散水温度や散水ノズル角度に注意する．

105 床置ファンコイルユニットからハンマ音！
—電動ボール弁の急閉によるトラブル—

状況

竣工後まもなく，客先から「アトリウム内でガタガタという連続音が発生して，館内全域に大きく反響するのだが…」との連絡が入った．

原因

図(a)に示すように，ファンコイルユニットの冷水還り側に電動ボール弁（スプリングリターン型）が取付けてあった．

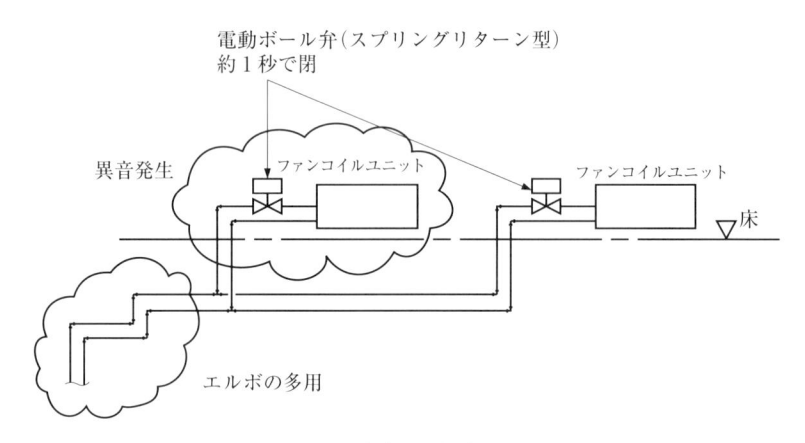

図(a)　対策前

この電動ボール弁が急閉するため，ウォータハンマ*が起こり，異音発生の原因となっていることがわかった．ウォータハンマ発生の原因として，以下のことが考えられる．

① 配管内の水圧が0.4 MPa以上と高い．
② ファンコイルユニットに至るまでの配管施工に無理があり，エルボを多用している．
③ 電動ボール弁の閉スピードが1秒に設定されている．

床置ファンコイルユニットからハンマ音！　　**179**

(図中ラベル)
ウォータハンマ防止用クッション装置取付
電動ボール弁(スプリングリターン型)　約6秒で閉に交換
ファインコイルユニット
ファインコイルユニット
床
エルボの部分を減らす

図(b)　対策後

[対　策]
　そこで，電動ボール弁の閉速度を1秒→6秒のものに交換した．さらに，ウォータハンマ防止用のクッション装置を配管途中に取付けることで異音は発生しなくなった(図(b)参照)．

[教　訓]
　一般には，ファンコイルユニットでのウォータハンマ発生は珍しい．しかし，今回のように水圧も高いうえ，無理な配管施工(おさまり上，どうしても仕方のない場合など)をするとこのようなことが起こる．
　また，電動ボール弁の閉速度も注意が必要である．

【用語解説】＊ウォータハンマ：水の流動圧力によって生じる衝撃音や振動．

106 落水の警鐘を鳴らすのは誰だ？
―落水防止弁の作動時間に要注意―

状況

ある工場での事例．1階から3階まで水冷パッケージ型空調機を設置し，屋外に冷却塔・冷却水ポンプを設置して空調を行っていたが，運転停止時に冷却水ポンプが停止すると，どこからか「パーン，パーン」という音が聞こえてきた．系統は図のとおりである．

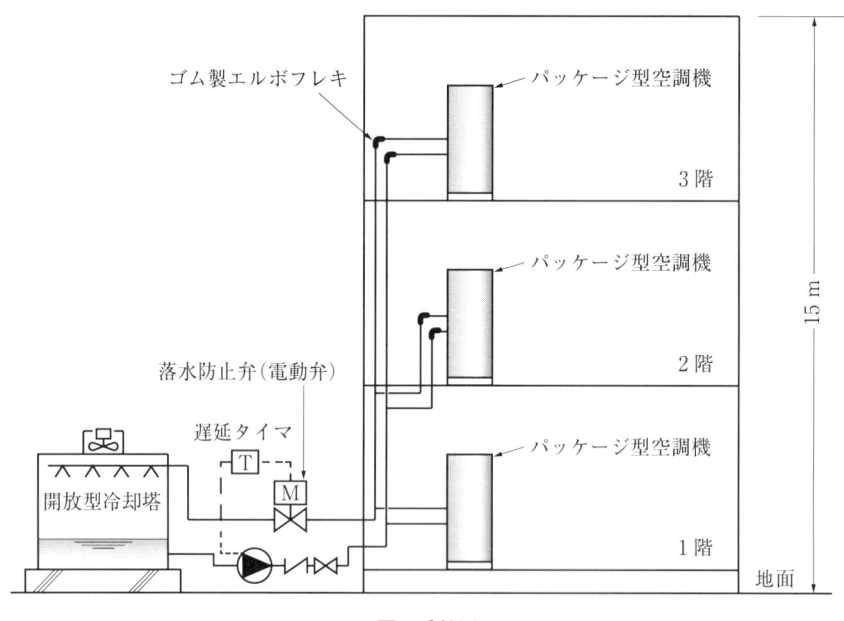

図 系統図

原因

調査するとエルボフレキに音源があるらしいことがわかった．

冷却水ポンプが停止すると，落水防止弁が作動するシステムにはなっているのだが，弁が全閉になるまでの間は負の水頭圧が生じるため，冷却水配管内が負圧となってしまう．そのため，パッケージ型空調機まわりに取付けたゴム製のエルボフレキにへこみが生じる．そして，弁が全閉になって，エルボフレキが通常の

形に戻るときに，音が発生していた．

[対　策]
　落水防止弁が作動し，全閉になるのに 10 秒かかっていた．そこで，冷却水ポンプに遅延タイマを取付け，まず落水防止弁が作動し，全閉になってからポンプを停止するように改修をした．

[教　訓]
　配管システム途中に電動弁を取付ける場合，その開閉に要する作動時間も考慮すること．
　このまま使用を続ければ，いずれエルボフレキが破損する．
　音がして気付いたが，フレキが破損してからでは被害が大きくなるところであった．

※現在，水冷パッケージ型空調機の事例は少なくなったが，落水防止弁の作動時間に起因する教訓として記載した．

H. 結露

107 換気ダクトも結露します！
―室内が高温多湿のため，
　外気取り入れダクトが結露―

状況

あるタイヤ加硫工場での事例．ある夏の日の早朝，「ダクトが結露している」とクレームがあった．この工場は24時間稼動で，真夏には室内乾球温度（DB）が40℃を超えることもあり，作業環境改善のための換気設備を施工した後であった．

原因

結露していたのは外気取り入れダクトで，加硫がまの上部がとくにひどいように見えた（図(a)参照）．このときのダクト内空気（外気）は乾球温度（DB）20℃，室内空気の乾球温度（DB）30℃，湿度（RH）70％であった．室内条件が乾球温度（DB）30℃，湿度（RH）70％のときの露点温度（DP）は24℃，ダクト外気面の温度は約22℃となり，当然結露した（図(b)参照）．

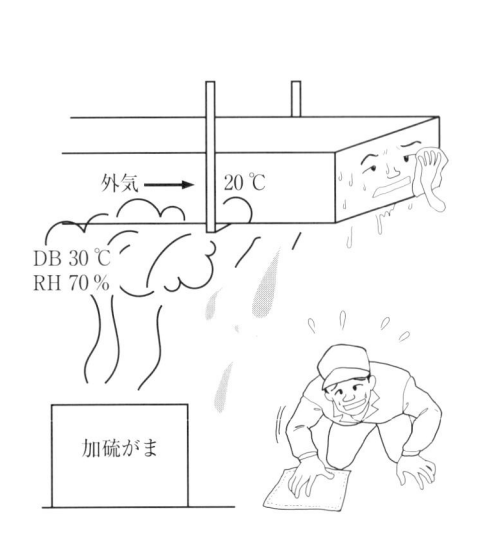

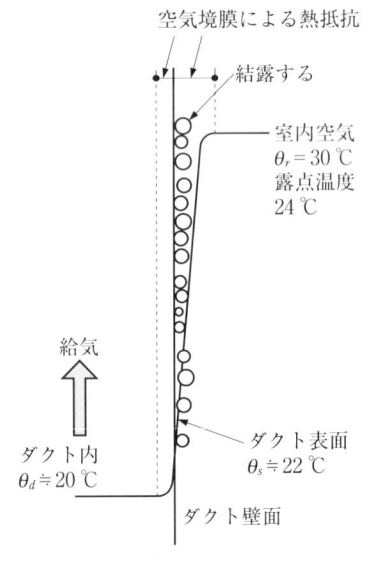

図(a) 工場内のダクト　　　　図(b) ダクト壁面の温度分布

換気ダクトも結露します！　　**183**

[対 策]
外気取り入れダクトを断熱し，結露を防いだ．

[教 訓]
「換気ダクトに断熱は不要」という一般概念にとらわれたための失敗例である．ダクトの表面温度が室内の露点温度以下になった場合にダクトは結露する．

いま，鉄板の熱抵抗を無視し，ダクト内風速を 10 m/s と仮定すると，図(c) から簡単に表面温度が求まる．たとえば，室内温度を 30 ℃，ダクト内空気温度を 20 ℃ とすると，ダクト表面温度は 22 ℃ となる．

室内条件が特殊な場合で，ダクトに結露のおそれがあるときには，図(c)で一度チェックしてみるとよい．

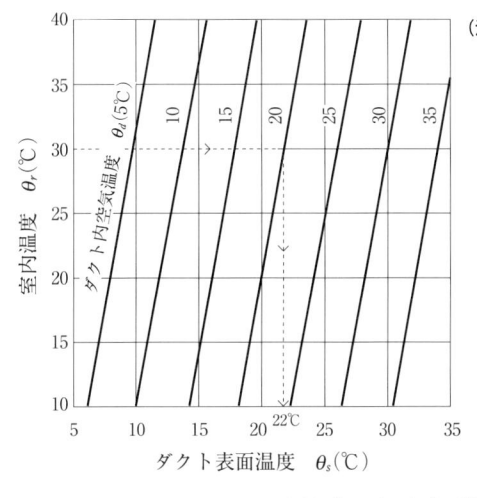

(注)
1. 鉄板の熱抵抗は無視する．
2. ダクト内風速は 10 m/s とする．
3. 室内側のダクト表面熱伝達率は，
   $\alpha_r = 8.7\ \text{W}/(\text{m}^2 \cdot \text{K})$
   とする．
4. ダクト内側のダクト表面熱伝達率は，
   $\alpha_d = 40.7\ \text{W}/(\text{m}^2 \cdot \text{K})$
   とする．
5. 図は次式による．
$$\theta_s = \frac{\alpha_r \cdot \theta_r + \alpha_d \cdot \theta_d}{\alpha_r + \alpha_d}$$

図(c)　ダクト表面温度算出図

108 排気ダクトも結露します！
― 真冬，天井内の全熱交換器排気ダクトが結露 ―

状況

引渡し直後の病院での真冬の事例．ナースステーションの天井内に設置してある全熱交換器の排気ダクトの表面が結露し，天井から漏水した．
給気と外気取り入れダクトは断熱をしていたが，排気ダクトは断熱していなかった．この全熱交換器は，熱交換効率が 60％以上ある．

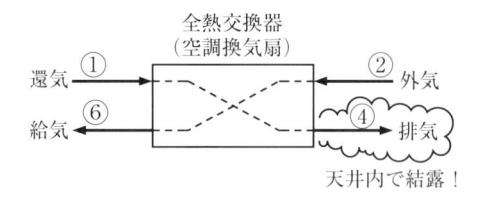

図(a) 空気の流れ

① ナースステーション ： DB 23℃ RH 55 %
② 外気 ： DB 0 ℃ RH 40 %
③ ナースステーション天井内 ： DB 19℃ RH 50 %
④ 全熱交換器排気 ： DB 7.5℃ RH 63 %
⑤ 天井内露点温度 ： DB 8.5℃
⑥ 全熱交換器給気温度 ： DB 13.8℃

図(b) 空気の状態

排気ダクトも結露します！　　185

[原　因]
　排気ダクトの結露の原因は，図(a)，(b)に示すように，天井内の露点温度と排気ダクトの表面温度にあった．
　図(b)に天井内の条件を整理すると，天井内の露点温度(8.5℃)より，排気温度(7.5℃)が低いので結露してしまった．

[対　策]
　全熱交換器から排気口までの排気ダクトの断熱をした．

[教　訓]
　一般に排気ダクトは断熱をしないが，条件次第では結露するので注意する．

109 保温材に雨水は天敵！
—外気取り入れダクトの保温は確実に—

状況

あるカラッと晴れた冬の日の出来事．ある実験室の天井から，なぜか「ポタポタ」と雨漏りのようなものが落ちてきた．しかも，空調工事竣工後，まだ1年も経っていないのである．この実験室は動物飼育室のため，空調は24時間運転であった．

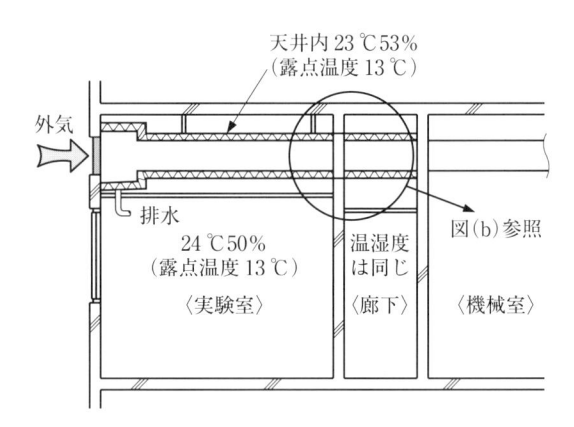

天井内 23℃ 53%
(露点温度 13℃)

外気

排水
24℃ 50%
(露点温度 13℃)
〈実験室〉

温湿度
は同じ
〈廊下〉

図(b)参照

〈機械室〉

図(a) 外気ダクト

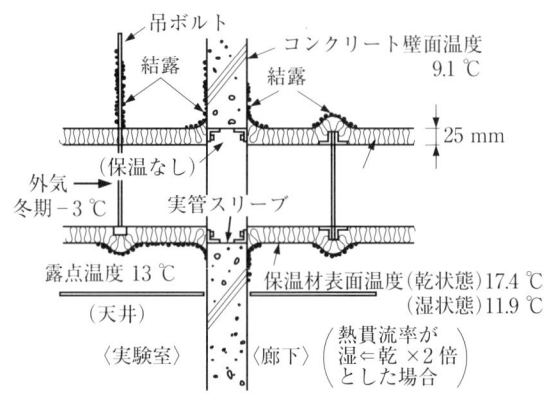

吊ボルト
コンクリート壁面温度 9.1℃
結露
結露
25 mm
(保温なし)
外気
冬期 −3℃
実管スリーブ
露点温度 13℃
(天井)
〈実験室〉
〈廊下〉
保温材表面温度 (乾状態) 17.4℃
　　　　　　　(湿状態) 11.9℃
(熱貫流率が
湿⇐乾×2倍
とした場合)

図(b) 壁貫通部(対策前)

結露

保温材に雨水は天敵！　　**187**

[原　因]

さっそく天井裏に入って調査してみた．すると，コンクリート壁面，ダクトの吊りボルト，さらにダクトの保温材の表面までが結露していた(図(a)，(b)参照)．その結露水が天井に落ち，水漏れの原因となった．

結露したダクトの系統は，外気取り入れ用のものであった．

① 外気取り入れガラリから雨水が入り，保温材の保温性能が低下していた．
② 保温施工の不具合な箇所があった．

[対　策]

ガラリチャンバの底にテーパーを付けて排水するようにし，さらに壁貫通部まわりのダクトは図(c)のように手直しした．

① 吊りボルト・吊りアングル・ダクトフランジに保温を行った．
② 貫通部の実管スリーブの内側に保温を施した．
③ 貫通部のコンクリート面を断熱した．

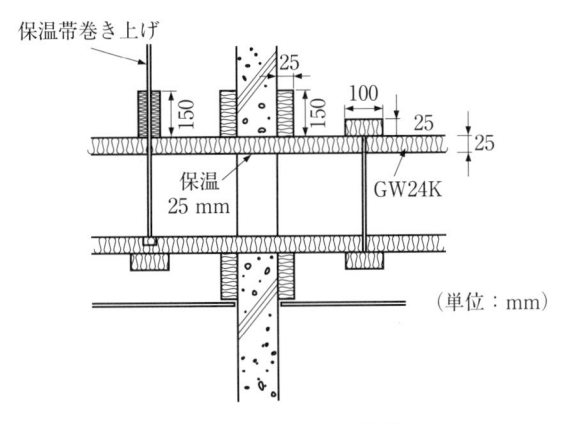

図(c)　壁貫通部(対策後)

[教　訓]

外壁開口部の雨水の浸入対策は十分に行い，外気ダクトの結露防止対策をもう一度見直し，空調をしていない部屋や天井内は露点の高い場合が多いので確認する．

110

ダクト内から満水警報！
―排気ダクトに湯気が溜まる―

［状況］

ある食肉加工工場で起こった事例．工場完成後，試運転も無事終了し，空調設備は毎日順調に運転されていた．そこで工場の生産がはじまったのであるが，そのとたんに排気ダクト内に多量(バケツ8杯分)の結露水が溜まるというトラブルが発生した．この設備の排気系統を図に示すが，室内は年間18℃に空調され，製品(ソーセージなど)の洗浄および室内の床消毒，洗浄に多量の温水と蒸気とが消費されていた．

［原因］

タンクや洗浄などから発生する湯気および蒸気が，室内低温空気に冷却されて結露となり，排気ダクト底部に溜まったものと判明した．

［対策］

排気ダクトのハゼ，フランジ部などをコーキングし，ダクト底部には水抜き配管を取付けて空調機のドレン配管に接続した．

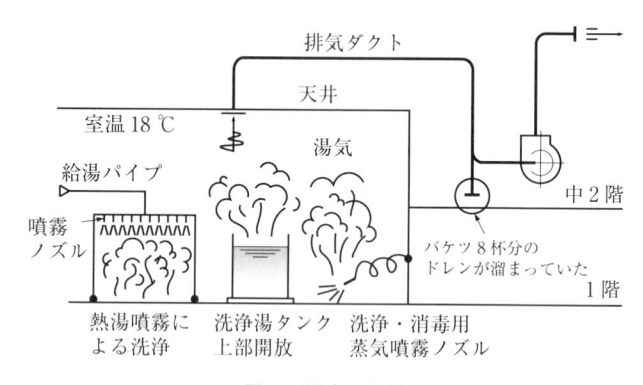

図　工場内の状況

［教訓］

このケースで，食肉工場では予想以上に湯気が発生することがわかった．排気はダクト方式よりも換気扇，ルーフファンなどによる直接排気が望ましく(ただし，衛生面のチェックは十分に)，やむをえずダクト方式にする場合も，ダクトは最短になるよう考慮し，勾配を取ってドレン配管を施す．

また，ダクトを保温することは蒸気対策には有効であるが，湯気に対しては効果が少ないので注意する．

111 ダクト内加湿で水漏れ
―加湿も過ぎればダクトから水漏れ―

状況
天井埋込み型パッケージ型空調機(ダクト接続)に生じたトラブル．吐出しチャンバに加湿器を組み入れたシステムの暖房運転をしたところ，天井から水が落ちてきた．天井内を点検したところ，ダクト継手部から水が漏れていた．

原因
水漏れ箇所を調査すると，加湿器によってダクト内面が結露していることがわかった．加湿器の運転は，空調機のONおよびヒューミディティスタット*のON信号と連動されていた．しかし，空調機がONの状態でも，暖房準備時，霜取り時は温風は流れない．それでも加湿器は運転されてしまう．このため，水滴がしたたり落ちてきたのであった．

対策
空調機のスイッチが運転状態でも，ファンが停止したときは加湿も停止するように制御回路を改造した．

教訓
温風が流れているかどうかにかかわらず，加湿してしまうことに問題がある．空調機のファンと連動して加湿するよう制御盤内の結線をすべきである．

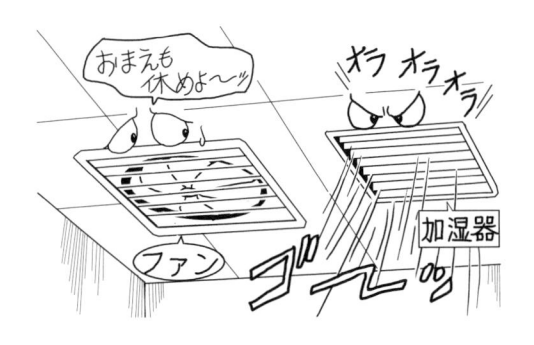

【用語解説】＊ヒューミディティスタット：湿度調節器．

112 加湿空気がダクト内で水滴に！
―相対湿度80%でも結露する？―

[状 況]

ある工場実験室で湿度増強の要求があり，加湿器をダクト内に設置した．ところが，加湿器挿入直後のダクトフランジ部分から水漏れが発生した．加湿後のダクト内湿度は，計算上，相対湿度80%程度で(加湿器出力100%のとき)，過飽和にはならず，結露はしないと考えたため，エリミネータ*を設けなかった．

しかし，実際の測定では吹出し空気が相対湿度80%のときに結露が確認された．図(a)に加湿システムの概略図を示す．

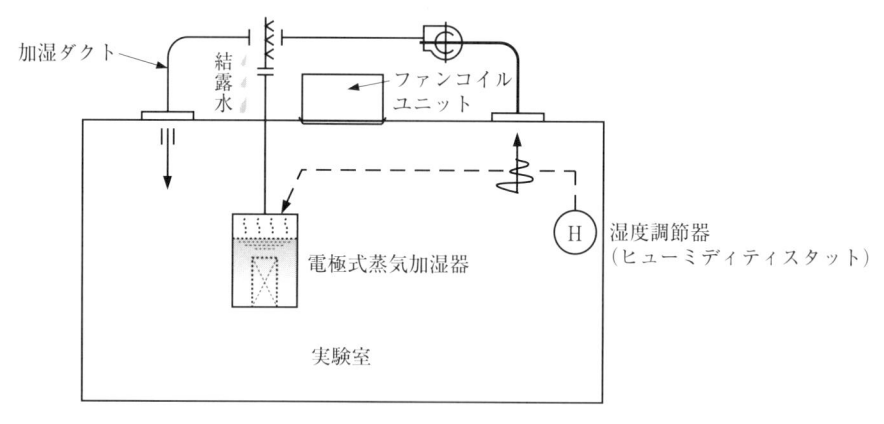

図(a)　加湿システム

[原 因]

加湿後のダクト内相対湿度は80%程度であるが，これはダクト内空気が均一な場合の平均的な相対湿度である．加湿直後は，気流の分布状態から部分的には相対湿度100%近くになり，空気中の水分が凝縮してダクト内面に結露したと考えられる．

[対 策]

図(b)のような加湿チャンバを設置した．このとき，次の点に注意する．
① 風速を遅くする(2.5 m/s程度)．

加湿空気がダクト内で水滴に！　191

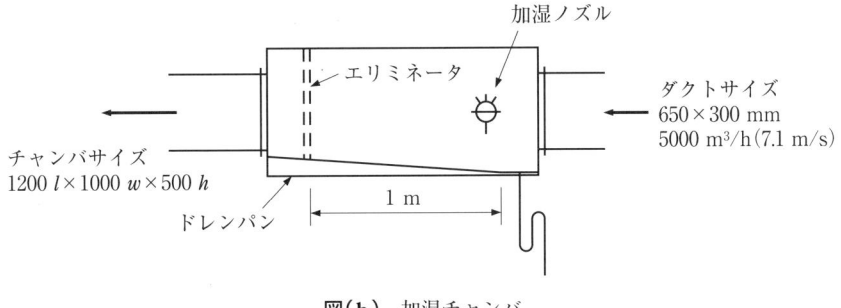

図(b)　加湿チャンバ

（図中ラベル：加湿ノズル、エリミネータ、ダクトサイズ 650×300 mm、5000 m³/h(7.1 m/s)、チャンバサイズ 1200 l×1000 w×500 h、ドレンパン、1 m）

② 加湿後の直線部を確保する（1 m 程度）．
③ エリミネータとドレンパンを取付ける．

以上により，加湿空気の均一化をはかり加湿効率を向上させた．

[教訓]
計算上は，加湿空気が凝縮しないと思われるが，部分的には湿度 100 ％になることもあると考えて，ドレンパン，エリミネータなどを設置する．

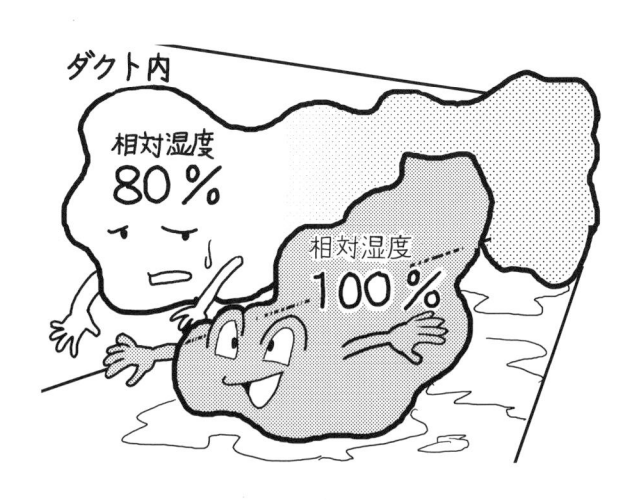

【用語解説】＊エリミネータ：気流中に含まれた水滴を分離する装置．

113 非冷房域の空調ダクトから水滴が…
―非冷房域へのダクトには，気密処理と保温強化を―

状況

竣工1年後の夏，ある電子製品製造工場内で，露出給気ダクトの保温表面に結露が発生して水滴が落下，保温材をはがすとびしょ濡れになっていた（図(a)参照）．

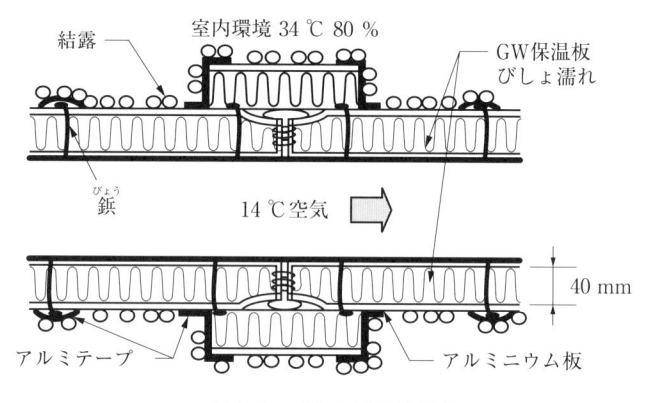

図(a) ダクト部分断面図

原因

結露箇所は，工場全体の冷房計画が1，2期に分割され，2期工事部分となった未冷房域に給気ダクトが通ることになってしまったため，そこで結露が発生した．

調べると，GW（グラスウール）保温板（40 mm）で厚さも十分あり，また突合せ部に隙間はなく，保温工事の欠陥は見られなかった．したがって，通常は問題としていない共板ダクトフランジとダクトハゼ*部からの冷気漏れが原因と考えられる．

対策

非冷房区域の空調ダクトとなった部分のフランジ部，ハゼ部にシールを施し，冷気の漏れない気密性の高いダクトとした（図(b)参照）．

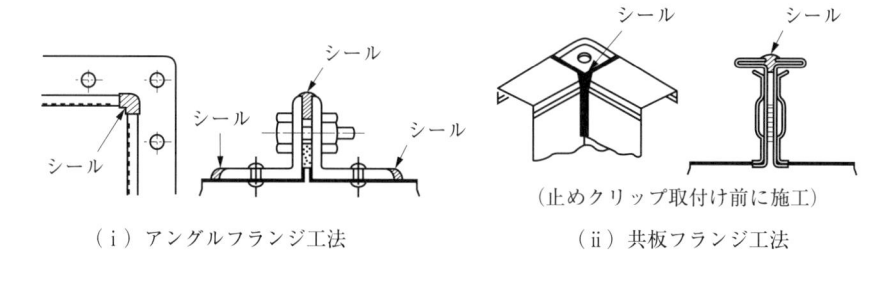

非冷房域の空調ダクトから水滴が… 193

(ⅰ) アングルフランジ工法

(ⅱ) 共板フランジ工法
(止めクリップ取付け前に施工)

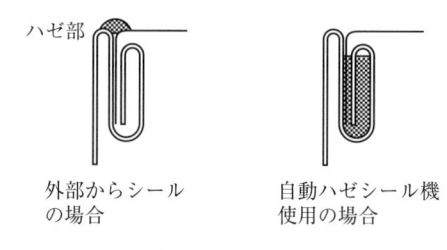

(ⅲ) ハゼ部シール部分
外部からシールの場合
自動ハゼシール機使用の場合

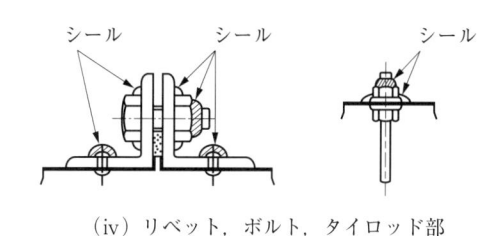

(ⅳ) リベット，ボルト，タイロッド部

図(b) ダクトシール施工部分主要箇所

教訓

　給気ダクトを非冷房域に通す場合は，ダクトの気密化を忘れないように注意する．シールなしのダクトに保温を施しただけでは結露対策にはならない．
　今回のような場合，工事途中の変更であるが，すでに吊り込んだダクトでも必ず降ろして，シールなどの処理を行うことが必要である．

【用語解説】＊ダクトハゼ：風道の板と板を相互にかみ合うように折り曲げて接合する部分．

114 植物には休日がない！
―結露防止塗料は断熱材ではない―

状況

竣工後，はじめての夏を迎えたある児童館から，「休館日に水耕栽培系空調給気ダクトに結露が生じ，翌日の開館日に床がびしょびしょになった」とクレームがきた．

原因

鉄筋コンクリート3階建て児童館の目玉として，図のように，1本の苗木から700個のトマトがなる水耕栽培を展示している．

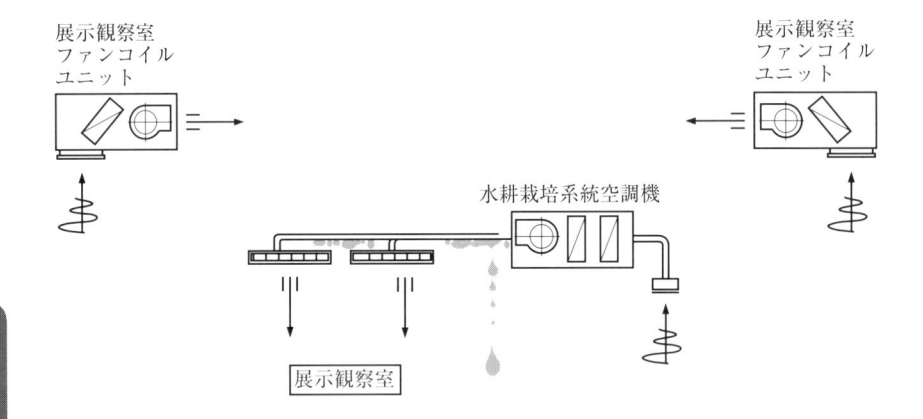

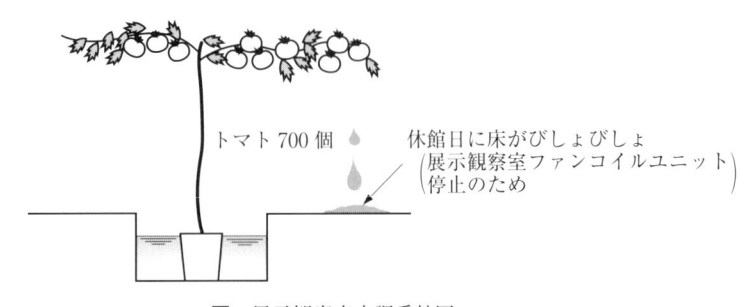

図　展示観察室空調系統図

植物には休日がない！

　水耕栽培部分は年間24時間運転の空調機による空調，そのまわりの展示観察室はファンコイルユニットによる空調である．双方とも間仕切りなしの同じ部屋となっている．空調機系統のダクトは露出しており，表面は結露防止剤で塗装されていた．

　ところが，展示観察室ファンコイルユニット系統の空調は休館日に停止するため，室内空気の露点が上昇してダクト表面が露点以下となり，結露を生じた．

[対　策]
　ダクト部分に，アルミ箔付きグラスウール保温板金網巻きの上，黒色つや消しペイント仕上げを施し，結露防止をした．

[教　訓]
　同じ部屋に2系統で空調している場合，片方が停止したときの状況を考慮すること．

115 天井設置空調機がびしょびしょ！
―結露水がクリーンルーム内へ浸入―

状況

竣工後，約2年を経過したある製薬会社工場内（空調設備のない場所）に，断熱パネル製クリーンルーム，乾球温度(DB)24±3℃，相対湿度(RH)50±10%を新設し，空調機は，クリーンルーム上部の空調設備のない空間に設置した．
クリーンルーム内に器具開口部・パネルの接続部から，水がぽたぽたと落ちてきた（図参照）．

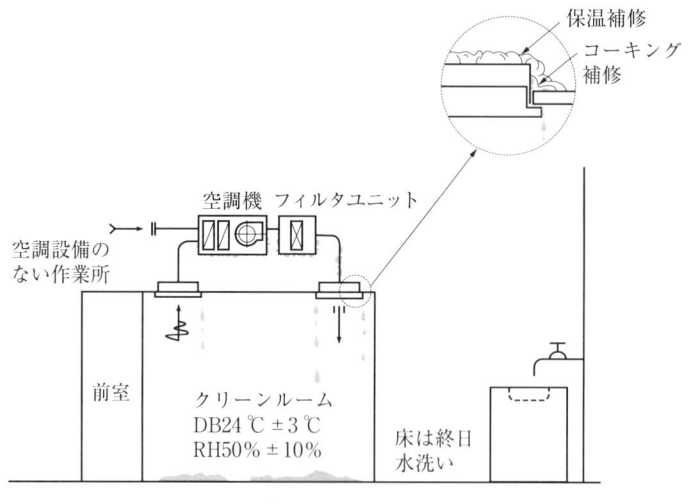

図 水漏れ状況および補修

原因

工場内は空調設備がなく，床は終日水洗いのため，高温多湿であった．
屋内ということで保温材の仕様を決めたため，空調機パネル表面やダクト支持金具部分が結露した．
また，クリーンルーム内の器具開口部およびパネル接続部コーキングが完全でなかったため（一部切れていた），室内に漏水してしまった．

天井設置空調機がびしょびしょ！　197

[対策]
　器具開口部とパネル接続部にコーキングを増強し，ダクト保温材を補修した．

[教訓]
　空調機設置段階で，屋内ということで安易に仕様を決めず，室内温湿度条件と結露する条件を十分検討し，場合によっては保温の仕様アップを行う．
　クリーンルーム上部に結露や漏水の可能性のある機器，ダクト，配管類は安易に設置しない．
　やむをえず設置する場合は，機器などの結露対策を万全にし，万一の場合に備え，クリーンルーム断熱パネル貫通部のコーキングを確実に行い，ドレンパンなどを設置することも検討する．

結露

116 多湿排気は全熱交換器に入れないで！
―洗浄水を含んだ排気から水滴落下で
　　ファンモータ焼損―

[状 況]

ある食肉加工工場の改修工事で，パッケージ型空調機＋全熱交換器の組合せで空調を行っていた（図参照）．改修工事竣工から1年経過後，全熱交換器の給気ファンが絶縁不良を起こし，モータ焼損事故が発生した（全熱交換器：床置ビルトイン型機械室設置タイプ）．

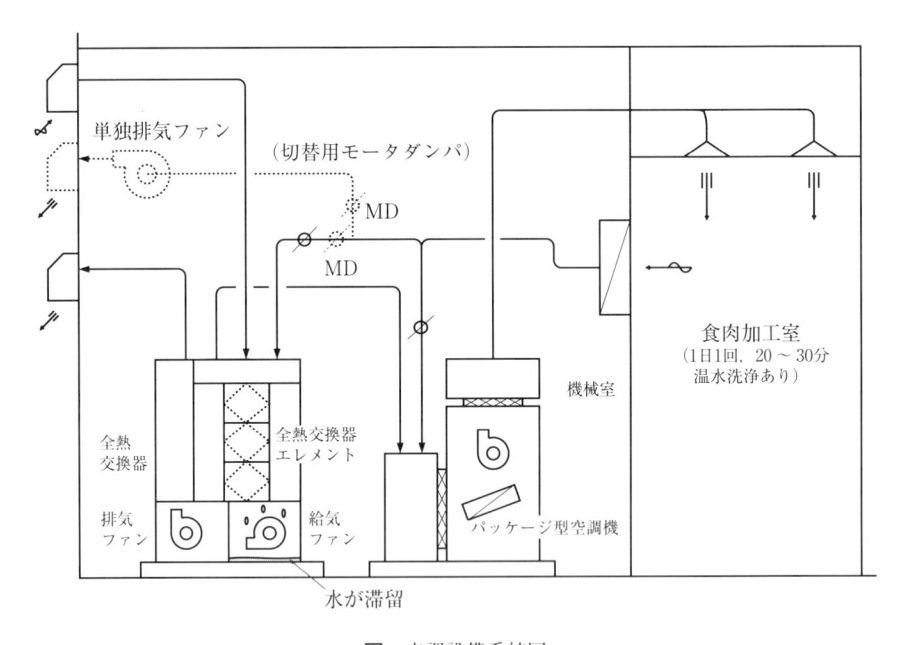

図　空調設備系統図

[原 因]

食肉加工室は1日1回20～30分間，室内を温水洗浄していた．

洗浄作業後，全熱交換器を通して排気を続けたため，水分を含んだ排気がエレメントを通り，水滴が給気ファンおよびファンセクション下部に落下し，モータ焼損となった（全熱交換器の排気空気条件：－10～＋40℃，相対湿度80％以下）．

対 策

　対策としては，モータダンパ(MD)の切り替えにより，洗浄時に使用する単独ファンと排気ダクトを設置する．

　しかし，今回は予算上の問題から，洗浄時に全熱交換器の給排気ファンを止め，パッケージ型空調機を循環運転し，除湿後再び通常運転とするよう全熱交換器のON-OFFスイッチを室内側に取付けた．

教 訓

　基本的に，水分を含んだ排気が考えられる条件での換気は，単独給・排気に切り替えるシステムとする．

　全熱交換器は，空調運転時の換気を補完する機器である．

　既設の場合は，室の使用勝手を確認し，客先に対して施工前にシステム不具合点を申し出て，改善提案を行い，承認を得ること．

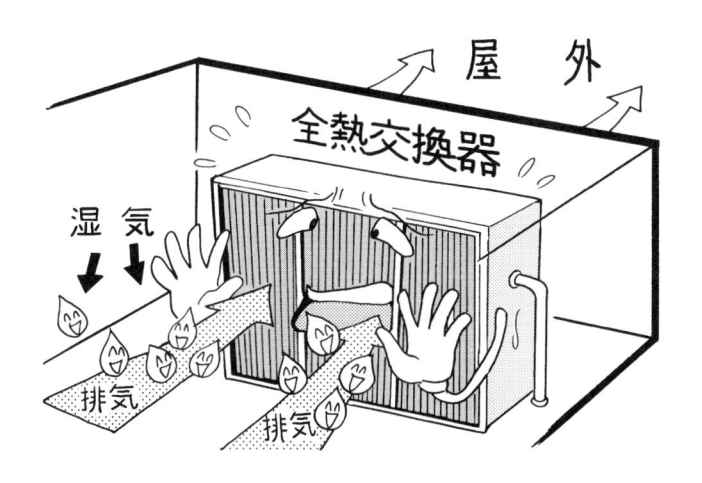

1. メンテナンス

117 サービスマンは忍者ではない
―点検口は適切な位置に取付ける―

状況

竣工後数年経ったあるビルへ風量調整に行ったときの話．
竣工図を頼りに，点検口から天井裏をのぞいてみたがVD(風量調整ダンパ)は見あたらない．しかたなく，埃の溜まった天井裏に潜り込み，ダクトを乗り越え，天井の吊りボルトの隙間を縫って，梁下をくぐりぬけ，やっと目的のVDを見つけた．VDと点検口との位置は図のとおりであるが，まさに忍者顔負けのスタイルであった．

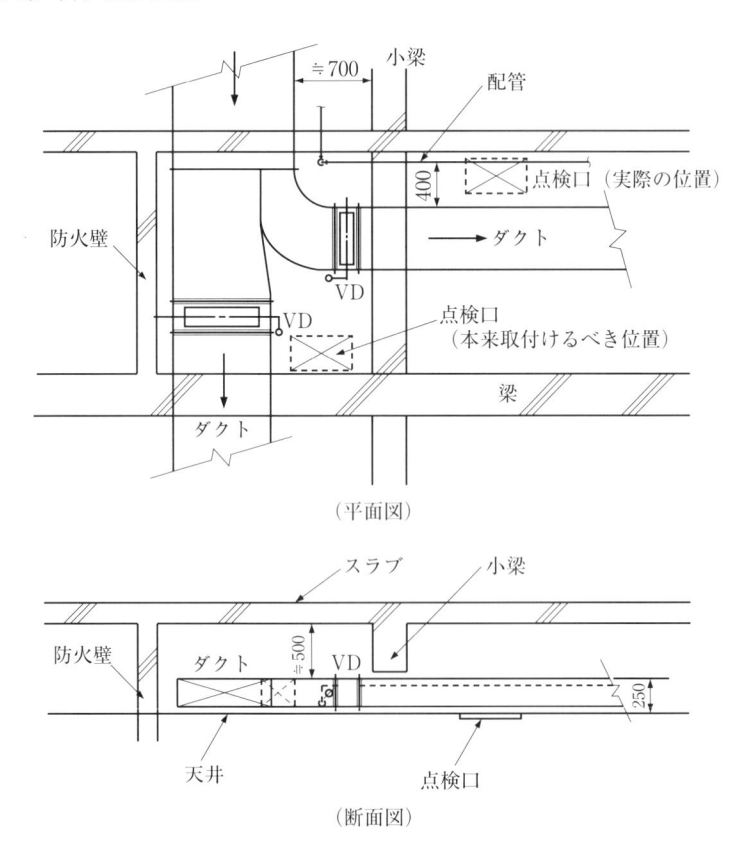

図 ダンパと点検口との位置関係 （単位：mm）

[原因]
　点検口の本来の目的を検討せずに，不適切な位置に設置したためである．

[対策]
　今後のことを考えて，図の「本来取付けるべき位置」に点検口を追加した．

[教訓]
　本来，点検口は天井裏に上がるためのものではなく，その位置から調整なりアフターサービスをするためのものである．

　しかし，実際にはおさまりなどの都合でどうしても天井裏に上がらなければならない場合も多く，この場合には対象まで容易に行ける位置に取付けないと意味がない．

　一般に，点検口は建築工事の範囲に含まれる場合が多いので，建築業者との打合せを密にし，適正な位置に取付けてもらわなければならない．

　ましてや，調整やアフターサービスが必要なのに点検口が取付けられていないのは論外である．

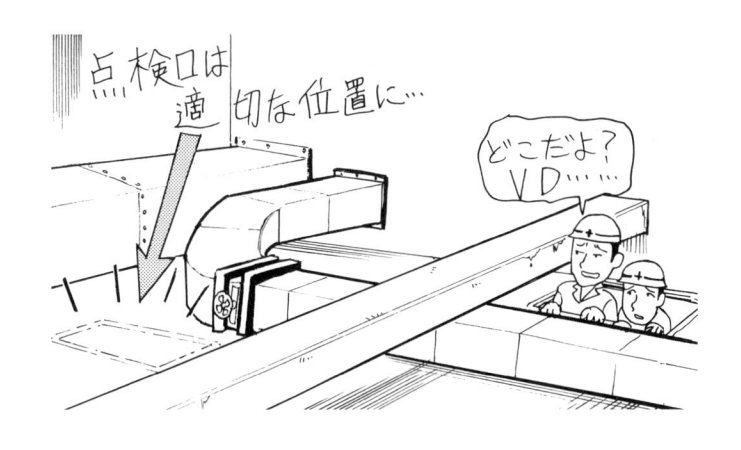

118 先を見越した手だてを！
―機器まわり配管には，メンテナンス用フランジの取付けを―

状況
吸収式冷凍機の凝縮器の水管を掃除するために，ウォータジャケット*を外そうとしたところ，接続された冷却水配管に固定されて，そのままでは外れない．やむなく，配管系の水抜きを行い，バルブを外してから，やっとウォータジャケットを外すことができた．

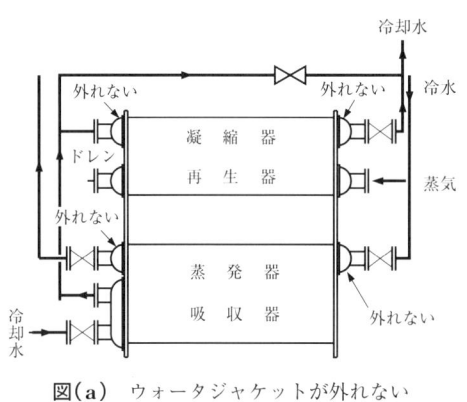

図(a) ウォータジャケットが外れない（よくない例）

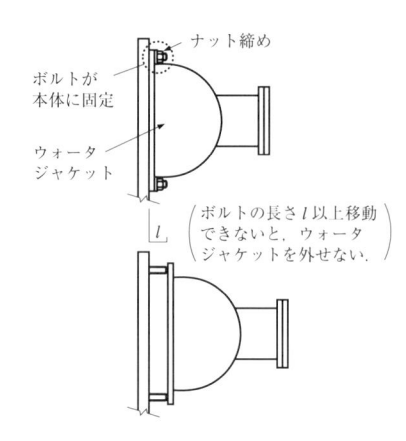

図(b) ウォータジャケットまわり

原因
図(a)のように配管が接続されており，冷凍機のウォータジャケットは，本体に固定されたボルトで取付けられているため，図(b)のようにボルトの長さ l だけジャケットをずらす必要がある．

対策
機器まわりの配管には，機器やバルブの機能や構造に合わせて，メンテナンスや取り外しができるようにフランジなどを適宜取付けておく必要がある（図(c)参照）．

また，一般のフランジ型バルブとバタフライバルブとでは一見同じフランジ型に見えるが，バタフライバルブの場合は，一本のボルトで両側のフランジを締め付ける構造のため，バルブを取付けたまま，片側のフランジだけを取り外すこと

先を見越した手だてを！ 203

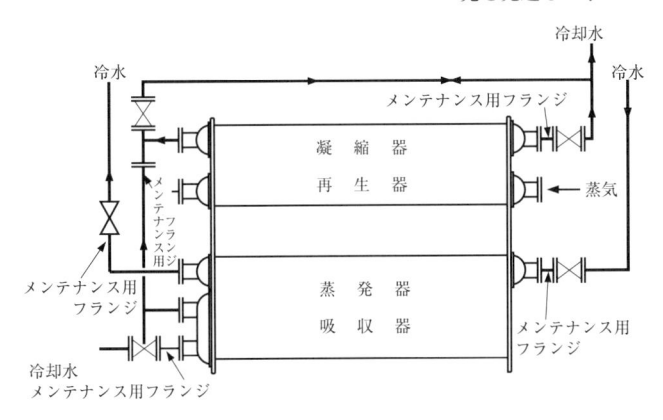

図(c) メンテナンス用フランジを設けた例
（フランジ型バルブの場合）

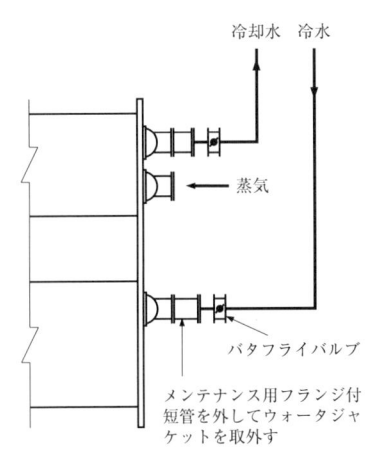

図(d) メンテナンス用フランジ付短管を設けた例
（バタフライバルブの場合）

はできないので注意する．

　この場合は，図(d)のようにフランジ付短管をもう一つ挿入しておくとよい．

[教　訓]
　機器類は，必ずメンテナンスが必要となる．そのときの作業内容を考慮して，フランジやバルブ，水抜きバルブ，作業スペースを考えた施工が必要である．

【用語解説】＊ウォータジャケット：水の槽．

まめ知識

―点検口取付け注意 5 選―

(1) 障害物競走の苦手なサービスマン

点検口は器具の近くに必ず設ける．開口部に配管やダクトが邪魔をして入りにくいことが多い．

(2) 大型ファンの軸受にはグリスが必要

ファンに点検口取付け不能の場合は銅管などで必ずグリスチャージできるようにしておく．

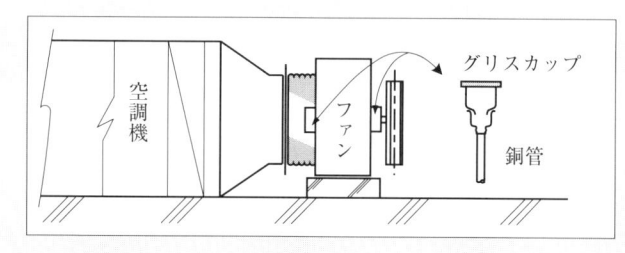

(3) 空調機のリターンダクト接続部近辺には点検口がほしい

加熱コイル，直膨コイルの点検および清掃には，点検口がないとダクトを外さなければならない．また，パッケージ型空調機のケーシングの不要な配管用タッピング孔は必ずふさぎ，パッキンを取付ける．

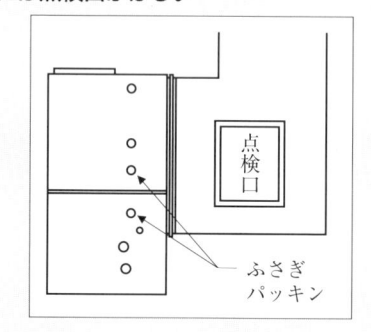

(4) 説明図があると便利

サービスコールがきて，何はともあれ現場へ駆け付けた．さて点検口をあけてなかをのぞいたら，ダクトや配管が複雑でオタオタとしたとき，近くに系統説明図が貼ってあった．この工事マン"できる！"．

(5) スペースが足りない

① 防火ダンパのヒューズ取り替えスペースを考慮する．
② フィルタは必ず取り外して掃除するもの．取り外せるかどうか確認しておく（全熱交換器のエレメント引抜きスペースも同じ）．
③ 冷凍機凝縮器などは年1回程度掃除するものである．コイル引抜きスペースが必要である．どうしても作業スペースがとれない場合は壁に点検口を設ける．

J. 電気・自動制御

119 全滅した水中ポンプ
―排水槽内で電線を接続したため，
水中ポンプが焼損―

状況

竣工後9か月のビルで，排水水中ポンプ6台のうち4台が絶縁不良，2台が焼損するという事故が発生した．

原因

槽内に入り調査した結果は次のようであった(図参照)．
① ポンプ付属のキャブタイヤケーブル*と操作盤からの電線を槽内で接続していた．
② 槽の上部に結露水がびっしり付着していた．
③ キャブタイヤケーブルの末端が防水処理されていなかったため，結露水で漏れていた．

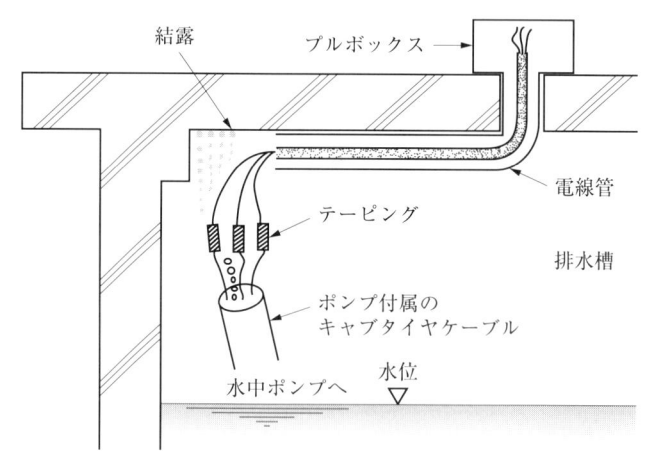

図 キャブタイヤケーブルの末端処理がなされていないため
絶縁不良を起こした現場の状況

電線を槽内で接続していたため，キャブタイヤケーブルを通してポンプモータ内に結露水が浸入し，事故が発生した．

全滅した水中ポンプ　207

[対　策]
　ポンプを取り替え，槽外のプルボックス内で電線を接続した．また，床貫通部の電線管を内部・外部ともコーキングし，プルボックス内への湿気の進入を防止した．

[教　訓]
　この事例での根本的なあやまちは，ポンプ発注時にケーブルの長さを指定しなかったことにある．
　水中ポンプのキャブタイヤケーブルは，標準で 6 〜 10 m 程度である．この長さで，槽外での接続が不可能な場合には，ポンプ発注時にキャブタイヤケーブルの長さを指定しなければならない．
　水中ポンプの電源工事を行う場合には，次の点に注意する．
① 　キャブタイヤケーブルは標準の長さで足りるか．足りない場合にはポンプ発注時に長さを指定する．
② 　電線の接続は槽外のプルボックス内で行われているか．
③ 　排水槽貫通部の電線管は，内部・外部ともコーキング(防水処理)されているか．

【用語解説】＊キャブタイヤケーブル：ゴム絶縁上に強じんなゴムまたはビニルなどで外装を施したケーブル．

120 試運転とは疑うことなり
―空冷室外機の間違い配線もチェックを―

状況

ある料亭で，空冷ヒートポンプパッケージ型空調機（呼称20冷凍トン，コンプレッサを2台内蔵）を設置したところ，1週間後，客先から「異常ランプが点灯する」というクレームが発生した．

原因

点検したところ，1段目のサーモスタットが作動（OFF）した後に，No.1コンプレッサがHPS（高圧圧力スイッチ）により異常停止することがわかった．

原因は，図のようにNo.1，No.2の室外機の電気配線が互いに逆に接続されていたためである．

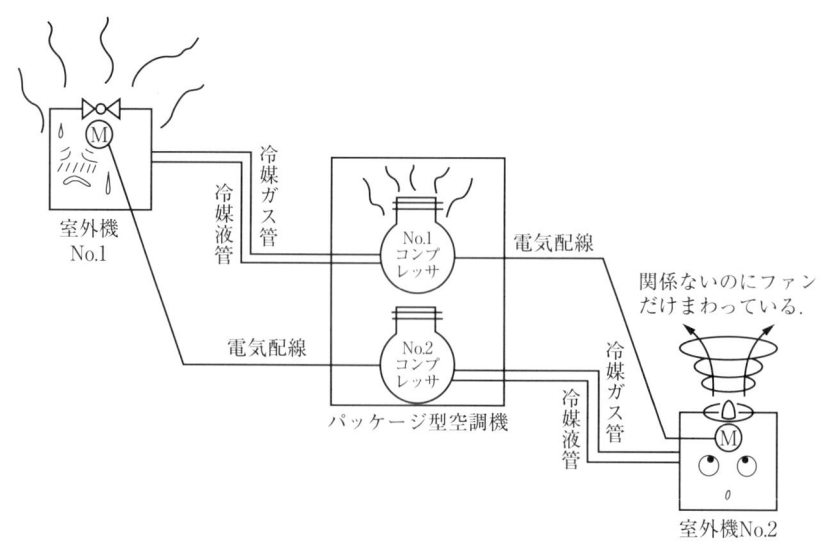

図 パッケージ型空調機

室温が高く，コンプレッサが2台運転している場合は，互いに相手側の室外機ではあるが，正常運転している．

室温が下がり，1段目のサーモスタットがOFFになると，No.2コンプレッサが停止する．

誤配線のため，室外機No.1のファンが停止し，No.1コンプレッサ系統の冷媒圧が上昇してこのような状況になった．

[対 策]
電気配線のチェックを必ず行う．また，試運転時にコンプレッサの1台運転の確認をする．

[教 訓]
試運転は，本来作動確認から行い，能力測定を行うものである．

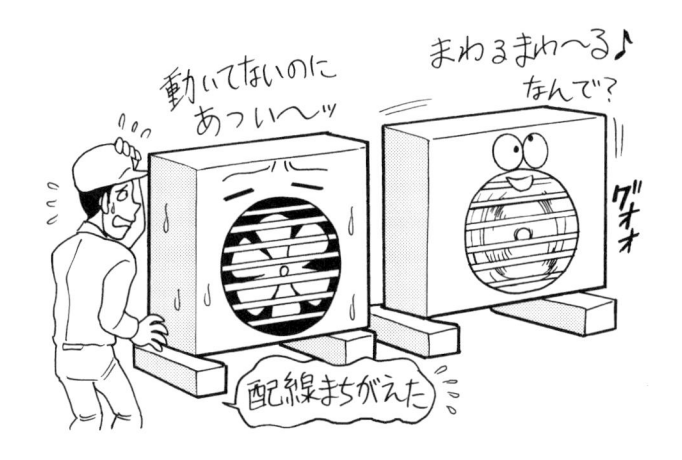

121

電線管が通気管に変身
―腐食環境での電線管の管端部にはシールを―

状況

ある処理場のオペレータから，「浄化槽用屋外型電気盤内の端子，接点などに腐食が発生しているので調査してほしい」と依頼があった．

原因

電気盤から浄化槽への電源の導入箇所を調査したところ，ポンプ電源と液面制御用電極棒電源は，図に示すとおり，浄化槽スラブへ単独に電線管を埋設し，盤内端子へと接続してあった．

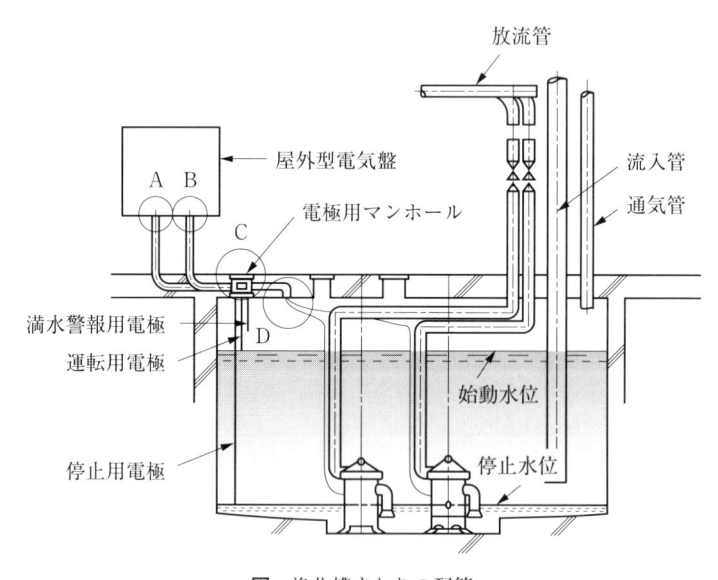

図　浄化槽まわりの配管

浄化槽と電気盤間の配管は図のように施工されているため，浄化槽で発生した腐食性ガスが，ポンプ用ケーブルおよび制御用電線と電線管の隙間を通って盤内に入り，端子を腐食した．

電線管が通気管に変身　211

[対　策]
　腐食性ガスの盤への進入防止には，盤への電線管ジョイント部と浄化槽内での管端部，すなわち，図のA～D部を完全にシールし，なおかつ，盤には通気口を設けた．

[教　訓]
　腐食性ガスの発生するおそれのあるところでの電線管の施工では，電線管の両端を忘れずにシールする必要がある．
　補足として，ポンプ付属ケーブルは盤内で接続できるように，発注時にケーブルの長さを指示する．
　基本的には，浄化槽の液面制御は電極棒タイプではなく，フロート式の制御とすべきである．

122

夜空に白煙モクモク！　火事ダー！
―アース配線なしで冷媒配管に孔あき―

状況

10月某日夜8時ごろ，あるパチンコ店の2階付近からモクモクと白煙が立昇った．これを見た隣りのクリーニング店主が，びっくりして消防署に通報し，消防自動車の出動騒ぎとなった．

原因

調査すると，このパチンコ店には空冷ヒートポンプパッケージ型空調機(呼称15冷凍トン)が設置されていたが，アース配線をとっていなかったため，冷媒配管の支持サポート部(銅管と直に接触していた)からショートし，冷媒管に孔をあけ，内部の冷媒が噴出してしまった．もちろん圧縮機も焼損していた．

直接の原因は，圧縮機用モータの絶縁不良で，漏電して冷媒配管にスパークしたのであった．

> [対 策]

圧縮機を交換し，冷媒配管もやりなおし，アース線を施した．

> [教 訓]

一般には，絶縁劣化の要因としては，次のことがあげられる．

① **頻繁な発停**：モータの始動電流が大きいので短時間に発停を繰り返すと過熱する．

　　通常の使用範囲は，
　　　　1サイクル時間　　　　12分以上
　　　　停止時間　　　　　　　5分以上

② **過熱運転**：モータは冷媒ガスにより冷却されているが，冷媒ガスの不足や過負荷により過熱することがある．

③ **液バック運転**：フィルタや熱交換器のフィンの汚れなどで風量が低下した場合や，中間期の冷房運転の場合などに起こりやすい．冷媒が液の状態で圧縮機に戻り，モータ巻線が局部冷却され劣化しやすくなったり，液圧縮により圧縮機を破損する．

④ **電圧の変動**：始動時の電圧が低下すると始動トルクが低下して，モータが過負荷となる．

⑤ **異物の付着**：潤滑油の汚れや銅配管内への異物の混入などにより，モータ巻線に異物が付着して絶縁劣化する．

⑥ **水分の混入**：冷媒系内に水分が混入すると，膨張弁の氷結を起こすだけでなく，長年月の間に冷媒と反応して酸を発生させ，劣化の原因となる．

これらの要因が単独または重複して絶縁劣化に至る．

以前にこんな例もあった．テスターで操作回路(別置ヒータのマグネットスイッチ)を調べているときに，テスターの検知棒がうっかり冷媒管にショートして冷媒管に孔があき，冷媒が噴出した．冷媒配管は銅管が多く，物理的衝撃に弱いばかりでなく電気的スパークにも弱い．アース配線などはついうっかり忘れがちであるが，十分注意が必要である．

> [まめ知識]

　ビルマルチパッケージ型空調機の場合，一部のメーカーの結線図は室内外機の間にアース線が記入されていないが，渡り線としてとる．もちろん室外機のアースは確実に行う．
　電気保安協会などから指摘される場合がある．

123 漏電で漏水発生!?
―ファンコイルユニット用電線の処理不良で漏電―

状況
ある事務所ビル改修で，4階設置ファンコイルユニット(FCU)のうち1台のステンレスフレキが破損して漏水が発生し，3階から1階まで，天井，床，エレベーター，内装などを濡らした．

原因
ファンコイルユニット(FCU)に電線(IV線)を接続するときに，外板貫通部で電線にきずがついたが，そのまま気付かず施工した．

そのため，きず部分がFCU本体に接触し，漏電が発生した．既設の古い建物で，電源には過電流遮断器(THR)の取付けのみで，漏電ブレーカ(ELB)は取付けられていなかった．そのため，電源は遮断されなかった．

さらに，FCU本体にアース線を取付けていなかったため，電流は電食防止ステンレスフレキに流れ，絶縁ナットの外表面結露部でスパークが発生した．運転を続け，たびたびスパークが発生するうちに，ステンレスフレキのナット部分に孔があき，漏水事故に至った(図(a)参照)．

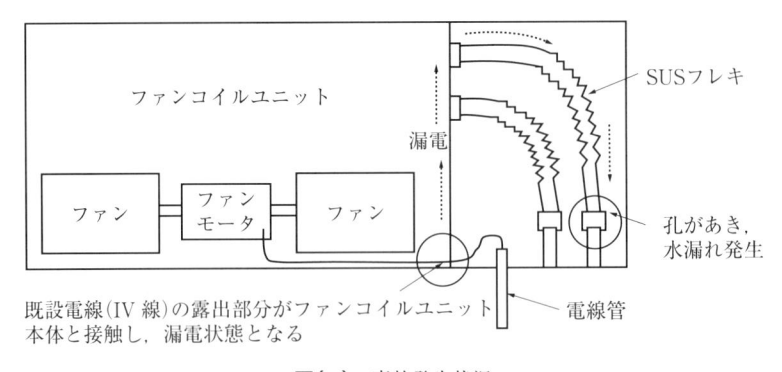

図(a) 事故発生状況

対策
電源に漏電ブレーカの取付けを依頼し，電線の引替えを行った．

教訓

　機器の鉄板などを貫通して電線を通す場合は，電線管にフレキとブッシング*をつけて，電線を保護する(図(b)参照).

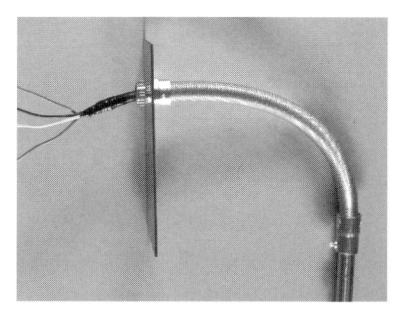

(ⅰ) 電線管フレキ

(ⅱ) ブッシング　　　(ⅲ) ロックナット

図(b)　電管接続断面図

　また，人が触れるおそれのある場所にFCUなどを設置する場合は，機器本体にアース線を取付ける(電気設備技術基準・第29条では，300 V以下で人が触れるおそれのある場所には，D種接地をとることとなっている).

　既設電線を使用する場合は劣化の有無を確認し，露出した部分があればビニールテープ，スパイラルチューブなどで保護をする.

　改修工事を行う場合，電源に漏電ブレーカが取付けてあるか確認し，機器の外板貫通部にはブッシング，ロックナットを取付ける.

【用語解説】＊ブッシング：電材用のブッシングは，鉄板などの貫通部分で電線にきずを付けないようにする機具.

124 モータは湿気が嫌いです
―防滴保護型は悪条件下には不向き―

状況

竣工1年後のある工場で，工場内設置の空調機ファンモータ(18.5 kW)が焼損する事故が発生した．

原因

空調機は屋内に設置ということで，ファンモータには汎用防滴保護型が選定してあった．

ところが，空調機が設置されていた工場内はオイルミストや塵埃(じんあい)の発生があり，運転時にモータの冷却空気と一緒にこれらを吸い込んだ．そのために巻線コイルの絶縁が劣化し，電流のリークが起こり焼損した．

対策

モータの構造については，表のように分類できる．屋内でも多湿な場合など，条件によっては全閉外扇型を選定し，さらに条件が悪い場合は，全閉外扇型の屋外型を選定する．

過去の例では，ある処理場において，ばっ気室・沈殿室などに全閉外扇型の屋内型を設置した．しかし，多湿な条件であったため，モータ停止時にコイルで結露し，コイル絶縁が0となった．

再始動しようとするとブレーカがはたらき，起動しなくなった．対策として全閉外扇型の屋外型に交換した．

教訓

室内といえども，モータの設置される環境は，高温多湿やオイルミスト・塵埃発生などの場所もある．状況を確認してモータの型式を選定する．

表 モータの種類

	分類		特徴	
1	防滴保護型		上方斜め15°以内の角度で落ちる水滴に対して防滴効果がある．しかし，コイルや鉄心表面を通風によって冷却する構造であるため，通気孔から塵埃や水滴が入る．	
2	全閉外扇型	屋内型	モータの外被表面を冷却する構造であるため，通気孔がなく，外気が機内に流通しないように閉鎖されている．そのため，塵埃は侵入しない．しかし，軸シール，端子箱構造などはあくまで乾燥した屋内での使用向きであるため，多湿な悪条件下ではモータ内に水が入ることもある．	
		屋外型	屋内型の構造に加え，外被に防水が施されている．	

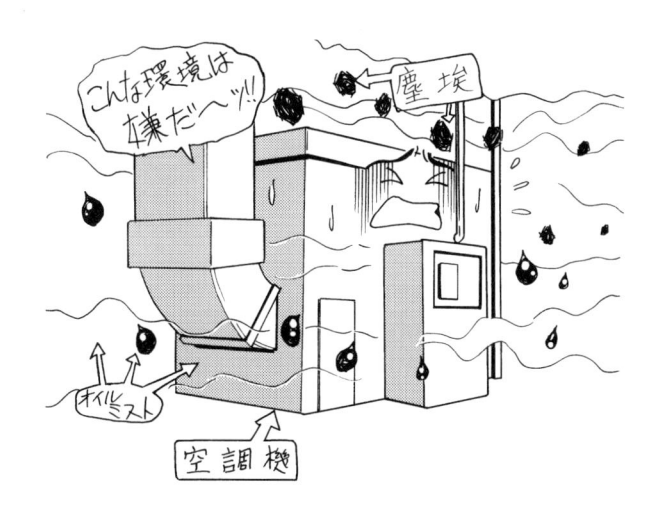

125 寒空で凍える冷凍機
―抜き所が肝心…水抜きバルブは低位置から―

状況

寒冷地のある工場で，竣工3年後の冬，吸収式冷凍機の凝縮器部分冷却水チューブが凍結パンクした(図(a)，(b)参照).

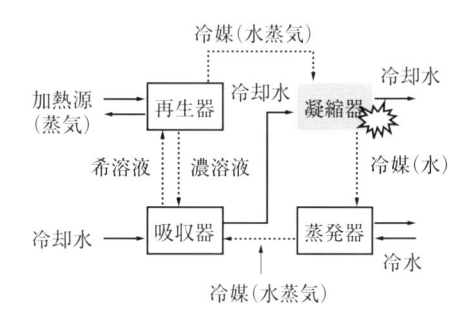

図(a) 吸収式冷凍機の冷凍サイクル

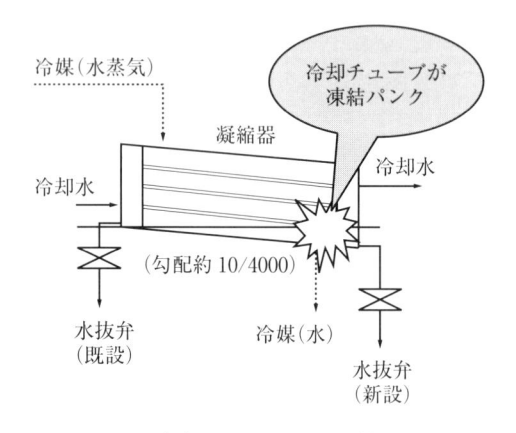

図(b) 凝縮器まわり配管

原因

吸収式冷凍機は，機械室スペースが確保できなかったために屋外設置で，凍結対策として，シーズンオフ時は毎年水抜き作業を行っていた(冷凍機は屋外仕様).

また，蒸気ハンマ*防止のため，加熱源蒸気入口側がやや高く据え付けられ，水抜き弁は高いほうに付いていた(再生器・凝縮器一体で勾配)．

この弁で水抜きしても，水室や冷却水チューブ内に水が残り，凍結原因となった．竣工後2回の冬はトラブルがなかったが，3回目の冬に強烈な寒波に襲われて凍結パンクした．

[対　策]
冷却水水抜き弁を凝縮器の低いほうに増設し，冬期に完全に水が抜ける構造とした．

[教　訓]
凍結のおそれがある場所で，冷凍機をやむをえず屋外設置する場合，水熱交換器は水抜き弁を出入口1箇所ごとに取付け，水抜きを完全に行えるよう対処する．

電気ヒータで加熱する凍結防止対策も有効である(ただし，断線すると凍結する)．年末年始などの休暇時，凍結防止対策ヒータなどの電源を切らないように運転者に十分説明する．

機器の水抜きが完全にできない構造はメーカーの責任であるが，思わぬことがトラブルの原因となるので，打合せを密に行う．

屋内の機械室設置でも，外壁ガラリ開放の場合は外調機コイルのパンク事例もあり，同様の事故の可能性があるので注意する．

【用語解説】＊蒸気ハンマ：蒸気の流動圧力によって生じる衝撃音や振動．

126 排水ポンプが動かず汚水があふれる
—グリーストラップの油除去は 100％ではない—

状況

ある学校において，竣工後3年目に，排水用マンホールから汚物があふれ，食堂が業務停止となった．

原因

この厨房の排水は，既設排水主管との勾配がとれないため，水中ポンプでポンプアップしていた．

排水系統は，図のように食堂のグリーストラップ*後の排水とトイレの汚水・雑排水の合流で，グリーストラップからポンプピットまでは約20mの長さであった．

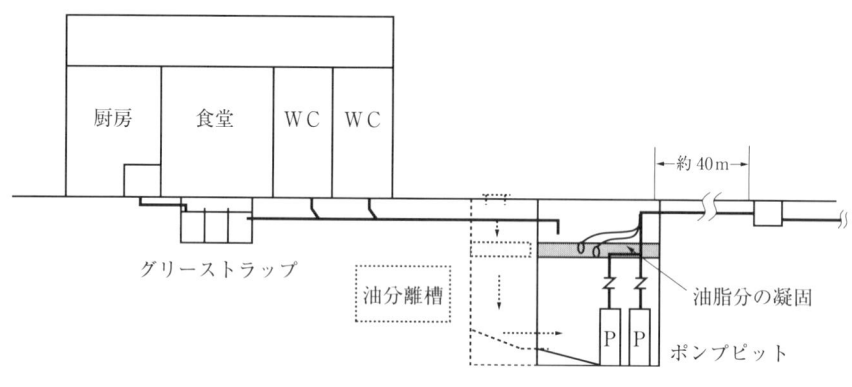

図　排水系統図

3年間の使用で，水中ポンプ発停用のフロートスイッチに油分が付着・凝固し，ポンプ運転レベルでもフロートは動かずポンプピット内が満水となり，ついにはマンホールより汚物があふれ出た．

また，設計および施工時は昼食だけの稼動計画であったが，最近は1日3食を調理しており，排水量は約2倍であった．

排水ポンプが動かず汚水があふれる　221

[対　策]
　客先に，グリーストラップを毎日清掃し，ピット内の清掃回数も多くするように依頼した（異常前は年2回のピット清掃だったものを年4回に増加）．

[教　訓]
　グリーストラップの油除去率は100％ではなく，この油分は凝固しやすいため，グリーストラップ後の排水はできるかぎりポンプアップ方式をやめ，直放流とする．
　排水レベル差の都合で，ポンプアップしなければならない場合，
① フロートが油脂分の影響を受けないよう，排水槽に油分離槽を設ける（図の破線部分）．
② 食堂系統は，基本的に単独の排水槽とする．
などの対策を施すとともに，客先への取り扱い説明を十分に行う．

【用語解説】＊グリーストラップ：厨房などの排水中に含まれる油分（グリース）の阻集器．

127 仮設といえども品質確保は大事
— 給水ポンプの発停は電極棒で —

[状況]

あるホテルの給湯設備の改修工事において，屋上に給湯用の補給水槽を設置することになった(サウナ室系統のみ)．しかし，既設の高置水槽と同レベルに設置せざるをえないため，補給水を加圧給水ポンプ方式とした．
工事完了数か月後，補給水の接続部のSUS製フレキシブル継手が破損し，漏水事故となった．

[原因]

給湯用補給水槽への補給水の制御をボールタップで行っていた．また，仮設でサウナ系統のみだったので細い配管であり，配管支持が十分にされていなかった．そのため，水槽内水面の波打ちにより管内圧力が脈動し，配管の振動も伝わり，フレキシブル継手に無理な力がかかり，ついに破損してしまった(図(a)参照)．

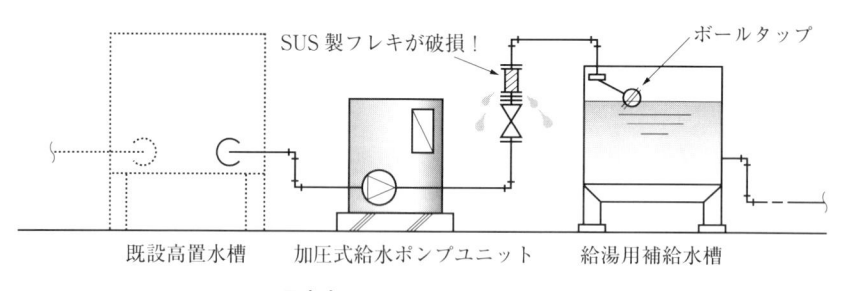

図(a) 補給水系統図(改良前)

[対策]

補給水の制御を，電極棒による加圧給水ポンプの発停に変更し，フレキシブル継手をゴム製にした(図(b)参照)．

[教訓]

ボールタップは水面の波によりウォータハンマ*を起こしやすく，圧力給水ポンプを損傷するおそれがある．

圧力給水ポンプ方式の場合，補給水制御には電極棒を使用すること(電極棒が

仮設といえども品質確保は大事　223

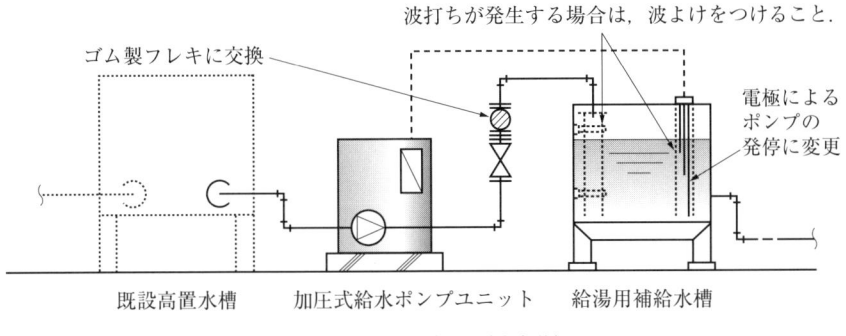

図中ラベル：
- ゴム製フレキに交換
- 波打ちが発生する場合は，波よけをつけること．
- 電極によるポンプの発停に変更
- 既設高置水槽
- 加圧式給水ポンプユニット
- 給湯用補給水槽

図(b)　補給水系統図(改良後)

取付けられないような冷却塔への補給水制御などは，2個玉ボールタップを使用のこと)．

　この事例は，仮営業のために約1年間使用する設備であったが，結果として1年もたたずにトラブルが起こってしまった．

　仮設といえども，客先に迷惑をかけないように最低限の品質は確保しなければならない．

【用語解説】＊ウォータハンマ：水の流動圧力によって生じる衝撃音や振動．

128 電極棒はきれい好き？
―排水の液面制御に電極棒は不適当―

状況
竣工後2年あまり経ったあるビルで，地下の排水槽がオーバフローするという事故が発生した．この排水槽には水中ポンプが2台設置されており，レベルスイッチ（電極棒）により自動交互運転されている．

原因
ポンプ運転盤の切り替えスイッチを，「自動」から「手動」に切り替えると正常に作動するので，ポンプ本体に異状はない．レベルスイッチに問題があると思われる．電極棒を取り外してみると，図(a)のように，表面がびっしり油膜で覆われていた．

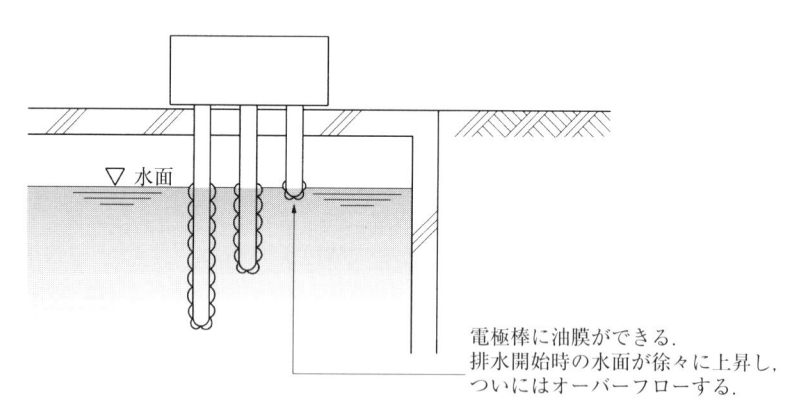

電極棒に油膜ができる．
排水開始時の水面が徐々に上昇し，ついにはオーバーフローする．

図(a) 電極棒についた油膜

事故の原因は，排水槽に厨房などの油を含んだ排水が入ったため，電極棒の表面に油膜ができ，絶縁されてポンプが作動しなかったことにある．

対策
レベルスイッチをフロート式のものに取り替え，異常満水警報を設けた（図(b)参照）．その後，正常に運転されている．

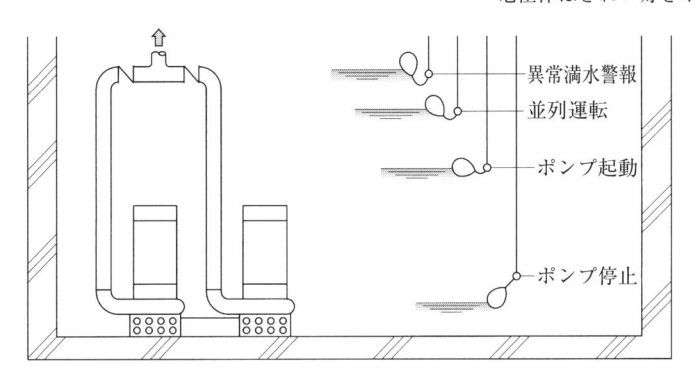

図(b) フロート型スイッチの取付け例

> [教訓]
>
> 　電極棒の作動不良が原因で起こった事故である．汚水・雑排水には多量の異物が含まれている．このため，排水のレベル制御には電極棒は不向きであり，トラブルの原因となるので，フロート型のレベルスイッチを使用するほうがよい．
>
> 　また，この事例では，異常満水警報を設けていなかったため，発見が遅れて大事に至ってしまった．
>
> 　事故を未然に防ぐため，必ず警報装置を取付けること．

電極棒はきれい好き？

129 きれいすぎる排水で困った話
―純水中では，一般用電極棒レベルスイッチは作動しない―

状況

中近東のある現場での事例．この現場では，空調機械室が地階にあったため，図のように冷却コイルからのドレンを専用ピット(300 W×300 D×300 H (mm))に放流し，小型ポンプで排水するシステムを組んだ．小型ポンプの発停は電極棒レベルスイッチにより行った．

ところが，水位が上がってもポンプが運転せず，ついに凝縮水がピットからあふれ出てしまった．

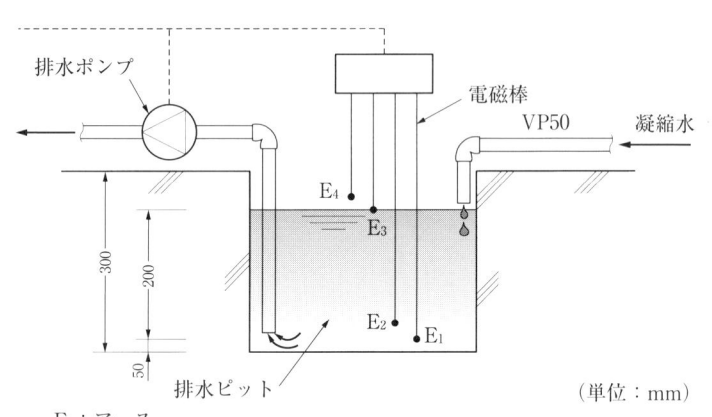

E_1：アース
E_2：ポンプOFF
E_3：ポンプON
E_4：警報

図　排水ピット

原因

満水位で E_1〜E_3 間の抵抗を測定すると 40 kΩ 以上あり，当然作動しない(この電極棒レベルスイッチは 4 kΩ 以下で作動する)．

この現場では，冷却コイルの手前に高性能なフィルタを取付けており，ドレンが純水に近い状態になったため，水の導電率が低下し，このような現象が起こったものと思われる．

対　策

高感度用の電極棒レベルスイッチ（T 社製では 70 kΩ 以下で作動する）に取り替えることが最善だが，海外現場のため，すぐに手に入らない．

そこで，とりあえず E_1 ～ E_3 間にバイパスとして 10 kΩ の抵抗を入れて調整し，急場をしのいだ．

教　訓

一般に，水道水の抵抗は 10 kΩ 以下，蒸留水は 100 kΩ 程度とされている．一般の電極棒レベルスイッチは，き・れ・い・す・ぎ・る・水も苦手である．このような場合には，高感度用電極棒レベルスイッチまたはフロート式のスイッチを使用すべきである．

130 サービスマンが眠れぬ丑満どき
―水槽はカラなのに満水警報―

状 況

深夜，けたたましい電話のベルでたたき起こされ，ねぼけ眼で電話口にでると，日ごろ，親しくしているあるビルのオペレータから，せっぱ詰まった口調で，「汚水槽の満水警報が鳴りっぱなしでオーバーフローしそうです．すぐきて，何とかして下さい」という依頼があった．

原 因

現場へ駆け付けると，確かに満水警報のランプが点灯し，汚水ポンプは休みなく運転している．やむをえず汚水槽のマンホールぶたをあけてのぞいてみると，なかはまったくカラで，汚水ポンプは空転していた．

調査しても一向に原因がわからず，途方にくれていたが，少し時間が経過すると正常運転に戻ったので，原因不明のまま放置しておいた．

その後，同様の現象がたびたび起こり，何度も調査した結果，ついに原因を究明することができた．

このビルの汚水槽は容量が小さく，かつ，水槽の上部はポンプ，ボイラ，冷凍機などが設置されている．そのため，フロートスイッチ*の電極棒保持パネルはやむなく水槽内にある．

誤動作の原因は二つあり，相互が影響しあって複雑な誤動作をしていたと推測される．

① 汚水水中ポンプには，液面制御の故障などで最低水位以下になった場合にポンプを保護するため，バイパス吐出口（8φ）があるが，水位が低いのでここから放出された液が壁にあたり，はね返って電極棒や保持パネルに付着して短絡した（図(a)参照）．

② 保持パネルが水槽内にあるのでパネルに結露したり，水槽天井に結露した水滴がパネルの上に落下して短絡した（図(b)参照）．

対 策

本質的には，電極棒保持パネルが汚水槽内にあることがまずいのであるが，やむをえず槽内取付けとなった場合には，配線接続部に絶縁ボンドを塗れば解決で

機械室　ボイラ，ポンプなどで一杯

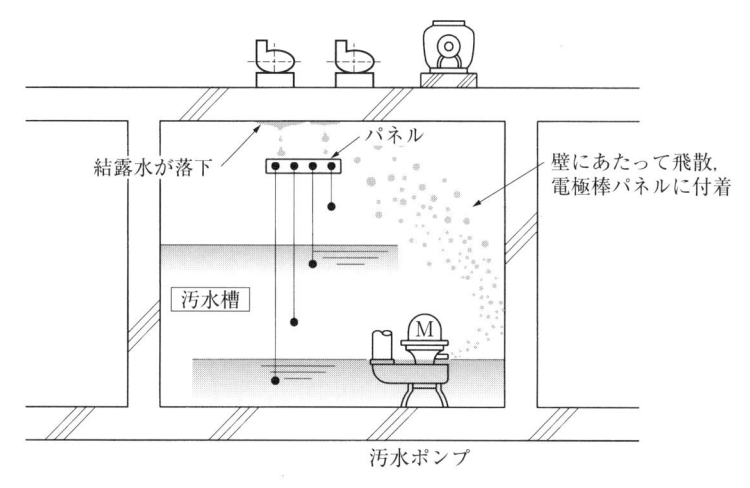

結露水が落下
パネル
汚水槽
壁にあたって飛散，電極棒パネルに付着
汚水ポンプ

図(a)　汚水槽内配置

絶縁ボンドを塗って絶縁
水滴が付着して短絡
碍子
電極棒

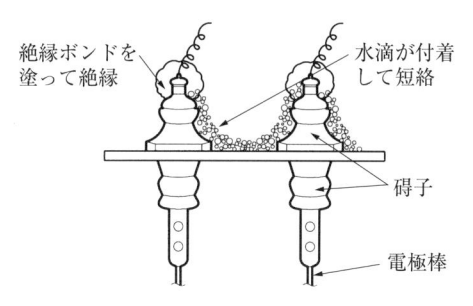

図(b)　電極棒保持パネル

きる．

　この現場においても，ボンドで保護した後は誤作動現象がピタリととまった．

【教　訓】

　電極棒保持パネルは，水槽の外に取付けるのが基本である．

　排水槽の排水ポンプ発停は，基本的に，フロート式のレベルスイッチにすべきである．

【用語解説】＊フロートスイッチ：液面の変化を検知し，所定の液面高さにより作動するスイッチ．

131 何を測っているの？
―制御センサの取付け位置に注意―

状況

制御機器に異常がないのに，流体温度が設定値から大きくずれてしまうというトラブルが発生した．その熱交換器まわりのようすを図(a)に示す．

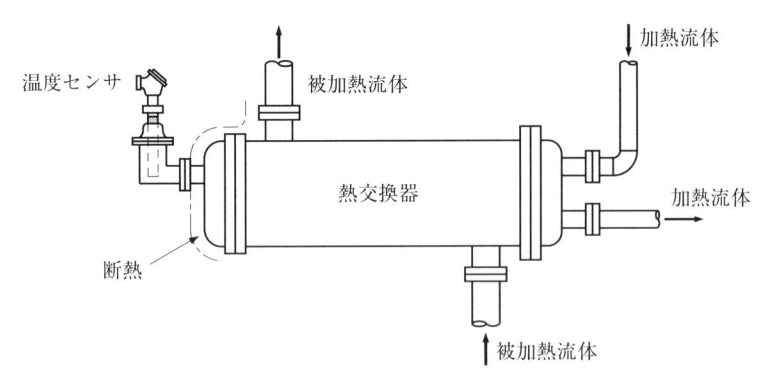

図(a) 対策前

原因

原因は，流体の温度を正しく測っていないことによるものであった．
① 測りたい流体の死水域にセンサがあり，流体そのものにセンサがふれていなかった．
② センサ取付け部分に断熱施工がなく，放熱による温度低下を大きくしていた．

これでは，制御系に異常がなくても制御がうまく作動するはずがない．

対策

制御センサは図(b)に示すように，必ず測りたいものに十分接触するよう取付けるべきである．

管内流体なら管内に，槽内流体なら槽内に，その制御系の機能を損なわないよう，深く差し込む．ソケット部分も放熱を最小限にとどめるために，必ず断熱施工をする．そして，保護管内の空気が熱抵抗にならないように，冷凍機油などを流し込んでおくことも忘れてはならない．

何を測っているの？　　231

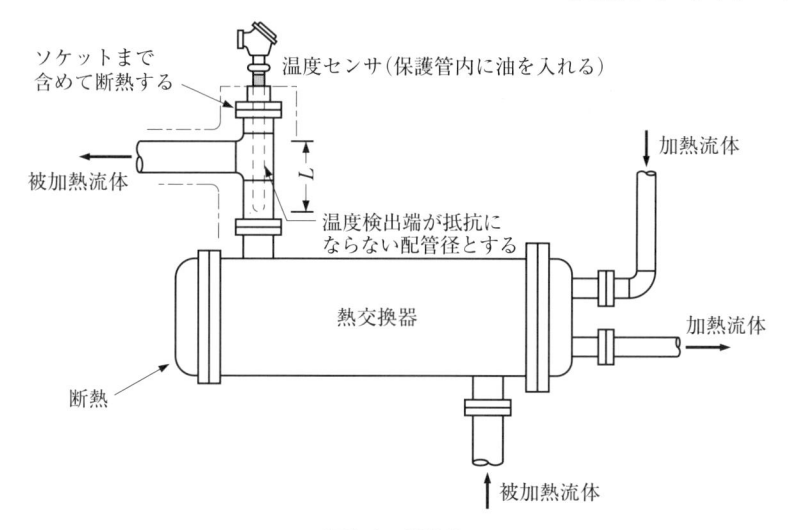

ソケットまで含めて断熱する
温度センサ（保護管内に油を入れる）
被加熱流体
加熱流体
温度検出端が抵抗にならない配管径とする
熱交換器
加熱流体
断熱
被加熱流体

図（b）　対策後

（注）1. センサを取付ける配管径は 50 A 以上とし，L は流体の流れの部分に接触する有効寸法として 150 mm 以上とする．
　　　2. 一般監視用温度計の場合は，L を 100 mm 以上としてもよい．

　また，検出端が流体の抵抗にならないように，とくに細い配管では配管サイズを大きくする必要性もある．

[教　訓]
　センサは，取付ければよいというものではない．なにを測るかを考えて取付ける．

132

VAVは省エネ手法の万能薬か？
―冷暖房の同時の負荷には向かない―

[状況]

竣工後まもないある事務所の管理センターから，「健康センターが暖まらない．これでは従業員の健康診断ができない」とのクレームがきた．

[原因]

原因は，図のように冷暖房両サイドの負荷が同時に発生する系統が混在する環境下で，単一の空調機＋VAV方式＊を採用したために，各部屋の温度むらが生じたと考えられる．

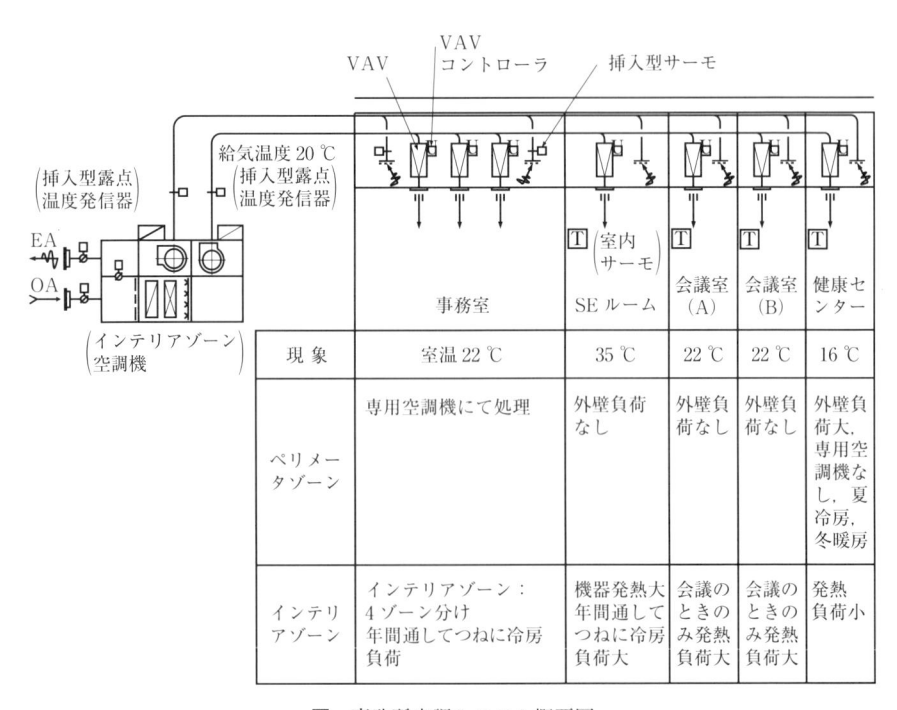

	事務室	SEルーム	会議室(A)	会議室(B)	健康センター
現象	室温22℃	35℃	22℃	22℃	16℃
ペリメータゾーン	専用空調機にて処理	外壁負荷なし	外壁負荷なし	外壁負荷なし	外壁負荷大，専用空調機なし，夏冷房，冬暖房
インテリアゾーン	インテリアゾーン：4ゾーン分け 年間通してつねに冷房負荷	機器発熱大 年間通してつねに冷房負荷大	会議のときのみ発熱負荷大	会議のときのみ発熱負荷大	発熱負荷小

図　事務所空調システム概要図

[対　策]

　室内発熱の大きいシステムエンジニア室（SEルーム）に冷房専用床置ファンコイルユニットを増設し，各部屋のVAV開度重み係数の調整（事務室1→0.5，健康センター1→3）の結果，健康センターの室温はとりあえず改善された．

　なお，根本的には，今後，同室にペリメータ*用のファンコイルユニットなどを設ける必要がある．

[教　訓]

　一般に，VAV方式は大規模事務所のインテリアゾーン，インテリジェントビル，店舗など，年間を通じて冷房負荷の発生するスペースの空調に効果的である．

　今回のように，同一系統内に冷暖房負荷が同時発生すると予想される場合，再熱（冷房，暖房），ペリメータゾーンにファンコイルユニットなどの専用空調機を設置するなどの検討が必要である．

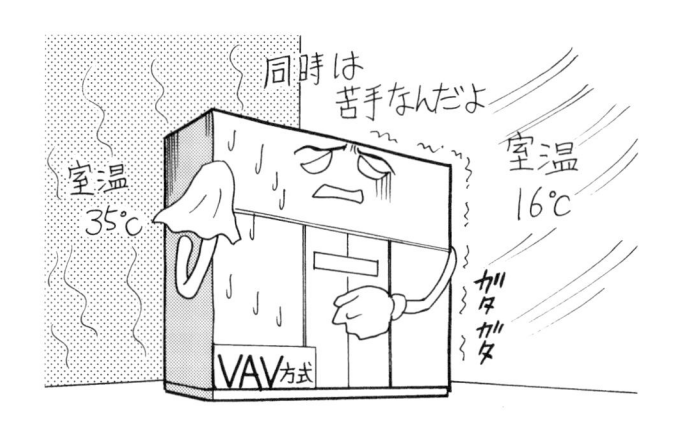

【用語解説】＊VAV方式：可変風量方式．CAV方式：一定風量方式．
　　　　　＊ペリメータ：外壁からの熱影響を受ける領域．

133 負荷はあるのに軽負荷停止
―還りヘッダーの接続に注意―

状況

ある工場で，図(a)のようなNo.1，No.2の2台の冷凍機の試運転を行ったところ，二次側負荷には冷凍機1台分以上の負荷がありながら，還管の水温も十分高いのにNo.1の冷凍機が軽負荷停止した．

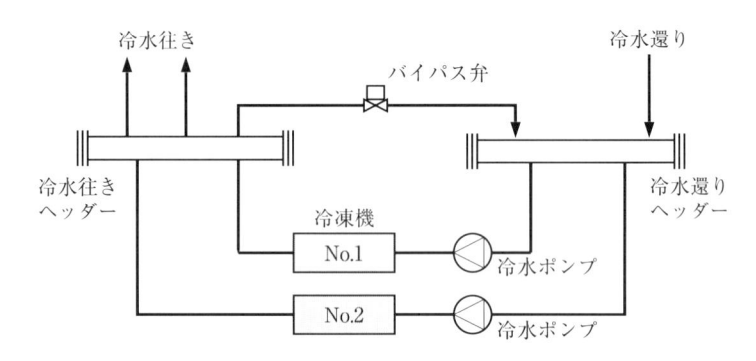

図(a) 冷熱源まわり系統図(改修前)

原因

冷凍機本体の軽負荷停止判断リレーに問題はなく，冷凍機には不具合はなかった．また，冷凍機入口水温を確認すると，No.1冷凍機入口水温が極端に低かった．No.2冷凍機の入口水温は十分に高かった．

冷凍機2台運転時，負荷流量を超える冷凍機一次水量はバイパス弁を経由して還りヘッダーへ流れる．このとき，還りヘッダーの接続位置が悪いため，温度の低いバイパス冷水がNo.1の冷凍機へ流れ込み，結果的に冷凍機の入口水温が低下した．

たとえば，冷凍機の規定各流量を100とし，負荷流量を120とした場合，冷凍機はNo.1，No.2の2台運転であるため，バイパス流量は80となる．図(b)の冷水還りヘッダーであるとバイパス冷水はNo.1冷凍機へ集中して流れ，バイパス冷水に近い冷凍機の入口水温は8.0℃と低くなり，場合によっては軽負荷停止してしまうこととなる．

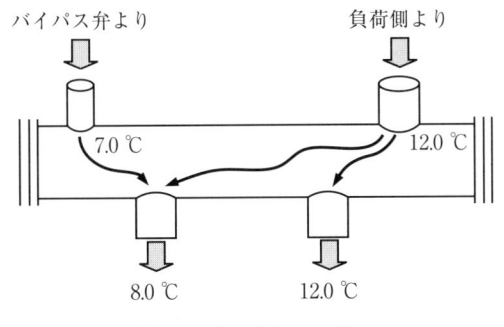

図(b) 冷水還りヘッダー

対　策

バイパス冷水と負荷からの還り冷水が極力混合するように，冷水の還管に直接バイパス冷水を接続した（図(c)参照）．

この際，流量計と温度センサは下流側へ接続する必要がある．

この対策により，それぞれの冷凍機入口水温の差はなくなり，冷凍機は安定して運転することが可能となった．

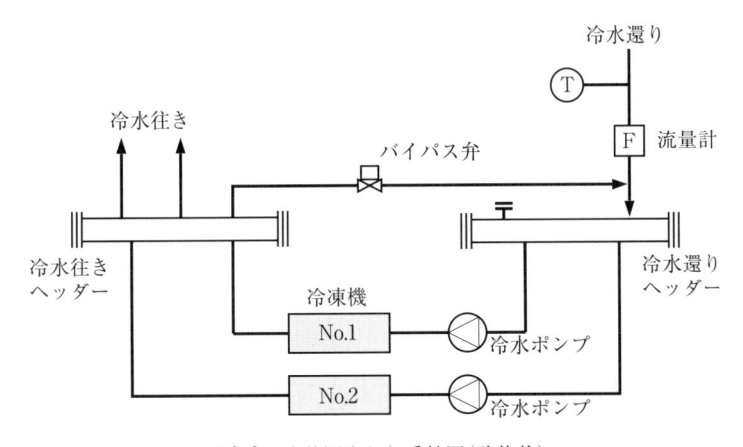

図(c) 冷熱源まわり系統図(改修後)

教　訓

ヘッダーまわりのおさまりの施工図作成時，見栄えを優先して本来の流水の流れを十分検討せずに施工したため，台数制御もスムーズにいかず，その結果，ヘッダーまわりの配管も見栄えの悪い配管となった．ヘッダーは，各配管をただ接続すればよいというものではない．

134

誘惑に弱い湿度調節器
―誘導電流の影響で湿度調整ができない―

状況

ある工場の恒温恒湿室で，試運転時に湿度制御がまったくできないというトラブルが起こった．
この部屋は，温度・湿度ともに電子式機器で制御を行っており，制御性には問題はないはずだが….

原因

調査の結果，温度は 24 ± 1 ℃の設計範囲にぴたりと入っていたが，湿度はいくら調整しても設計範囲から大きく外れる．

加湿器本体には異常は認められないが，どうも湿度検出器の信号どおりに作動していないようだった．

図のように，盤内で 400 V 動力線と湿度検出器からの渡り線が隣接して取付けられていたため，動力線に電流が流れるとシールド線が誘導電流の影響を受け，制御回路の信号を乱していた．

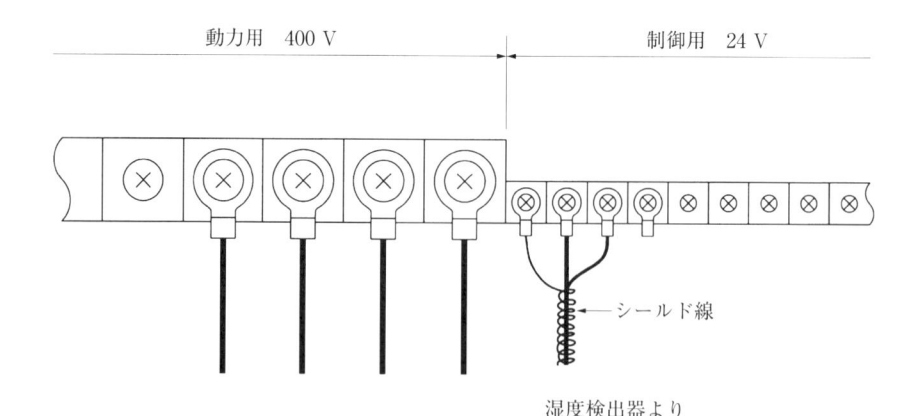

図　トラブルのあった盤内の配線

誘惑に弱い湿度調節器　　**237**

[対　策]

　動力用のターミナルと制御用のターミナルの距離を，誘導電流の影響がない位置まで離した（100 mm 以上）．また，隔壁を設けた．

　その結果，設計条件 50±5％以内に制御できるようになった．

[教　訓]

　このほかに，誘導電流が原因のトラブルとして，次のようなものがあった．

① 冷凍機は正常に運転されているのに，中央監視盤には冷凍機の故障警報が出る．

② 室内の温湿度は正常だが，監視室の記録計は設定値を大きく外れている．

　これらは，いずれも今回の事例のように，動力回路と制御回路が隣接して施工されていたことが原因であった．

　なお，シールド線は片側を必ず接地すること．

135 似て非なるもの…差圧制御と風量制御
—給気系と排気系のまったく同じ静圧制御での
トラブル—

【状 況】

ある研究所における差圧制御システムの事例．この建物では，室内圧を一定に維持するため，基準圧とダクト内圧の差圧を検出し，その信号($4 \sim 20$ mA)が PID 調節器*を経てインバータを制御し，外乱(ドアの開閉，外気圧など)による変動を防いでいる．つまり，静圧で制御している．
ところが，室内圧が変動してしまうという不具合が生じた．図(a)に差圧制御システム(改善前)を示す．

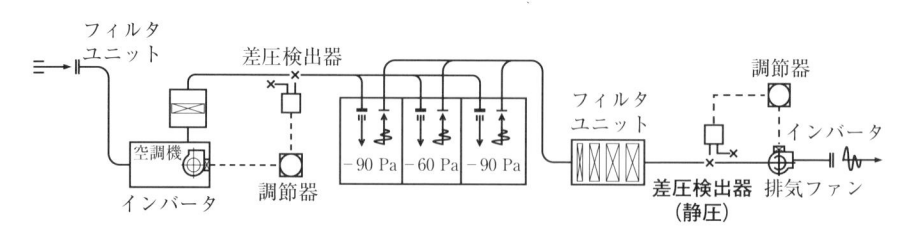

図(a) 室圧制御システム(改善前)

【原 因】

　排気系で，フィルタユニットのフィルタが目詰まりすると，風量は減少するがダクト内静圧は変化しないので，風量減少を検出できない．この風量減少が室内の差圧変動を引き起こしてしまった．

【対 策】

　給気系は図(b)のとおり，もとのまま静圧検出制御であるが，排気系は動圧検出制御とした．つまり，動圧の検出端であるピトー管*を取付け，風量一定制御とした．
　この改修により，フィルタの目詰まりによる室内圧の変動もなくなり，室内の設定圧を一定に保つことができるようになった．

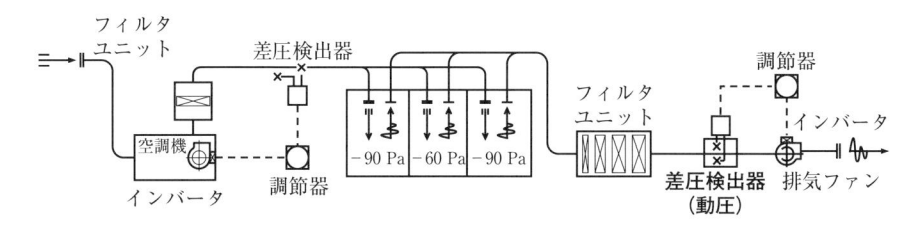

図(b) 室圧制御システム(改善後:動圧検出とした)

> [教訓]

　上述のように,系の途中に検出端を取付けて差圧制御を行うほうが,直接各室に設けるよりも,ドアの開閉などに過敏に反応して起こるハンチング現象は少ない.

　室圧制御システムで,静圧検出制御は外乱を防ぎやすい.しかし,今回の排気側のように風量が変動する場合は,動圧検出制御として風量制御を行う.また,気流の偏流も考慮する必要がある.

【用語解説】＊ PID 調節器:比例積分微分制御調整器.
　　　　　＊ピトー管:流体の動圧を測って流速を知る計器.

136 頭熱足寒
―感温部の取付け位置に注意―

状況1 機器付属の温度調節器による不具合(1)

ある病院から,「病室の暖房がきかない」というクレームがきた.空調方式は,事務所は床置形ファンコイルユニット方式,病室は天吊形ファンコイルユニット方式になっており,それぞれに**自動速調機**(メーカー特別付属品)が取付けてあった.
クレームの出ているのは,すべて病室関係に限られ,事務所系統にはまったく問題はなかった.

原因

自動速調機は,ファンコイルユニット吸込口や側板にセンサ(サーミスタ)を取付けて,その信号で制御するが,天吊ファンコイルユニットの場合は,センサの位置が天井近辺になる.そのため,天井面付近の温度を設定温度に保つような制御がはたらく.

一般に,天吊ファンコイルユニット方式の場合,暖房時は室内の床面と天井間の上下温度差が大きく,この場合は居住域,とくに床面近くの温度は設定温度より低くなってしまう(図(a)参照).

状況2 機器付属の温度調節器による不具合(2)

ある工場で竣工間際のある日,実験室内に設置したパッケージ型空調機の温度調節がおかしいことがわかった.空調方式は,空冷の天井埋込ダクトタイプのパッケージ型空調機であった.

原因

パッケージ型空調機の温度検出端は,吸込口に付いているサーミスタで感知して制御を行う.この工場では,図(b)のように,吸込口には室内の換気と外気がダクトでミックスされて入ってくるようになっていた.
しかし,パッケージ型空調機に近い位置で合流していたためミックスされず,温度検出は室温ではなく外気によって左右されていた.

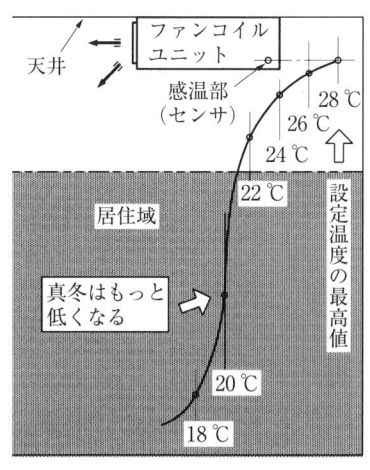

頭熱足寒　　**241**

図(a)　天吊型ファンコイルユニット 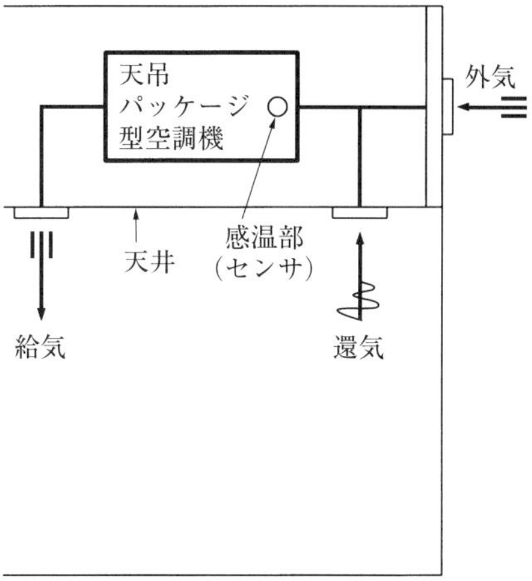　　　　**図(b)**　パッケージ型空調機

[対策]

両方の現場とも，居住域に室内サーモスタットを取付け，これをセンサとして使用することにより解決した．

[教訓]

たかがサーモスタットの位置とあなどると，手直し工事に多大な労力を要する．施工図の段階から十分に考慮して設置する．

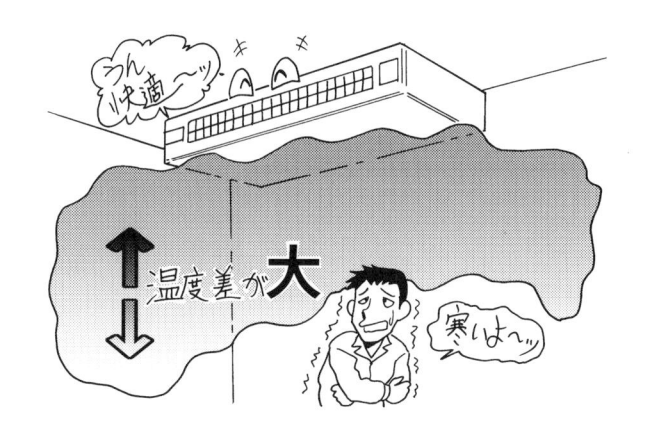

※現在，ファンコイルユニットに自動速調機を取付ける例はないが，菱和技報1970年の報告を，感温部の設置位置の教訓として掲載した．

137 困ったときは現象の基本にかえる
―電磁弁の作動原理を再確認―

状況

ある工場で、「暖房用ボイラを運転し、蒸気ドレンを回収しようと真空給水ポンプを運転したが、配管内が一向に真空にならず、還水が戻ってこない」というクレームが発生した。

原因

この工場では、ボイラ室と事務所建物が離れていて、そのうえ、建物の配置上やむなく蒸気配管を屋上に設置していた。その屋上配管が、図(a)のように逆鳥居配管*になっていた。このため、凍結防止を目的として、装置停止後、低所に溜まったドレン排出用に電磁弁を取付けていた。

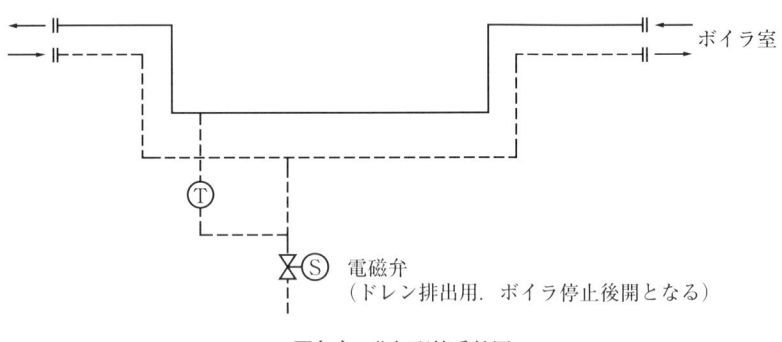

図(a) 蒸気配管系統図

一般に、使用している電磁弁はパイロット式電磁弁で、弁の閉鎖は入口側の圧力を利用しており、その作動圧力差(入口圧力−出口圧力)は 0.015 〜 0.7 MPa の範囲内になければならない。

ところが、真空ポンプを運転すると圧力差 ΔP がマイナスとなり、そのため主弁が上がり管内に空気が流入し、まったく真空度があがらないという現象となった(図(b)参照)。

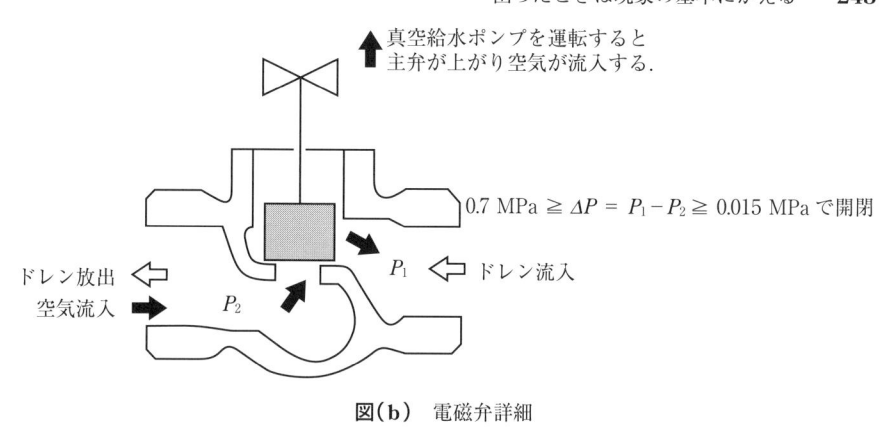

困ったときは現象の基本にかえる　　**243**

真空給水ポンプを運転すると
主弁が上がり空気が流入する．

$0.7\ \text{MPa} \geqq \Delta P = P_1 - P_2 \geqq 0.015\ \text{MPa}$ で開閉

ドレン放出
空気流入

P_1　⇐　ドレン流入

P_2

図(b)　電磁弁詳細

[対　策]

この例で，ドレン排出弁として必要な機能は，
① 蒸気圧力差がゼロでも作動すること．
② 真空ポンプを運転しても弁が開にならないこと．
の二つである．

　この条件を満足する弁として，二方弁があるが，装置が大きくなるので，ここでは弁の特性を考え，直動電磁弁を逆方向に取付けることにした．直動電磁弁は電磁コイルで直接主弁を引き上げる機構であるので，弁前後の圧力差がゼロでも十分作動する．

　当初は，直動電磁弁を逆方向に取付けたことにより，排出後も弁底部に溜まったドレンが凍結して弁を破壊するのではないか，また，トラップが作動したとき，ドレンの圧力がかかり弁座が押し上げられるのではないかとも心配したが，その後は無事に運転されている．

　本来なら，小口径(50 A 以下)では電動ボール弁が開閉特性にすぐれているので適している．

[教　訓]

使用するバルブは，その作動特性を十分理解して設置する．

【用語解説】＊逆鳥居配管：鳥居の逆の型をした下部に突出した配管状態で，泥溜まりや蒸気ドレン溜まりの原因となる．

138 制御弁開度 0 ≠ 漏れ 0
―制御弁の全閉は完全な密閉ではない―

状況
冷水槽と温水槽を併用する空調システムで，冷房時に冷水槽水位が低下し，逆に温水槽がオーバーフローするというトラブルが発生した．配管系の接続ミスはない．

原因
システムは図のようなものであり，4管式で年間空調をしている．調査して，制御弁のリークが原因ではないかと推測された．

制御弁メーカーでも，通常の制御弁は全閉時ノンリークという保証はしていない．今回の例は，全閉であるはずの温水制御弁から冷水が流れていたことによる．

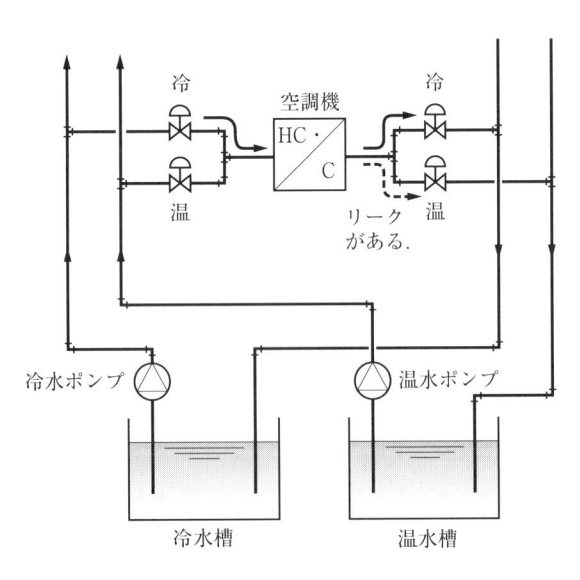

図　系統図

[対策]

小口径（50 A 以下）で圧力差が小さい場合，漏れが少ない単座二方弁または電動ボール弁を使用する．

システムまたは装置の性格から厳密な閉止が必要な場合，ノンリークの工業用バルブを使用する．

[教訓]

一般に，空調用制御弁は，弁前後の圧力差がクローズオフレイティング*内でも，全閉時に多少の漏れが残る（単座二方弁：最大流量の0.01％程度，複座二方弁：最大流量の0.5％程度）．

また，一時的な圧力差の増大やゴミかみでも漏れることがある．

【用語解説】＊クローズオフレイティング：弁の全閉時，弁前後の圧力差に抗して弁を全閉の状態に保ちえる最大圧力差．

139

クリーンルームに雨が降る
―熱交換器の熱源制御弁にはインターロックを―

[状況]

ある工場での事例．暖房停止後，膨張タンクから湯があふれ出た．膨張タンクは床防水のない室内に設置されていたので，その下のクリーンルームへ温水が流れ込んでしまった．
熱交換器まわりは図に示すようなもので，メインプラントから送られる高温水で，熱交換器により暖房用温水をつくる方式である．

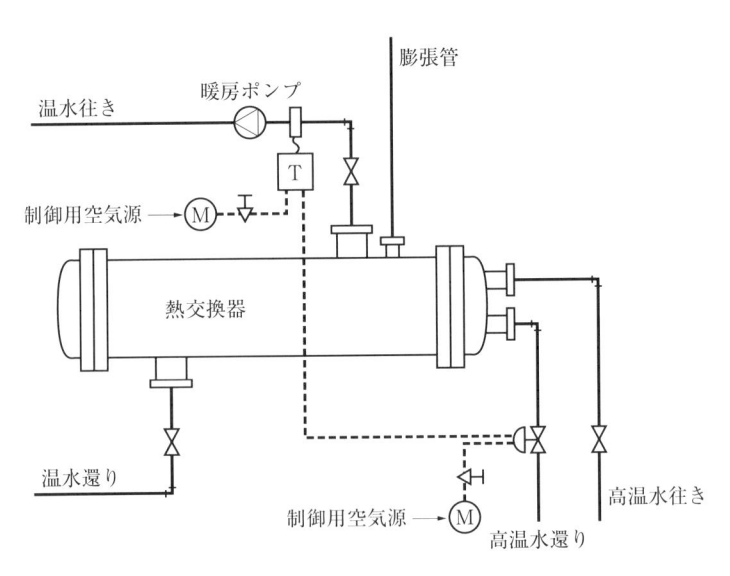

図　熱交換器まわり系統図

[原因]

この高温水プラントはほかにも熱供給しているため，当の熱交換器よりも運転時間が長い．原因は，二次側の温水が循環しない状態で高温水が供給され，熱交換器内の温水温度が異常に上昇してしまったためである．

本来なら，温度センサの信号で高温水の制御弁を閉とするはずだが，暖房停止にともない制御用空気源の圧縮機も停止してしまったため，制御不能となり，熱

交換器内で温水が沸騰し，膨張管から膨張タンクへ温水を吹き上げてしまった．

[対　策]

　制御弁は，ノーマルクローズ，またはスプリングリターンとし，温水ポンプとインターロック*をとる．ポンプ停止時は制御弁を閉とする．

　高温水に限らず，蒸気でも同じことがいえる．

　空気調和機の加湿器は，ファンとインターロックすることがあたりまえなのに，制御弁とポンプのインターロックは忘れがちである．

　より完璧を期するとすれば，前出の「138. 制御弁開度 0 ≠ 漏れ 0」(p.244)にあるとおり，制御弁の種類の選択にも注意する必要がある．

[教　訓]

　バルブの漏れや装置停止時のことを考慮し，制御弁とポンプとインターロックを検討しておく．

【用語解説】＊インターロック：誤動作，異常動作を防止するための制御回路防止システム．

140 凍ってしまった導圧管
―屋外の導圧管にも保温を―

状況

屋外型の冷温水発生機を設置した現場での事例．暖房期間中，朝一番の立上がり時，冷温水発生機の流量異常検知スイッチがはたらき，停止することがたびたびあった．それも多くは寒い朝である．

原因

今回の場合，ファンコイルユニット運転前に冷温水発生機を起動させて温水をつくり，ファンコイルユニット起動と同時に温風が出るようになっていた．

図のように，冷温水発生機起動時，ファンコイルユニットまわりの二方弁は閉となっており，管内圧力上昇にともない，バイパス用二方弁が開くようになっていた．

ところが，夜間冷え込んでくると，導圧管(ポリチューブ)内の水が凍結してしまう．

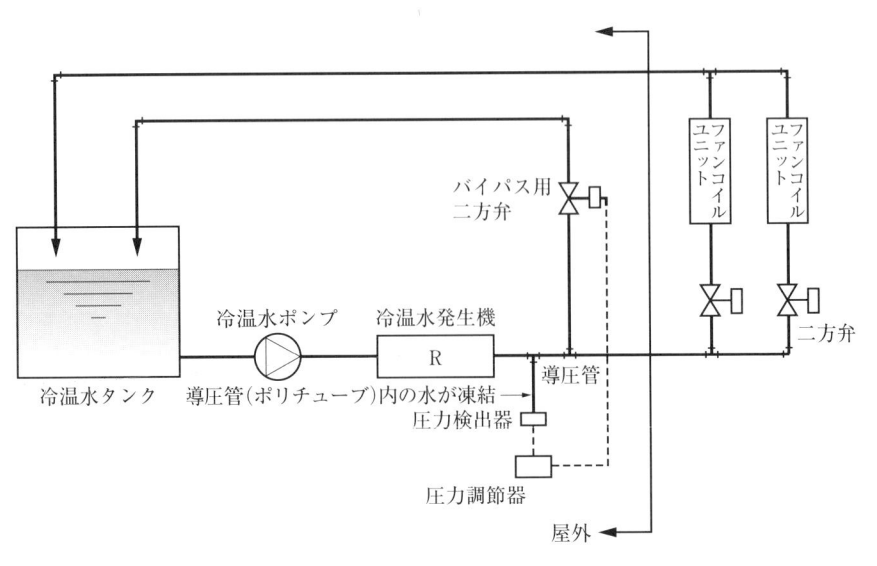

図 系統図

そうなると，圧力検知ができなくなって，本来，開いて運転しなくてはならないバイパス用二方弁が閉のままとなり，締め切り運転となってしまった．そのため，冷温水発生機は流量不足となり，検知スイッチがはたらいて異常停止となった．

[対　策]

導圧管にも断熱を施工して凍結を防いだ結果，異常停止はなくなり，順調な運転を続けている．

[教　訓]

屋外設置の場合，水配管の凍結防止対策は行うが，計装関係は見落しやすい．しかし，計装関係でも水が入っている場合や流れたりすることがあるので，凍結には十分注意が必要である．

K. クリーンルーム

141 清浄度を上げると空調が効かない？
―送風機発熱は無視できない―

状況

ある病院で竣工後最初の夏，緊急手術のため手術室をクラス100（米国連邦規格209D）のシステムで運転したところ，「室温が29℃くらいから下がらない」とクレームが入った（設計値24℃）．冷水温度・水量・空調機・送風機の運転状態に問題はなかった．

原因

手術の内容によりクラス10000と100を使い分け，手術がない場合は設備を停止していた．

図のように，手術室熱負荷と外気負荷は空調機で処理し，清浄度確保の風量はバイパスさせていた．

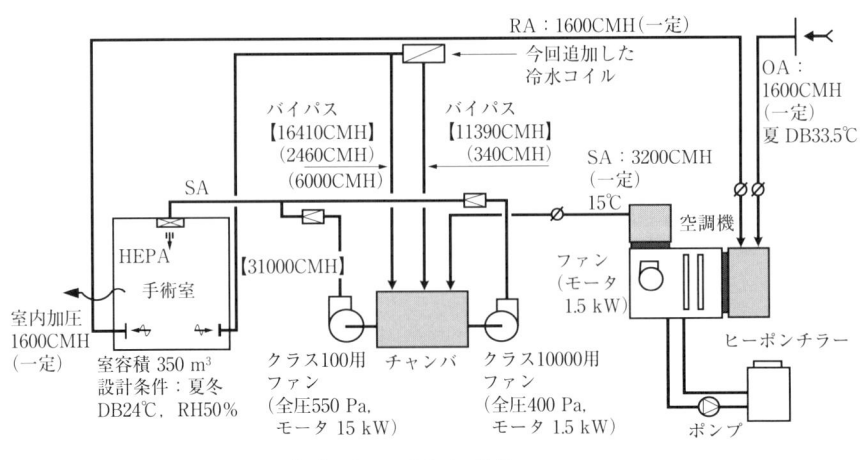

【 】：クラス100での風量
（ ）：クラス10000での風量 （1CMH＝1 m³/h）

図 クリーンルームの系統図

手術室の循環回数は，クラス100の場合88回/h，クラス10000の場合17回/hである．

循環ファンの発熱が総顕熱負荷の約1/4を占め，これを正しく見込んでいなかったことが不具合の原因であった．

[対　策]
バイパスダクトに冷水コイルを設け，水量はリターンエアの温度による三方弁制御とした．

[教　訓]
リターンエアバイパス方式の場合，ダクト経路のファン発熱も考慮して冷却コイルの能力と配置を決める．

設備の運転条件が日常的に変化する場合，おのおのの使用条件で客先要求事項が満足できるかどうか試運転時に確認する．ファンなどの発熱負荷を単純に安全率で処理しない．

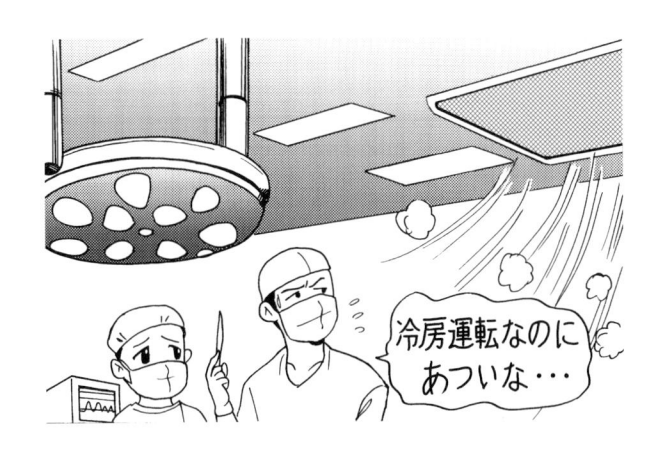

142 湿気は力もち
―湿気でクリーンルームの木床が盛り上がった―

状 況

ある機器工場で，捨てコンクリート上に組合せ木床をつくり，塩ビ長尺シートを貼った簡易的なクリーンルームでの出来事．木床が部分的に 80 mm 程度盛り上がり，扉が床にあたって開閉できなくなってしまった(図(a)参照).

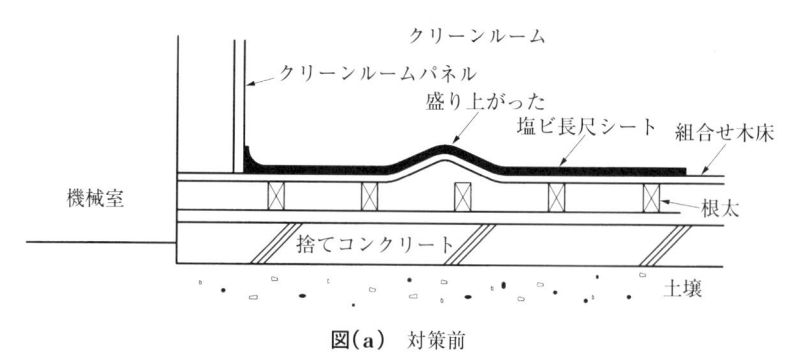

図(a) 対策前

原 因

土壌の湿分が捨てコンクリートを透過して木床に至り，組合せ木床はその湿分を吸収して膨張した．そして，床と根太とが固定されていない部分を盛り上げたと考えられる．

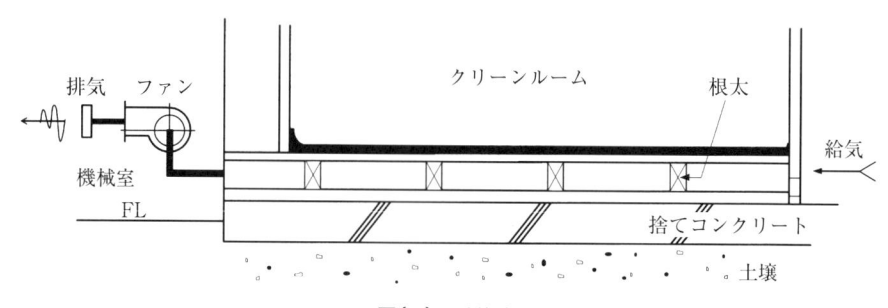

図(b) 対策後

湿気は力もち　253

[対　策]

　図(b)のように，捨てコンクリートと木床の間の湿気をとるため，床下部分に給気用の孔を数箇所あけ，機械室内に排気用ダクトとファンを取付け，床下の換気を行った．

　この対策では防湿上完全とはいえないが，建築施工後の応急措置としてやむをえなかった．

[教　訓]

　今回の工事では，捨てコンクリートおよび組合せ木床とも建築工事であった．しかし，土壌からの湿分透過は必ずあり，設備工事の範囲外であっても建築工事の担当者とよく打ち合わせ，あらかじめ次の事項を申し出ておく必要があった．

① 防湿層を設ける．
② 組合せ木床を使用しない．

143

万全のうえにも万全を！
―静電気による火災の危険―

状況

ある工場の一部にコーティングプロセスがあり，クリーンブース内で行われていた．
ある日，作業員がブース内に入り作業をはじめたところ，突然火炎が吹き上がった．すぐ消火器で消火し，作業員も無事であった．

原因

クリーンブース内の状態は次のとおりであった．
① ブース内にはコーティング用の有機溶剤が開放の状態である．
② 短時間に乾燥させるため，湿度はRH35％に制御されている．
③ コーティングの仕上げ精度をよくするため，ブース内の風速は0.1 m/s以下に押さえられている．
④ 換気は，局所排気もあり，有機溶剤中毒予防規則（有機則）・第17条に定められた排気量以上あり，さらに全外気方式である．
⑤ 床も静電気を考慮して導電床となっている．

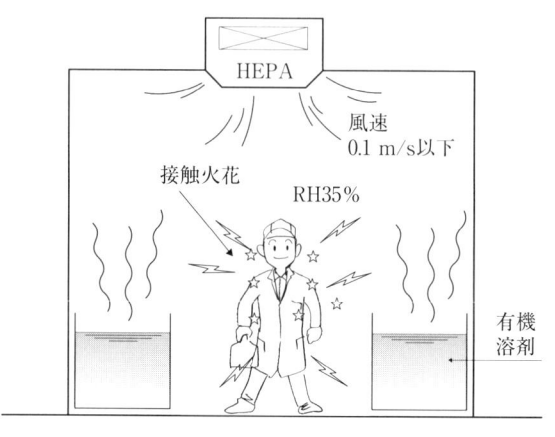

図　クリーンブース

このような状態で，作業員の白衣（ナイロン製）と手にもったポリエチレン容器とが接触摩擦して静電気が発生し，その火花が溶剤ガスに着火した（図参照）．

[対　策]

これだけ静電気を考慮しても現実に事故が起こっているため，徹底的にチェックして，次の対策を立てた．

① 床はステンレスシートとし，アースをとる．
② 服，靴は，鉄線入り導電服，靴を着用する．
③ クリーンブースケーシングにアースをとる．
④ ポリ容器は使用しない．
⑤ アースバンドの設置．

この対策を実施した後は，無事に今日に至っている．

[教　訓]

このケースに見られる典型的パターンは，とかく客先情報の入手が不十分な状態で，「先方が何か対策を考えているだろう」と一人勝手に納得して，なにもしないことである．

静電気による火災の危険がある場合，上記に示したような対策を文書で申し出て，対策について客先と相談しておくこと．

また，大きな帯電を湿度で防ぐには，湿度50％以上が必要である．

144 ダクト内風速が速いと室間差圧制御は難しい

―ダクト内風速でダクト内圧力は大きく変動する―

状 況

ある薬品工場のクリーンルームにおける事例．取扱う薬品の性質上，高い清浄度とともに，室内(充填室)の空気を外部へ漏らさないことが要求された．そのため，充填室から外部への動線に充填室より室圧の高いパスルームを設け，図のような差圧設定をした．
試運転時に調整をはじめたところ，排気ダクト系で脈動が発生した．また，還気ダクト内差圧調整用モータダンパ(MD)をわずかに動作させただけでも室間の圧力は大きく変動し，安定した差圧制御が困難であった．

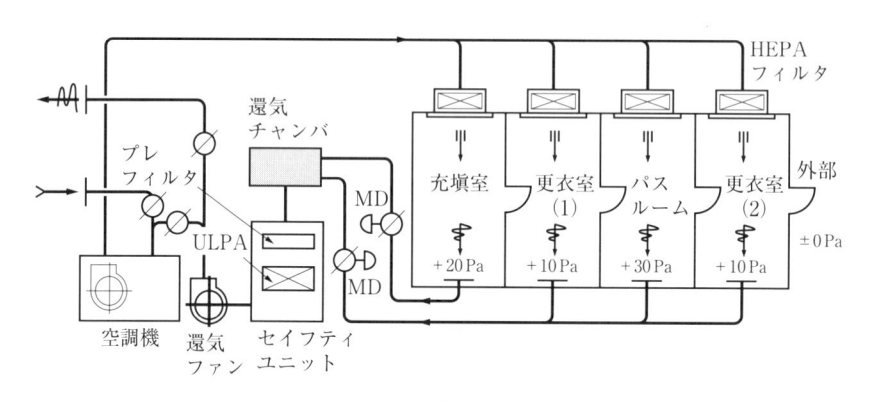

図 系統図

原 因

客先との設計打合せ時に，「還気ダクト，排気ダクト内に室内から吸込まれた薬品を滞留させたくない」との要望があった．

そのため，還気ダクトおよび排気ダクト内風速を15 m/s程度で設計し，差圧調整用モータダンパ(MD)もダクトサイズと同じにした．

その結果，還気ダクト内差圧調整用MDに流れる風速が通常の約2倍，圧力損失は約4倍となって，過度に利くMDとなっていた．

また，還気ダクトに設けたチャンバが，現場でのおさまりから容量不足で，風速の速いダクトと相まって脈動が発生していた．

対　策

　客先に再確認したところ，今回の生産ラインでは問題の薬品の空気中への飛散はほとんどなく，ダクト内に滞留する心配もないことがわかった．

　そこで，還気ダクトの MD および MD まわりのダクトサイズをアップして風速を下げ，還気チャンバの容量をできるだけ増加させることにより，安定した室間差圧制御ができるようになった．

教　訓

　ダクト内では，風速の増大は2乗の大きさで圧力に影響し，チャンバなどの局部での脈動も非常に大きくなる．また，低速ダクトの場合でも，安易なチャンバの設置は大きな圧力損失と脈動の原因になる．

　とくに，今回のような差圧制御を行う系統では，ダクト内気流について細心の注意が必要である．

145 クリーンルームへは，きれいな空気を送りましょう
―白ガス管で"白い粉"噴出―

状況

ある精密機械工場のクリーンルーム増床工事（$0.5\,\mu m$ クラス 10000）で，客先との打合せにより，既設の圧縮空気配管の配管用炭素鋼鋼管（SGP（白））を延長して施工した（図(a)参照）．竣工引渡し後，客先でエアブローしたところ，白い粉が噴出した．

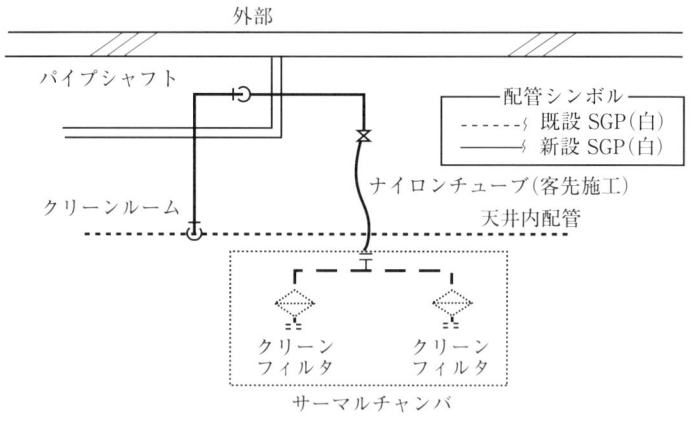

図(a) 改善前

原因

SGP（白）は，亜鉛メッキ層の光沢を失って白く濁ったように見えることがある．湿った環境で亜鉛メッキ層が白錆（水酸化亜鉛 $Zn(OH)_2$）を形成したためである（1週間程度で形成する場合もある）．

今回は，結露水により新設部分に発生した水酸化亜鉛が，乾いて酸化亜鉛（ZnO）になり，エアブロー時に剥離して白い粉となって噴出した．既設配管部分のSGP（白）は，同じく亜鉛メッキ層が白錆を形成していたが，配管内に固着していたために白い粉の噴出はなかった．

対策

十分にエアブローをした後，サーマルチャンバ*への接続部にフィルタ類を設けた（図(b)参照）．

クリーンルームへは，きれいな空気を送りましょう　259

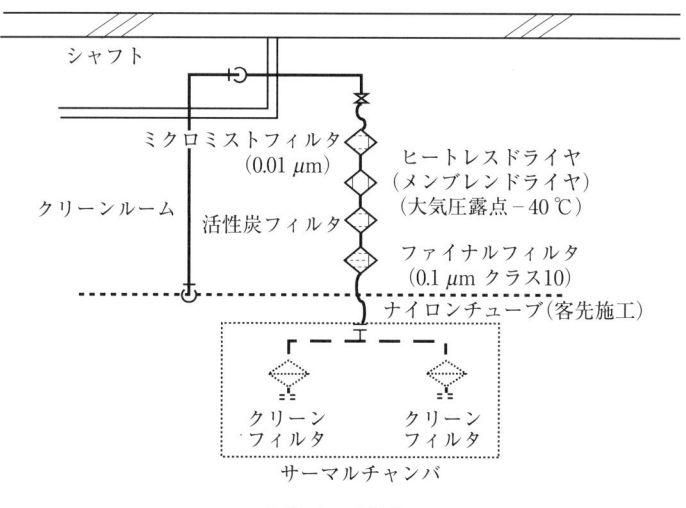

```
シャフト ────────────────────────
         │                    │
         │  ミクロミストフィルタ   ヒートレスドライヤ
         │    (0.01 μm)        （メンブレンドライヤ）
  クリーンルーム  活性炭フィルタ    （大気圧露点 −40℃）
         │                    
         │                    ファイナルフィルタ
         │                    (0.1 μm クラス10)
         └──────────────────── ナイロンチューブ(客先施工)
              ┌─────────────┐
              │ クリーン  クリーン │
              │ フィルタ  フィルタ │
              └─────────────┘
                サーマルチャンバ
```

図(b)　改善後

　また，今後のサーマルチャンバまわりの万一の結露を防止するため，ヒートレスドライヤ(基準露点温度 −40℃)を追加設置した．将来は，既設配管から切り離し，ステンレス配管による単独ラインに切り替える．

[教訓]

　たとえ客先要望であっても，用途(一般圧縮空気系統か，ドライエアー系統かなど)，目的を見きわめた設計を第一に考える．

　今回，SGP(白)が前提ならば，短期間で白錆が発生するので，接続点にフィルタ取付けなどの対策が必要であることを強調すべきであった(図(a)のナイロンチューブ部分は客先施工範囲)．

　なお，一般にクリーンドライエアにはステンレス配管を用い，ドライヤおよびフィルタ類を設ける．以下に圧縮空気配管のグレードを示す．コストを考慮しつつ要求される品質のものを選択，提案する．

管材	優　SUS316LEP > SUS316LBA > SUS316 > SUS304 > 銅管 > STPG > SGP　劣
用途	N_2　　　　　　　クリーンドライエア　　　　　　　一般

【用語解説】＊サーマルチャンバ：フラットパネルディスプレイ，半導体製造装置などを高精度の恒温恒湿環境に保つためのケーシングで，高砂熱学工業(株)の商標．

146

フィルタ破損！ねずみの仕業か？
―外気調和機の中性能フィルタが破損―

状況

竣工後約1年のある工場で，外気調和機のファン吐出し側にある中性能フィルタが，ねずみにかじられたような状態になった．運転していた10台のうち8台に同じような破損が確認された．
中性能フィルタはアルミセパレータタイプを使用していた．

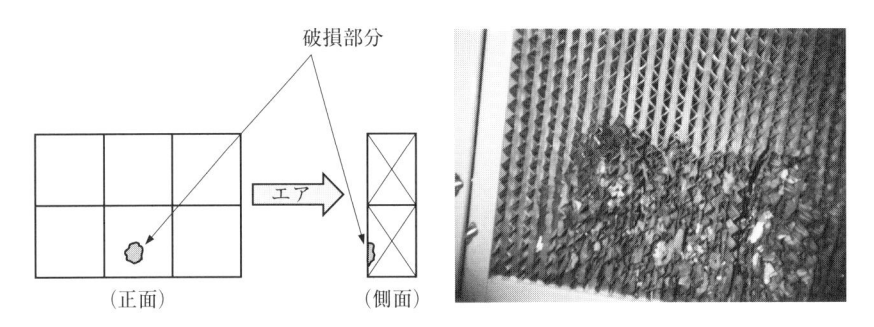

図(a) フィルタ破損状態

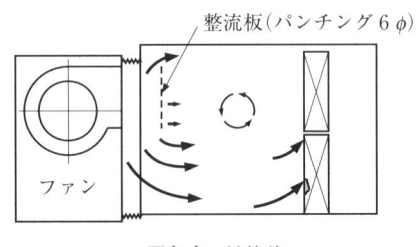

図(b) 対策前

原因

ファン吐出し側のバッフル板(整流板)の効果が不十分で，吐出し空気が下部エリアに集中して風速が速くなり，フィルタろ材の破損に至った(図(a)，(b)参照)．下部エリアの風速は12〜13 m/sであった(設計風速2.5 m/s)．

対 策

図(c)のように整流板の改造を行い,風速の均一化(整流板:パンチング口径 $6\phi \to 15\phi$,開口率 $40\% \to 51\%$ に交換),およびファン吐出し側下部にパンチング板を追加した.

また,下部エリアに風速を抑えるため,じゃま板 $H = 150$ mm を設置し,フィルタセパレータの出面部分にあたる乱流による振動防止のため,アルミセパレータのろ材面からの出面を 8 mm $\to 1 \sim 2$ mm にした(図(d)参照).

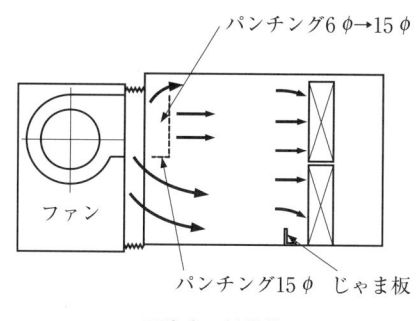

図(c) 対策後

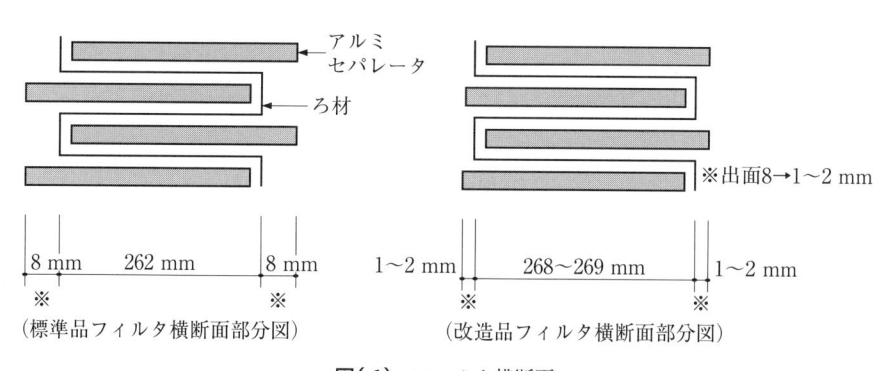

図(d) フィルタ横断面

(標準品フィルタ横断面部分図) 8 mm / 262 mm / 8 mm

(改造品フィルタ横断面部分図) 1～2 mm / 268～269 mm / 1～2 mm

※出面 8→1～2 mm

教 訓

ファン吐出し側での中性能フィルタ設置はさけるべきである.スーパークリーンルームでファン吐出し側に設置する場合は,風速の均一化をはかり,空調機の構成をファン → コイル → 中性能フィルタとし,セパレータレスのフィルタを使用する.

まめ知識

HEPA BOX の発注時に構造の確認を！
―天井面の下部仮吊型と上部仮吊型の2種類がある―

　HEPA BOX は，その施工方法から2種類のタイプに分類される(図(a)，(b)参照)．このうち，どちらのタイプを採用するかによって，建築工程に大きな影響を与えるので，工事担当者は，この違いを理解しておく必要がある．一つは天井施工前に，天井面の 100 mm 程度上部に仮吊り，もう一つは 100 mm 下部に仮吊りし，天井施工後に最終位置を調整するという正反対の施工順序であり，建築工事との工事区分を明確にする．

　とくに，建築担当者に事前の理解を求め，施工要領書で作業手順によるトラブルの発生を抑える打合せが必要となる．

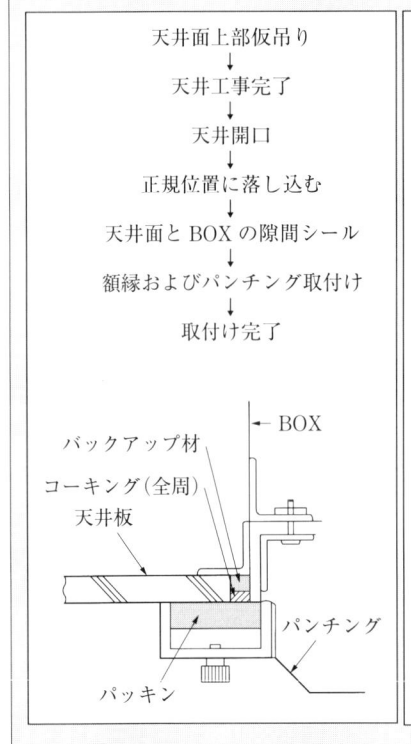

天井面上部仮吊り
↓
天井工事完了
↓
天井開口
↓
正規位置に落し込む
↓
天井面と BOX の隙間シール
↓
額縁およびパンチング取付け
↓
取付け完了

天井面下部仮吊り
↓
天井工事完了
↓
正規に吊り上げ
↓
天井面と BOX の隙間シール
↓
パンチング取付け
↓
取付け完了

図(a)　天井面上部仮吊型

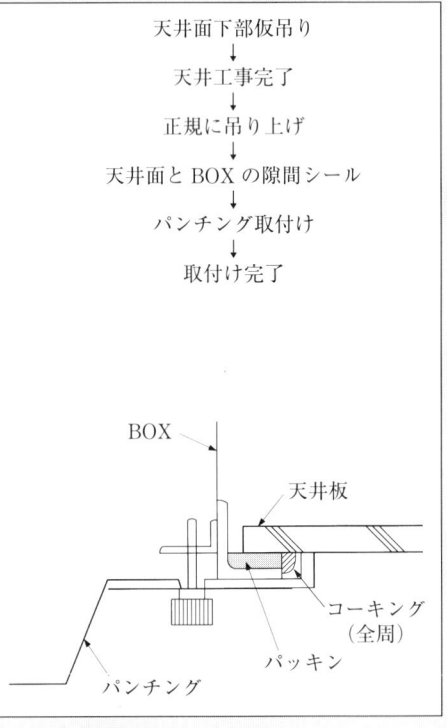

図(b)　天井面下部仮吊型

クリーンルーム

付　録

付録1　異種金属接合一覧表（配管絶縁処理の要否）

配管		配管					弁継手類						
		鋼管	ライニング鋼管	ステンレス管	銅管	鋳鉄管	青銅(砲金)	鋳鉄	ステンレス	アルミ	ライニング鋼	黄銅	銅
鋼管	SGP STPG	不	不	要(注1,3)	要(注1)	不	要(注1,2,7)	不	要(注1,3,4)	要(注6)	不	要(注1,7)	要(注1)
ライニング鋼管	VLP PLP	不	不	要(注1,3)	要(注1)	不	要(注1,2)	不	要(注1,3,4)	要(注6)	不	要(注1)	要(注1)
ステンレス管	SUS	要	要	不	不	要	不	要	不	要(注6)	不	要(注5)	不
銅管	CuT	要	要	不	不	要	不	要	不	要(注6)	要	不	不
鋳鉄管	CIP	不	不	要	不	要	不	要	不	要(注6)	不	要	要

不：絶縁不要　　要：絶縁必要

(注)　(1) 鋼管を開放系冷温水，冷却水に使用する場合，ステンレス，銅および銅合金との接合は絶縁が必要である．
　　(2) 鋼管と青銅(砲金)弁との接合は，鋼管の体積が十分大きい場合，一般に絶縁しないが，鋼管側のねじ部は腐食のおそれがある．
　　(3) ステンレス製貯湯槽に砲金製の温度計や圧力計を取付ける場合，鋼管短管を使用すると，鋼管が腐食する．
　　(4) 鋼管の途中にステンレス製フレキシブル継手を設ける場合，鋼管の体積が十分大きければ絶縁継手は不要である．
　　(5) ステンレス管と青銅(砲金)，銅とは絶縁不要であるが，黄銅と直接接続すると脱亜鉛腐食の可能性がある．
　　(6) アルミ製バタフライ弁は，接液部および異種金属接触部をEPDMなどのゴムで絶縁している場合，絶縁処理は不要である．
　　(7) 湿式消火配管内の水は「死に水」状態となり，酸素供給がないのでガルバニック腐食の可能性は小さく，原則絶縁不要とする．

付録2　給水配管のトラブル・水漏れ要因要素

機　材

管材質②
- 水道用ポリエチレン管
- 水道用耐衝撃性硬質ポリ塩化ビニル管
  - 線膨張対策・紫外線対策
- 硬質ポリ塩化ビニル管
  - 線膨張対策・紫外線対策
- 水道用ポリエチレン粉体ライニング鋼管
  - 管端処理
- 水道用内外面硬質塩ビライニング鋼管
  - 管端処理
- 水道用硬質塩ビライニング鋼管
  - 管端処理

管材質①
- 被覆銅管
  - つぶれ・被覆材材質
- 配管用継目無銅管
  - つぶれ・被覆材材質
- 配管用ステンレス鋼管
- 一般配管用ステンレス鋼管
- 水道用ダクタイル鋳鉄管
- ダクタイル鋳鉄管
  - ゴム輪材質
- ポリブテン管
  - ゴム輪材質
  - 断熱性大（高温使用時，ポリエチレン管より劣る）

継手類
- 専用継手
- 新製品継手の採用確認事項
- テストデータ
- 振動検査・衝撃性・気密性・耐曲げ性
- 耐圧・引き抜き・材質・耐熱性・耐冷性
- 継手再利用性
- 締め付けトルク
- 専門工具
- 事故事例

ガスケット関連
- 伸縮性
- 腐食性
- 硬化性
- 柔軟性
- 耐塩素性

バルブ類
- シャフト・ガスケット類からの漏れ
- 逆止弁
- 減圧弁
- エア抜き弁

施　工

差し込み接合施工
- 専用工具
- ゴムリング
  - 油付着
  - きず
  - 入れ忘れ
- 管の変形
- 管のきず（おもに直線方向きず）
- 差し込み不良
  - 長さ
  - 角度
- 接着剤
  - 材質
  - 塗り忘れ
  - 塗り過ぎ
- 締め付け忘れ

フランジ施工
- 接合面の不良
- 締め付け不足
- 締め付け忘れ
- 片締め
- 相フランジの偏心
- ガスケット
- ガスケット入れ忘れ
- 位置ずれ
- ガスケット選定ミス

溶接施工
- 溶接機の不良
- 溶接棒
  - 材質
  - 保管管理
- 不純物溶け込み
- 溶接技量不足

給水配管のトラブル・水漏れ要因要素

環境

腐食
- 乾食
  - 低温腐食
  - 高温腐食
- 湿食
- 電気化学腐食
  - 異種金属接触腐食
  - 孔食
  - 選択腐食(黄銅の脱亜鉛腐食など)
  - 隙間腐食
  - マクロセル腐食
  - 流電腐食
  - 溝状腐食
  - 微生物腐食
  - 応力腐食
  - 潰食(摩擦腐食)
  - 塩害・汚染空気

埋設配管
- 埋設管防食処理
- 車両荷重
- 不等沈下
- 可とう継手

凍結
- 保温厚さ
- 凍結防止ヒータ
- 凍結深度
- 水抜き栓

寿命
- ゴムフレキ(5〜10年)
- 給水管(法定耐用年数15年)実状15〜20年

機材関係
- ストレーナ
- 圧力計
- 流量計
- ボールタップ
- 機器類
- 接続タッピング仕様

外部要因

ねじ込み施工
- ねじ込み不良
  - ねじ込み過ぎ
  - ねじ込み不足
- シール不足
- シール剤取付け忘れ
- シール剤選定ミス
- ねじ山不良
- ねじ切り旋盤不良
- タップの摩耗

その他の施工
- 吊り支持等不足
- 鳥居配管
- 管径変更,径違いソケット,ブッシングは不可

振動
- ウォータハンマ
  - エア溜まり
  - 逆止弁不良
  - 空気抜き弁
- ポンプ振動
  - フレキシブル継手
  - 防振継手
- センターずれがないか
- 相フランジボルト長さ(ゴム部に接触)
- ボールタップ水面波
- 水速
- 吊り不足
- 固定点不備

地震
- 可とう継手
- 免震架台
- 耐震架台
- 耐震補強

異物
- 排泥弁
- 通水検査
- フラッシング
- ストレーナの掃除

付録3　排水配管のトラブル・水漏れ要因要素

機材

管材質①
- 遠心力鉄筋コンクリート管
  - カラー接合確認
- 排水洗浄用鉛管
  - 使用箇所の確認
- 排水用鋳鉄管
  - 押し輪・ゴム輪
- 排水用メカニカル型鋳鉄管
  - 押し輪・ゴム輪
- 有孔管
  - 浸透土質の確認
- 下水道用硬質塩化ビニル卵形管
  - 紫外線対策・耐熱温度
- 排水用耐火二層管
  - 耐熱温度

管材質②
- 水道用耐熱性硬質ポリ塩化ビニル管(HTVP)
  - 紫外線対策・耐熱温度
- 硬質ポリ塩化ビニル管(VU)
  - 紫外線対策・耐熱温度
- 硬質ポリ塩化ビニル管(VP)
  - 紫外線対策・耐熱温度
- タールエポキシ塗装鋼管(GLP)
- 排水用硬質塩化ビニルライニング鋼管(D-VA)
  - 紫外線対策・耐熱温度
- 配管用炭素鋼鋼管
  - 酸による腐食

継手類
- 専用継手
- 新製品継手の採用確認事項
  - テストデータ
  - 耐圧・引き抜き・材質・耐熱性・耐冷性
  - 振動検査・衝撃性・気密性・対曲げ性
- 継手再利用性
- 締め付けトルク
- 専用工具
- 事故事例

施工

差し込み接合施工
- 専用工具
- ゴムリング
  - 油付着
  - きず
  - 入れ忘れ
- 管の変形
- 管のきず（おもに直線方向きず）
- 差し込み不良
  - 長さ
  - 角度
- 接着剤
  - 材質
  - 塗り忘れ
  - 塗り過ぎ
- 締め付け忘れ

フランジ施工
- 接合面の不良
- 締め付け不良
- 締め付け忘れ
- 片締め
- 相フランジの偏心
- ガスケット
- ガスケット入れ忘れ
- 位置ずれ
- ガスケット選定ミス

ねじ込み施工
- ねじ込み不良
  - ねじ込み過ぎ
  - ねじ込み不足
- シール不良
  - シール剤取付け忘れ
  - シール剤選定ミス
- ねじ山不良
  - ねじ切り旋盤不良
  - タップの摩耗

排水配管のトラブル・水漏れ要因要素

環境

埋設配管
- 埋設管防食処理
- 車両荷重
- 不等沈下
- 可とう継手

ガスケット関連
- 伸縮性
- 腐食性
- 硬化性
- 柔軟性

腐食
- 内外部腐食
  - 異種金属接触腐食
  - 電気化学腐食
- 内部腐食
  - 酸素混入による炭酸腐食
  - バクテリア発生による腐食
- 外部腐食
  - 塩害

排水流体
- 耐熱性（温度）
- 耐食性（酸・アルカリ　乳酸・油脂）

寿命
- 排水管（法定耐用年数15年）実状15〜20年
- ゴムフレキ（5〜10年）

機器まわり
- 水封の有無，水封高さ
- 機器接続タッピングねじ仕様（メートルねじとユニファイねじ）
- ドレンパンの傾き
- 機器接続タッピング材質と配管の材質
- ビニルホースの接続バンド

外部要因

その他の施工
- 配管詰まり部分以降の加圧想定
- 各種継手施工基準確認
- 管端養生
  - 管端処理不足
- 排水勾配
- 重力排水
- ポンプ加圧部分

振動
- ポンプ振動
  - フレキシブル継手
  - 防振継手
  - センターずれがないか
  - 相フランジボルト長さ（ゴム部に接触）
- 水速
- 吊り間隔不足
- 固定点不備

地震
- 可とう継手
- 免震架台
- 耐震架台
- 耐震補強

検査
- 固形物流出検査
- 満水検査

付録4　蒸気配管のトラブル・漏れ要因要素

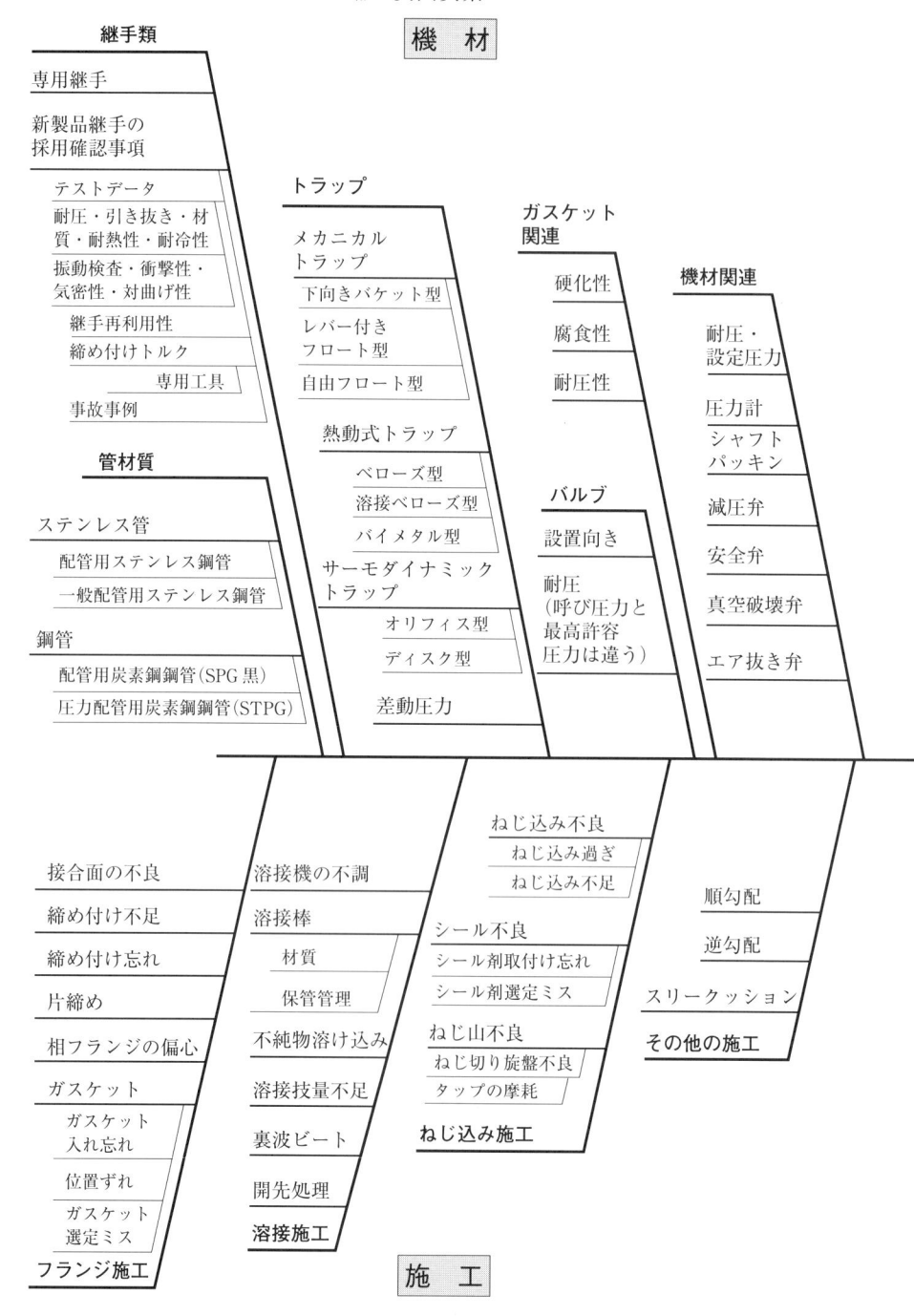

機材

継手類
- 専用継手
- 新製品継手の採用確認事項
  - テストデータ
  - 耐圧・引き抜き・材質・耐熱性・耐冷性
  - 振動検査・衝撃性・気密性・対曲げ性
- 継手再利用性
- 締め付けトルク
  - 専用工具
- 事故事例

管材質
- ステンレス管
  - 配管用ステンレス鋼管
  - 一般配管用ステンレス鋼管
- 鋼管
  - 配管用炭素鋼鋼管（SPG 黒）
  - 圧力配管用炭素鋼鋼管（STPG）

トラップ
- メカニカルトラップ
  - 下向きバケット型
  - レバー付きフロート型
  - 自由フロート型
- 熱動式トラップ
  - ベローズ型
  - 溶接ベローズ型
  - バイメタル型
- サーモダイナミックトラップ
  - オリフィス型
  - ディスク型
- 差動圧力

ガスケット関連
- 硬化性
- 腐食性
- 耐圧性

バルブ
- 設置向き
- 耐圧（呼び圧力と最高許容圧力は違う）

機材関連
- 耐圧・設定圧力
- 圧力計
- シャフトパッキン
- 減圧弁
- 安全弁
- 真空破壊弁
- エア抜き弁

施工

フランジ施工
- 接合面の不良
- 締め付け不足
- 締め付け忘れ
- 片締め
- 相フランジの偏心
- ガスケット
  - ガスケット入れ忘れ
  - 位置ずれ
  - ガスケット選定ミス

溶接施工
- 溶接機の不調
- 溶接棒
  - 材質
  - 保管管理
- 不純物溶け込み
- 溶接技量不足
- 裏波ビート
- 開先処理

ねじ込み施工
- ねじ込み不良
  - ねじ込み過ぎ
  - ねじ込み不足
- シール不良
  - シール剤取付け忘れ
  - シール剤選定ミス
- ねじ山不良
  - ねじ切り旋盤不良
  - タップの摩耗

その他の施工
- 順勾配
- 逆勾配
- スリークッション

蒸気配管のトラブル・水漏れ要因 特性要因図

環境

- **熱膨張**
  - 伸縮継手
  - 蒸気圧力
  - 吊り間隔不足
  - 固定点不備（反力対応）

- **凍結**
  - 真空破壊弁
  - トラップ設置場所

- **腐食**
  - 防錆材
  - 外部腐食
    - 保温材含水加熱による塩素イオン発生
    - 耐熱性錆止め
    - 塩害
  - 内部腐食
    - 蒸気溜まり
    - 酸素混入による炭素腐食
    - 流速による潰食（摩擦腐食）
    - 応力腐食
  - 内外部腐食
    - 異種金属接触腐食

- **寿命**
  - 蒸気管法定耐用年数15年
  - 実状蒸気往管20年
  - 実状蒸気還管15年
  - 配管肉厚

- **埋設配管**
  - 埋設管防食処理
  - 車両荷重
  - 不等沈下
  - 可とう継手

→ 蒸気配管のトラブル・水漏れ要因要素

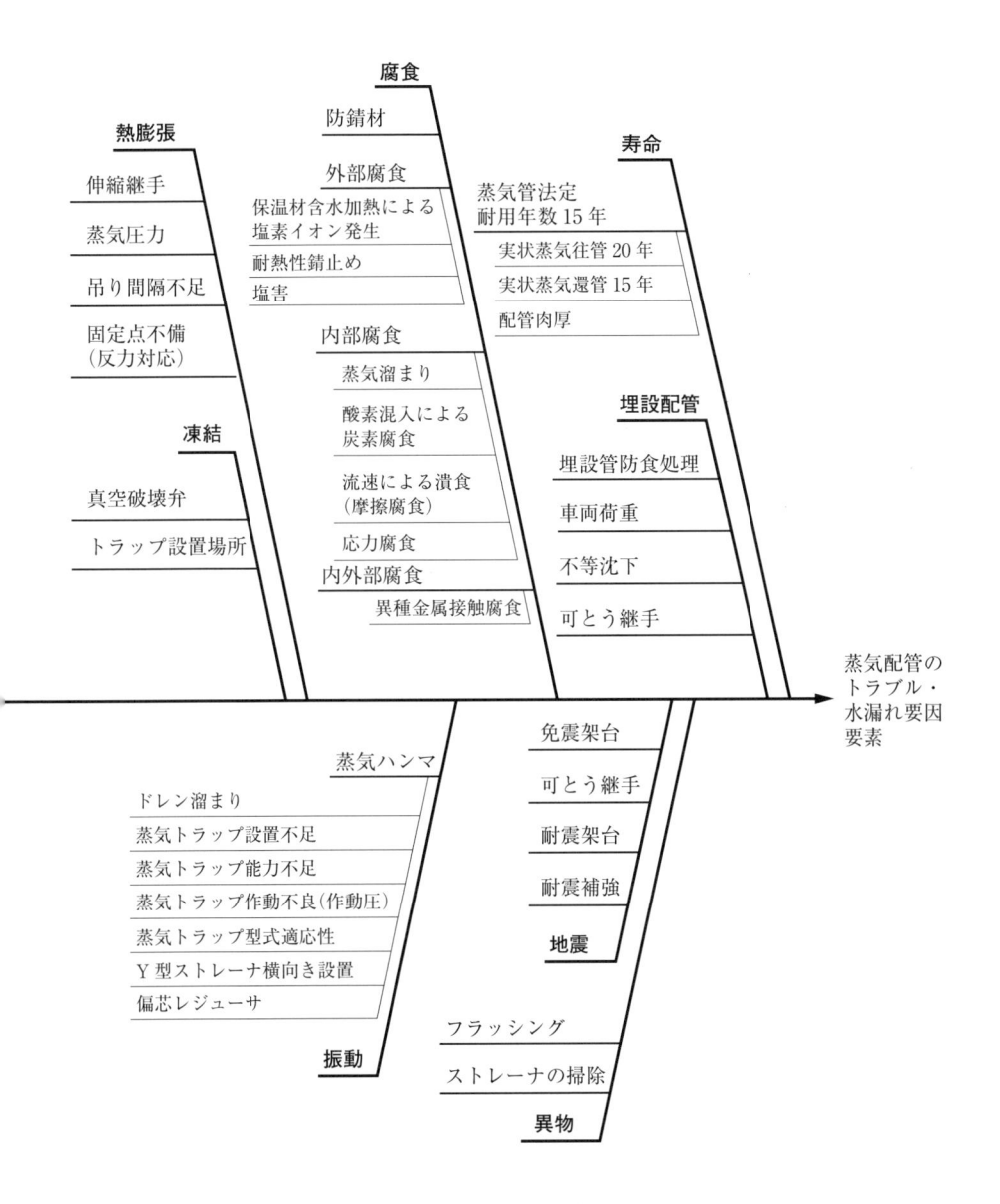

外部要因

- **振動**
  - 蒸気ハンマ
    - ドレン溜まり
    - 蒸気トラップ設置不足
    - 蒸気トラップ能力不足
    - 蒸気トラップ作動不良（作動圧）
    - 蒸気トラップ型式適応性
    - Y型ストレーナ横向き設置
    - 偏芯レジューサ

- **地震**
  - 免震架台
  - 可とう継手
  - 耐震架台
  - 耐震補強

- **異物**
  - フラッシング
  - ストレーナの掃除

さくいん

■ 英数先頭

2管式配管　66
HEPA　262
NPSH　71, 75
Oリング　115
pH値　20
PID制御　94
Vベルト　63
VAV方式　52, 232

■ あ行

亜鉛　152
アース配線　212
アースバンド　255
圧力降下　122
アルゴンガス　144
安全弁　14, 88
アンローダ機能付き　11
イオン化傾向　160
異種金属　161
インターロック　68, 247
インテリアゾーン　232
インバータ　46
インバート　6
インペラ　75, 176
ウォータジャケット　202
ウォータハンマ　178, 222
雨水配水管　136
エア混入　150
エア抜き弁　72, 84
エアブロー　258
エアレーションタンク　165
液バック　213
エリミネータ　26, 56, 190

エロージョン　132, 150
塩素イオン　164
オーバーハング型　27
オーバーフロー管　17, 130

■ か行

外気ガラリ　56
潰食　132
ガイドベーン　62, 175
外壁ガラリ　174
カウンターフロー方式　12
加湿ノズル　91
ガラスクロス貼り　62
ガラス繊維強化塩化ビニル　60
ガラリチャンバ　175, 187
還元炎　113
還水タンク　17
管末トラップ　91
気泡　122
逆止弁　82
逆流防止弁　124
キャビテーション　68, 72, 75
キャプタイヤケーブル　206
給湯配管　146
給湯負荷　121
給湯ポンプ　121
給湯用銅管　145
凝縮水　94, 159
金属製ウォータベスト　89
空気境膜　182
空気線図　41
空洞現象　75
クッションタンク　11, 81, 150
クッション配管　133
グラスウール　164

グラスウールダクト　52
グランドパッキン　81, 115
グリース　26
グリーストラップ　220
クリーンドライエア　259
クローズオフレィティング　245
クロスフロー方式　12
結露水　124
結露防止剤　195
顕熱負荷　1
高圧圧力スイッチ　208
孔　食　165
コーキング　164, 197, 207
ゴムフレキ　80

■ さ　行

差圧マノメータ　41
サイクロン　24
先下がり勾配　159
サーモスタット　11
サーモダイナミック式　39
サランネット　57
酸化防止剤スプレー　113
散水デフロスト　177
酸素濃度計　144
直付け　50
自在バンド　86
室圧制御システム　47
湿分透過　253
消音エルボ　170
浄化槽　210
蒸気コイル　33, 36
蒸気制御弁　87
蒸気ドレン　88
蒸気ハンマ　38, 218
ショートサーキット　63
シールド線　236
伸縮継手　105
浸　食　148

シンダー　146
水酸化亜鉛　258
スプリング防振　168
スプリングリターン　178, 247
スリーブ貫通　106
清缶剤　156
静水頭　121
静電気　254
性能曲線　64
赤外線センサ　90
絶縁ガスケット　162
絶縁コーティング　163
絶縁処理　263
絶縁継手　143, 161
絶縁不良　212
絶縁ボルト　140
絶縁ボンド　228
絶縁用スリーブ　162
絶縁ワッシャ　162
潜熱負荷　1
全閉外扇型　216
線膨張係数　105, 133

■ た　行

台数制御　68
タッピング　35
タングステンイナートガス　144
単座二方弁　245
炭酸腐食　154, 156, 158
地下二重壁　136
蓄熱槽　73
蓄熱負荷　2
窒素ガス　113
窒素ブロー　33
チャッキダンパ　59
中性炎　113
中性能フィルタ　260
調整弁　64
貯湯槽　126

さくいん

通管工事　6
通気管　17
低温腐食　138
抵抗曲線　64
定水位弁　78
低負荷運転　150
鉄管スリーブ　119
テフロンホース　86
点検口　41, 200
電食　102
電動ボール弁　116, 179
伝熱管　150
導圧管　248
銅イオン　160
凍結防止コイル　35
同時使用率　6, 126
動力線　236
吐水口空間　18
ドラフト　13
ドレンコック　93
トレンチ　129
ドレンパン　24
泥溜め　123
どん付け　50

■ な 行

二重管　129
根太　145
熱交換器　134, 138
熱動式　39
ノーマルクローズ　247

■ は 行

排煙ダクト　54
バイパス管　87
バイパスダンパ　32
バイパス二方弁　248
バイパス弁　234

パイロット式電磁弁　242
バキュームブレーカ　73
白濁　122
パージセクタ　28
バタフライ弁　61, 202
バックシール　144
バッフル　33
バッフル板　260
バードスクリーン　59
バーナー　16
ハロゲンイオン　144
ハンチング　239
パンチング押え　62
パンチングプレート　50
ピット　128
ピトー管　41, 238
ヒューミディティスタット　26
表面熱伝達率　183
ピンホール　132
ファンインターロック　116
フィンチューブ　38
腐食　138
腐食性ガス　211
腐食速度　152
腐食電位　161
フック　77
ブッシング　215
フード　59
ブライン　134
プラグ　96
ブリーズライン　167
プーリダウン　48, 173
プルボックス　207
フレキシブル継手　78, 160
フレームアイ　16
プロテクトリレー　16
分岐弁　122
ベアリング　26
米国連邦規格 209D　250
ペリメータゾーン　233

ヘルメシール　146
ベローズ　160
防水層　118
防虫網　58, 63
膨張管　14
膨張率　147
防滴保護型　216
飽和蒸気圧力　73
保温材　128
ホッパ　174
ボールタップ　18, 130
ボール弁　243
ポンプサクション　70
ポンプピット　220

■ ま 行

マグネットスイッチ　213
汚水ます　6
マリンランプ　41
ミキシングチャンバ　24
ミキシングボックス　34
水抜きバルブ　100
水張り用バルブ　84
密閉サイクル　81
密閉式冷却塔　70
脈　動　256
メカニカル式　39

■ や 行

薬液注入　20
薬品洗浄　99

有機溶剤　254
有効吸込みヘッド　71, 75
湧水ピット　136
誘導電流　236
溶解性物質　164
溶存酸素　148
予冷コイル　53

■ ら 行

ラインスタート　68
リミット制御　26
リミットロードファン　46
リモコンフラッシュバルブ　90
硫化水素　165
ルーフファン　188
冷蔵庫　4
冷凍庫　4
冷媒配管　113
レバー式水栓　110
レベルスイッチ　224, 226
連通管　12
漏電ブレーカ　215
ロックウール　164
ロックナット　215
ロー付け　112
露点温度　182

■ わ 行

ワイヤーバンド　86
ワイヤーロープ　77
ワッシャ　24

失敗から学ぶ設備工事		Ⓒ 株式会社テクノ菱和　*2008*	
2008年3月25日　第1版第1刷発行		【本書の無断転載を禁ず】	
2021年7月20日　第1版第6刷発行			

編　　者　株式会社テクノ菱和
発 行 者　森北博巳
発 行 所　森北出版株式会社
　　　　　東京都千代田区富士見 1-4-11（〒102-0071）
　　　　　電話 03-3265-8341／FAX 03-3264-8709
　　　　　https://www.morikita.co.jp/
　　　　　日本書籍出版協会・自然科学書協会　会員
　　　　　JCOPY ＜(一社)出版者著作権管理機構 委託出版物＞

落丁・乱丁本はお取替えいたします　　　印刷/双文社印刷・製本/協栄製本

Printed in Japan／ISBN978-4-627-58131-9